华南师范大学创建国家教师教育创
首批教师教育专家工作室主持人

新 时 代 教 师 教 育

1

第 1 辑

基础理论与通识教育丛书

丛书主编 王 红 黄道鸣 姚轶懿

谌小猛 姚小雪 **主编**

葛新斌 **副主编**

特殊教育特色办学
路径探索
——广东特殊教育的十个办学案例

《新时代教师教育文库》编委会

顾 问：陈文海

主 编：王 红 黄道鸣 姚轶懿

编 委：王建平 张 卫 熊建文 潘文庆 雷 蕾
　　　　连泽纯 华维勇 张学波 罗一帆 安 宁
　　　　赵 艺 张奕华 张 杰 向 娟 李 昊
　　　　王 健 袁 宙 童汝根 雷丽珍 钟罗金
　　　　韩裕娜 张燕玲

S**PM** 南方传媒

全国优秀出版社 全国百佳图书出版单位 广东教育出版社

·广州·

图书在版编目（CIP）数据

特殊教育特色办学路径探索：广东特殊教育的十个办学案例／葛新斌主编 . — 广州：广东教育出版社，2023. 10
（新时代教师教育文库／王红，黄道鸣，姚轶懿主编）
ISBN 978 - 7 - 5548 - 4619 - 3

Ⅰ. ①特… Ⅱ. ①葛… Ⅲ. ①特殊教育—办学模式—案例—广东 Ⅳ. ①G769. 2

中国版本图书馆 CIP 数据核字（2021）第 239238 号

特殊教育特色办学路径探索——广东特殊教育的十个办学案例
TESHU JIAOYU TESE BANXUE LUJING TANSUO —— GUANGDONG TESHU JIAOYU DE SHIGE BANXUE ANLI

出 版 人：朱文清
责任编辑：谢慧瑜
责任技编：许伟斌
装帧设计：陈宇丹
出版发行：广东教育出版社
　　　　　（广州市环市东路 472 号 12 - 15 楼　邮政编码：510075）
销售热线：020 - 87615809
网　　址：http://www. gjs. cn
E - mail：gis - quality@ nfcb. com. cn
经　　销：广东新华发行集团股份有限公司
印　　刷：佛山市浩文彩色印刷有限公司
　　　　　（佛山市南海区狮山科技工业园 A 区）
规　　格：787 mm×1092 mm　1/16
印　　张：25. 75
字　　数：515 千
版　　次：2023 年 10 月第 1 版
　　　　　2023 年 10 月第 1 次印刷
定　　价：89. 00 元

前　言

　　特殊教育是通过一般或特别设计的课程、教材、教法、组织形式和设备对特殊儿童、青少年进行的达到一般或特殊的培养目标的教育。党的十九大报告强调要"办好特殊教育""努力让每个孩子都能享有公平而有质量的教育"，充分体现了党和国家办好特殊教育的决心和信心。

　　改革开放以来，广东省的特殊教育发展迅速，特殊教育体系逐渐完善，特殊儿童、青少年的受教育权利得到了有效保障。2014 年 7 月与 2018 年 1 月，广东省教育厅等七部门先后联合发布《广东省特殊教育提升计划（2014—2016 年）》《广东省第二期特殊教育提升计划（2017—2020 年）》；2019 年 10 月，广东省教育厅等八部门联合发布《广东省促进特殊教育公平融合发展行动方案》。这些文件的发布对于推动全省开展特殊教育工作具有重要意义。全省的特殊教育学校从改革开放初期的几所，增加到如今的 140 多所，学生入学率从最初的极低水平提升到现在的 95% 以上，教职工人数从最初的几百人发展到 2018 年的 5892 人。广东省基本上形成了以特殊教育学校为骨干、以普通学校随班就读和附设特教班为主体、以送教上门和社区教育为补充的特殊教育发展格局。目前，全省建成了一批在全国有影响力的特殊教育学校，形成了具有地域特色的课程教学体系，提出了特殊教育师资创新培养策略，尤其是在建设粤港澳大湾区的背景下，初步形成了三地特殊教育合作发展的格局。可以说，全省特殊教育发展迎来了最佳契机。

基于以上背景，我们联系珠三角地区十所各具特色的标杆性特殊教育学校和普通学校，邀请它们将自己的办学经验展现出来，汇集成册，希望借此展示广东省优秀特殊教育学校的办学模式和办学特色。全书包括十个案例，每个案例介绍一所学校的办学模式。每个案例涵盖四至五个方面的内容：第一，办学背景分析，即 SWOT 分析，包括分析内部优势、内在不足、外部机遇和外部挑战，也就是分析本校为何打造某种办学特色；第二，办学理念分析，即从特定的背景出发，阐释本校独特的办学理念，以及如何解读；第三，办学特色分析，从办学理念出发，探究所形成的办学特色之具体含义、顶层设计、实施策略等；

第四，办学成效分析，从若干个领域进行办学成效分析，包括课程建设、学生培养、教师发展、科研成果、社会影响等；第五，问题与展望，对现有办学特色存在的不足之处略加探讨，再对未来需要努力改进和完善的思路、举措加以陈述。

本书较好地展示了广东省特殊教育学校发展模式，让外界重新认识了广东省的特殊教育。此外，本书也对省内其他特殊教育学校建设具有借鉴与参考价值，因为全省最近几年有几十所新建的特殊教育学校，它们希望看到一些成功的典范，汲取其成功经验助力本校的建设和发展。本书的研究与撰写为期近一年，它是十所学校全体特殊教育工作者和研究者的集体智慧结晶。唯愿本书的出版能够为省内外特殊教育以至融合教育发展提供一定的借鉴。

目　录

案例一　广州市启明学校：
普特融通，立德启明

广州市启明学校（以下简称启明学校）创办于 1889 年，是广东省唯一一所视障类学校，目前在国内同类学校中招生人数最多。启明学校开设幼儿部、小学部、初中部和高中部，集教育教学、康复训练、职业教育和就业指导于一体，秉持"普特融通，立德启明"的办学理念，在学前教育、职业教育和艺术教育等方面颇有建树。

一、办学背景

（一）内部优势

1. 办学体系完备

启明学校经过多年发展，形成了涵盖学前、小学、初中、高（职）中的纵向办学模式。作为全国盲童学前教育、盲兼有其他障碍儿童教育康复的实验学校，启明学校开设了资源班、特训班与康复班，开展多重残疾盲童教育康复实验。在义务教育阶段，其按照全国盲校课改精神，参照普通学校课程，科学设置课程，以促进学生全面发展。高中阶段分为普通高中和职业高中，满足学生文化基础知识学习和职业技能发展的需求。

完备的办学体系一方面有助于构建一体化课程模式和评价体系，持续追踪学生的成长与发展，精准定位学生发展需求，提供合适的教育；另一方面有益于实现教育资源共享、师资共享和环境资源共享，推进学段衔接和学科衔接，提高教育教学质量。

2. 师资力量雄厚

教师队伍年龄结构、职称结构、学科结构及学历层次合理，专业知识过硬，综合素质高，具有良好发展势头。专任教师73人，本科及以上学历教师占比为94.5%，其中有中级职称教师68人，占93.2%，有高级职称教师28人，占38.4%；国家级优秀教师2人，省级优秀教师12人，43人被评为市级优秀教师、先进工作者、优秀班主任或劳动模范；省、市级骨干教师11人（含培养对象）；广州市名师工作室主持人1人；有6名教师受邀参加全国盲校课程标准的研制或评审工作；有3名教师被聘为华南师范大学和广东第二师范学院兼职教授。学校重视师德培养和专业发展，选派教师参加各级各类培训研讨活动，不断更新教师的教育理念，提升教师的理论水平和实践能力，以满足学生的多样化教育发展需求。

3. 教改科研深入

多年来，启明学校坚持"科研兴校、人才强校"的方针，鼓励教师从工作问题中找课题，以课题研究为载体，有效解决实际问题，促进成果应用、转化，以科研促教改。近年来，完成了国家子课题1个，已经完成及正在开展的省、市级课题多项，形成校本教材两套，论文集两本。学校严格按照全国《盲校义务教育课程标准（2016年版）》

要求，整体把握课程标准的育人导向，遵循学生发展特点，依据课程标准组织教学，切实推进教育教学改革，提升特殊教育质量，促进教育公平。此外，作为《国家通用盲文方案》试点单位、盲校新课程改革等实验学校，广东省特殊儿童随班就读指导中心，广州市残疾人培训与就业示范基地，启明学校开展了教育康复、随班就读、艺术育人、职业教育等一系列探索和研究，成果显著，科研和教改氛围浓厚，为教育教学工作持续注入活力。

4. 对外交流频繁

教育的国际化是现代教育发展的趋势，启明学校始终保持开放、包容的态度，加强国际间和区域间的学术探讨与经验交流，先后与美国柏金斯盲校、费城盲校，英国加佛特殊学校，中国香港心光盲校、心光恩望学校结为伙伴学校，与国际视障教育学会等国际组织以及十多个国家的视障教育机构保持密切联系，开展学前盲童教育、多重残疾盲童教育、盲童教育信息化、低视力教学与康复、盲童教育辅导技术的应用等领域的合作共建项目，为学校师生了解国际视障教育前沿理念和先进做法提供了宝贵的机会，学校整体办学水平得到提升。

（二）内驱动力

1. 推进普通教育和特殊教育均衡发展

教育均衡是实现教育公平的内核，具有重要的现实意义和深远的历史意义。我国义务教育正在从基本均衡向优质均衡迈进的道路上，而普通教育和特殊教育的均衡发展是优质均衡的应有之义。启明学校不仅致力于保障视障学生公平受教育的权益，以使其接受良好教育、更好地融入社会，还积极探索推进普通教育与特殊教育均衡发展的举措，力求促使视障学生在心理、认知、情感、技能、职业等方面与普通学生平等、协调发展，为促进教育公平和普特融合提供可参考、可借鉴的样本。

2. 满足学生个别化教育需求

每个学生的性格、兴趣、能力和学习需求都是独一无二的，启明学校必须认识到学生的多样化需求并对此作出回应，通过适宜的课程、组织安排、教学策略、资源运用和社区合作等手段满足学生不同学习风格和学习能力的需求，保证有质量的教育，而这也是融合教育的内在要求。坚持以生为本的育人理念，立足学生身心发展特点，以学生未来生活和发展需要为导向，尊重个性发展需求，整合学校、家庭、社区等资源，注重开发潜能和补偿缺陷，为学生提供适合的教育，以期帮助学生取得最大的教育进步和实现最佳的社会融合。

3. 开展医教结合和教康结合实验

医教结合是将医疗康复手段与教育方法进行有机结合，是我国特殊教育发展的热门话题。邓猛指出，在医教结合背景下，特殊学校必须通过自身的变革和资源重组，应对学生多样的、个性化的学习与发展需求，促进教育公平与质量目标的实现。[1]2016年教育部制定的《盲校义务教育综合康复课程标准》明确提出，要通过有效措施，减轻视力残疾造成的功能障碍，提高视障学生的生活自理能力，最大限度地开发学生潜能，促使其全面发展。此外，随着社会的进步，人们对视障教育教学提出了更高的要求，希望学校教育能够让学生生存没问题、

---

① 邓猛，卢茜. 医教结合：特殊教育中似热实冷话题之冷思考 [J]. 中国特殊教育，2012（1）：4-8.

生活无障碍，生活得更有尊严。为此，开展以学生为本的医教结合和教康结合实验，既是探索视障教育优质发展的现实需要，又是满足学生对美好生活向往的迫切要求。

4. 打造优质发展平台

学生、教师和学校构成发展共同体，相互支持，有机融合。学生发展是教师发展和学校发展的根本出发点和落脚点；教师发展既是学生发展的基础，也是学校发展的重要内涵；而学校发展是学生发展和教师发展的载体。在某种意义上，学生发展与教师发展两者之和就是学校发展。启明学校立足学生发展需求，注重个体差异，肯定个体价值，搭建学生多元发展平台，同时创设条件促进教师的专业成长，为教师发展铺路，为学生成才奠基，推动学校发展更上一层楼。

（三）外部机遇

1. 政策引领谋发展

从党的十七大提出"关心特殊教育"，党的十八大提出"支持特殊教育"，到党的十九大提出"办好特殊教育"，党和国家对特殊教育的重视程度不断加深，支持力度不断加大。近年来，我国大力倡导融合教育，相关政策法规不断完善，初步形成具有中国特色的融合教育发展模式与保障机制。2017年修订的《残疾人教育条例》指出要积极推进融合教育，优先采取普通教育方式，《第二期特殊教育提升计划（2017—2020年）》明确要求全面推进融合教育。普通学校和特殊学校责任共担、资源共享、相互支撑。从国家出台的一系列政策可以发现，特殊教育正走向"平等、参与、共享的融合教育新时代"。与此同时，国家还大力倡导职业教育，并将职业教育服务能力显著提升作为中国教育现代化 2035 年的八大发展目标之一。这都为学校开展视障教育教学实践提供了思路，指明了方向。

2. 现代手段创条件

信息化的发展对教育提出了新的挑战，同时也为特殊教育发展注入了新的活力。信息技术的运用为潜能开发创造有利条件，并在一定程度上弥补视力缺陷，更好地解决视障学生学习与生活中的实际问题，从而为其平等参与和融入社会提供了可能。从最早的读屏软件、助视器、刻印机到现在的电子书包、翻转课堂、云课堂，这些工具和课堂极大地拓宽了学习渠道、丰富了教育资源、提高了学习效率。就目前来看，信息技术已经深化为提升视障学生学习和生活质量的基本手段。与此同时，信息技术的发展也为提升教师素养、整合课程资源提供了便利。如何发挥信息技术蕴藏的巨大教育潜力、推进视障教育改革与发展是学校发展面临的课题之一。

（四）外部挑战

1. 融合趋势要求学校升级

随着国家政策方针的相继出台，融合教育理念逐渐深化，普特融合成为推进融合教育的重要渠道，也是推动学校转型和课程改革的重要力量。目前，我国融合教育初步形成了"以特殊教育学校为支撑，多元融合发展的特殊教育安置体系"，正处于"从规模效应向质量提升的过渡阶段"，由过去注重空间融合到如今融合要讲究质量的转变对特殊教育学校转型升级提出了新的要求。随着融合教育的深入发展，特殊教育学校并非单一的面向学生的教育机构，而是对内为学生服务、对外为社会负责的特殊教育中心，兼具特殊教育发展指导中心、融合教育资源与支持中心和教育康复等多重功能。[①]

2. 教育对象复杂多样

教育对象日益复杂多样化，单一视障学生、盲兼多重残疾学生并存，低视力残疾学生越来越少，盲兼其他残疾学生越来越多。同时，转学去普通学校、来自普通学校的视障学生可能越来越多。另外，在学前、普通高中、职业高中等阶段，可能会出现年龄跨度较大的现象。[②]教育对象的个体差异越大，对教师和教学的要求就越高。如何设计合适的课程、借助必要的科技手段、采取有效的教学手段来满足每一个学生的特殊教育需要是教育教学不可回避的问题。

3. 视障学生就业渠道单一

德国为视障人士提供 49 种专项职业技能培训，在美国多达 147 种职业可供视障人士选择。[③]而在我国，不少企业受传统思想观念的

---

① 邓猛，赵泓. 新时期我国融合教育现状和发展趋势［J］. 残疾人研究，2019（1）：12–18.

② 彭霞光. 国际视障教育发展趋势及我国盲校发展的思考［J］. 现代特殊教育，2019（5）：5–8.

③ 张洪杰. 全纳教育视域下视障大学生就业指导问题［J］. 东北师大学报（哲学社会科学版），2012（2）：231–233.

束缚，对视障群体缺乏客观、全面的认识，对视障人士区别对待甚至是持歧视态度，导致视障学生的就业行业和就业岗位单一，主要是按摩师和调音师。再加上视障学生本身自信心不足和适应能力不强等原因，视障学生的就业形势更为严峻。从人才培养和融合教育的长远发展来看，破除视障学生就业的瓶颈意义深远。

二、办学理念

（一）发展定位

1. 理念先进，示范引领

"普特融通，立德启明"。启明学校以新校区建设为契机，根据盲人教育发展需要，立足广州，放眼世界和未来。新校区建成后，设有幼儿园、小学、初中、高中和职高（大专），真正实现集教学科研、康复训练、职业培训以及实习就业于一体。在普通教育和特殊教育两个体系下，基础性教育、康复教育、职业教育、融合教育和艺术教育五位一体，相辅相成，相互关联，相互促进。启明学校为学生提供多元化教育服务，成为理念先进、环境优美、国内领先、国际一流的品牌学校，成为广州教育的一张名片。

2. 发展潜能，补偿缺陷

启明学校全面贯彻党的教育方针，全面推进素质教育，坚持以人为本，在"播洒光明，育盲成才"的办学宗旨的指导下，依托两个体系、五位一体的教育框架，教育学生牢记"心目克明，自强不息"的校训，坚持"发展潜能、健全人格、补偿缺陷、融入社会"的教育教学理念，以促进学生健康成长为目标，积极推动融合教育，点亮视障学生的心灯，开启光明的未来。

3. 以文育人，文化立校

启明学校重视校园精神文化建设，深化推进中小学校园文化建设，营造特色鲜明、书香四溢、静谧安宁、自然和谐、人文情怀浓郁的校园文化环境，为立德树人营造良好的氛围，提升学生的人文素养和学校认同感。按照"校园建设营造整体美，绿色干净营造环境美，行为习惯营造文明美"的思路，使学校形成"团结爱校　乐观进取"的校风，"勤奋好学　守纪求真"的学风，"为人师表　言传身教"的教风，"团结友爱、互相帮助、快乐和谐、健康向上"的班风，进一步美化校园，营造整洁优美、视障学生无障碍的校园文化环境。重视艺术实践活动，并以此作为开发学生个性、潜能的有效手段，力求实现"人人有特长，个个求发展"，让校园生活充满艺术气息，让学生在丰富的艺术实践活动中得以自主发展，实现艺术活动的共振效应。

（二）内涵解读

1. 模式之维

"普特融通"，普特包含普通教育和特殊教育两个体系。普通教育体系是指贯穿学前、小学、初中和普通高中阶段的基础性教育，所开设的课程与普通学校一致，为启明学校学生与普通学校学生的交流提供了知识基础，尤其是普通高中的开办，为启明学校学生回归主流创造了条件。而特殊教育体系则是指包括康复教育、职业教育、融合教育和艺术教育在内的，面向视障学生特殊性而开展的教育。

融通，意为融合畅通，指通过融合多元化教育手段，畅通视障学生发展之路，进而实现高质量融合的美好愿景。上述两个体系立足视障学生的普遍性与特殊性，确保学有所教，为视障学生的发展创造最小限制环境和最大发展空间，让学生学有所获，真正满足学生长期的需求，以高质量教育推动融合发展。此外，随班就读工作的深入开展以及普特校际融合模式的探索，不但有利于搭建学生、教师、学校及社会多方的资源共享和教师发展平台，还将极大地畅通视障学生融入社会的渠道。

2. 意义之维

立德，出自《左传》"太上有立德，其次有立功，其次有立言，虽久不废，此之谓不朽"。由此可见，"立德"居于人生三不朽之首，最为持久。"国无德不兴，人无德不立"，道德于个人、于社会都具有基础性意义。视障学生作为社会重要的参与者和建设者，其道德品质关系学生个人、视障群体乃至全社会的发展。启明学校将"立德"作为育人的出发点和落脚点，与"立德树人"的教育根本任务相契合，将其始终贯穿教育教学全过程，深入思考培养什么样的视障学生以及怎样培养视障学生的问题，积极探索人才培养模式，教育、引导学生以德立身、以德立学，培养拥有美好品质和健全人格的新时代视障学生，让启明学子能够融入社会，更有尊严、更有质量地生活。

启明，既是名词，指广州市启明学校，突出启明学校坚持"德育为先"的教育理念，以德立校；又是动词，有两层含义，一是点亮视障学生的心灯，二是开启光明的未来。

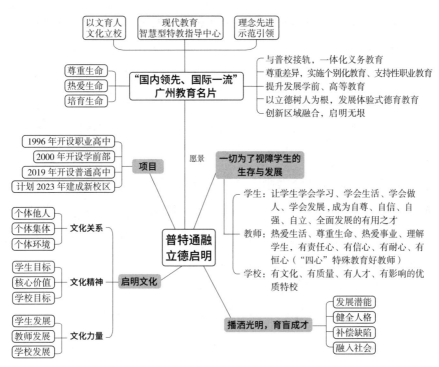

图 1　学校办学理念解读

三、办学特色

（一）始于早康

　　0~6 岁是儿童发展的关键期，也是视障幼儿早期教育和早期疗育的黄金时期。早期教育和早期疗育不仅可以发展视障幼儿的各方面能力，还可以使他们的身心缺陷及时得到弥补，为他们尽早融入社会提供有利条件。2009 年 5 月，国务院办公厅转发的教育部等八部门印发的《关于进一步加快特殊教育事业发展的意见》指出，要因地制宜发展特殊儿童学前教育，基本满足特殊儿童接受学前教育的需求。《国家中长期教育改革和发展规划纲要（2010—2020年）》也指出，要"因地制宜地发展残疾儿童学前教育"。启明学校早在2000年就已经开始视障幼儿教育的探索之路。

1. 重视早期干预和早期教育

启明学校非常重视早期干预和早期教育，于2001年加入由中央教育科学研究所（已更名为"中国教育科学研究院"）彭霞光教授主导的"美国希尔顿基金会国际视障儿童学前教育及培训项目"，并成为全国5所实验学校之一，从事学前教育的教师们均参与了该项目的师资培训；为加强师资培训和国际交流，启明学校于2012年1月派出5名教师前往美国柏金斯盲校，开展了为期一个多月的视障幼儿学前教育学习培训。

2000年9月，启明学校成立学前部并招收了8名幼儿，正式开始了视障幼儿学前教育之路。自2000年9月成立学前部到2020年6月，启明学校学前部累计招收了400多名视障幼儿。人数最多的时期在校幼儿达到33人。从2013年开始，由于各地残联、康复机构设立特殊幼儿班、融合幼儿园等，就读启明学校学前部的幼儿数量开始回落。据2020年6月统计，启明学校在读幼儿21人，比在校幼儿人数最高值（33人）减少了12人。学前部除服务在校幼儿外，还面向全社会1~4岁视障幼儿提供早期干预服务。由家长定期带幼儿到校接受亲子教育及康复指导。刚成立学前部时招收的视障幼儿多为单一视障幼儿，随着多重残疾幼儿的增多，学前部接收的多重残疾幼儿越来越多。据2020年6月统计，单一视障幼儿只剩下1个班，多重残疾幼儿3个班。多重残疾幼儿的增多，给教学带来了很大的难度。随着生源情况的变化，启明学校对课程设置进行了调整。

2. 构建发展性和功能性课程

盲童学前教育缺乏统一的规范和指导，全国各地开办的盲学前班大多是模仿普通学前教育或者依据现有的经验摸索进行教育教学。

学前部成立初期，课程划分成发展性课程、功能性课程以及问题行为矫正课程三大类别，涵盖了语言、认知、生活、社会交往、运动与定向行走、艺术（主要是音乐）、感觉训练7个课程科目。随着盲兼多重残疾儿童生源增多，功能性课程的比重加大。从2011年开始，学前部构建发展性课程和功能性课程，以整合性主题活动形式，将课程统整到6个领域（语言与沟通、常识与认知、运动、艺术、康复、生活）、16门课程中。发展性课程注重根据学生在各个发展领域的学习和成长情况进行针对性教学，主要有语言活动、盲文前技能训练、数学活动、体育活动、户外游戏、美工活动、音乐活动等；功能性课程注重学生的生活经验，从学生的实际出发，直接教授生活中所需要的技能，主要有定向行走、感觉统合、生活技能、感觉训练等。

除班级课程以外，同时为低视力、自闭症、脑瘫及语言发育迟缓的学生提供视觉康复、综合康复（自闭症）、动作康复及语言康复等针对性课程。

3. 保障盲兼多重残疾儿童教育发展

盲兼多重残疾儿童的教育问题已成为当代国际特殊教育关注的热点和难点，被称为"21世纪教育的前沿"。在彭霞光教授2001年主导的盲兼多重残疾儿童教育实验项目推动下，启明学校自2002年正式开始盲兼多重残疾儿童的教育康复研究。

启明学校于2002年9月正式招收7~16岁盲兼多重残疾儿童，成立特训班，共招收4名学生，正式开展盲兼多重残疾儿童教育。特训班最初由学前部管理,课程由学前部分科(语言训练、实用数学、盲文前技能、生活技能、感觉训练、定向行走、休闲体育、音乐)分领域教学和综合主题活动组成。

启明学校自2004年开始为有学习障碍的学生(资源学生)提供语文和数学学科补习课程,称为资源课程。2011年起,7~16岁特训班的学生全部进入启明学校小学部,至此,学前部特训班不再招收7岁以上的新生,在特训班就读的学生到了义务教育年龄后从学前部进入小学普通班就读。启明学校为这些学生提供学科补习和个训等资源课程。随着越来越多的盲兼多重残疾儿童在普通班就读,为保障盲兼多重残疾儿童的教育,启明学校在2014年9月成立多重科组,对学校盲兼多重残疾儿童的评估认定、安置形式和课程教学、上课、听课、阶段评估、考试等作出规范要求。自2016年9月开始,多重科组开展以个别化教育为抓手的主题教学小班研究。从小学低、高年级2个班开始,发展到现在共有4个主题教学小班,其中小学有3个班(小学低年级2个班,小学高年级1个班),初中有1个班;每个班有学生3~4人,共有学生15人。每个班配备4名教师,每节课2名教师同时上课;采取从班级抽离的方式授课,一个班一天上一节课,其余时间在原班级上课。

学校为小学至初中的盲兼多重残疾儿童提供学科补习、个训康复和主题教学三类资源课程。资源学生经过评估小组的评估后,通过从班级抽离的方式,被安排进行三类课程的补偿性学习。

学科补习分为语文、数学、英语三科。教师以降低教学难度和简化知识点、对学科进行针对性的补习为主,目的在于帮助该类学生巩固基础知识,树立自信心。

个训康复主要是为有自闭症、语言发育迟缓、有感知觉与动作障碍及脑瘫的视障学生实施一对一专业化个别训练。

国内目前没有专门面向盲兼多重残疾儿童的课程纲要、教材等。对那些没有能力学习盲校全国课程的盲兼多重残疾儿童，我们借鉴国外综合主题教学形式，结合国内启智学校教材，确定盲兼多重残疾儿童的教育以生存为基础，以提高生活质量为导向，以提升生活自理能力为主要课程目标。小学低年级主题教学班，教授双溪心智障碍儿童个别化教育课程，包括感官知觉、粗大动作、精细动作、生活自理、沟通、认知和社会技能、定向行走；小学高年级和初中主题教学班，教授智力障碍儿童适应性功能教育课程，包括沟通、自我照顾、居家生活、社交技能、使用社区、自我引导、健康安全、适应性学科、休闲娱乐和工作、定向行走。各个主题教学班拟定个别化教育计划，实施个别化教育服务，落实"教育必须面向每一个儿童，促进每一个儿童在原有水平上的发展"的理念，全面提高学生的适应性能力，保障盲兼多重残疾儿童教育发展。

（二）适于普教

在义务教育阶段，除资源学生外，其他学生均接受普通学科教育，所学习的课程与普通学校一致，这为启明学校学生与普通学校学生交流提供了知识基础。高中阶段发挥着学校与社会衔接的重要作用，为学生融入社会创造条件——职高班学生主要学习中医推拿相关课程，而普高班学生则学习普通高中的基础文化课程。在义务教育和职（高）中阶段，注重发挥艺术教育潜移默化的熏陶育人作用，陶冶情操，发展个性，启迪智慧。

1. 不断细化课程体系

2007 年国家颁布的《盲校义务教育课程设置实验方案》指出，盲校既开设普通学校的一般性课程，也设置必要的特殊性课程。在"普特融通，立德启明"的办学理念指导下，启明学校在课程设置方面坚持普遍性与特殊性相结合的原则，一方面按照盲校课改要求，开足、开齐国家规定的课程，与普通学校课程基本一致；另一方面根据盲校义务教育课程标准要求，结合校本实际和学生发展需要设置特殊性课程。科学灵活地设置课程以更好地满足学生的特殊教育需要，在保障其受教育权益的基础上，促进学生潜能开发和个性发展。

一般性课程面向全体，旨在增加学生知识的广度和深度，开阔学生视野，使学生具备基本的人文素养。目前共开设包括品德与生活等在内的 15 门课程。一般性课程与普通学校课程大体一致，普特学生之间能够就所学知识展开交流、讨论，这样的设置还有利于视障学生回流到普通学校继续学习，同时也有益于实现普校与特校之间的资源共享、交流互鉴。

特殊性课程可细分为康复课程、功能课程以及兴趣类课程。康复课程以学生的康复需要为依据，灵活选择康复模块和内容，注重与其他学科和活动相配合、相衔接，目前主要设有面向低视力学生的视觉康复课、面向自闭症学生的语言治疗课和综合康复课、针对肢体功能的感觉统合课和物理治疗课。通过一系列的康复课程训练，促进多重感官的运用和发展，使机体功能得到明显改善，学生初步学会生活自理，习得恰当行为，减少后续学习和生活的困难。

功能课程主要包括定向行走和家政两门课。为使更多的学生能独立安全行走，融入社会，在小学阶段以集体授课的形式在校内进行定向行走基本技能教学，在初中阶段则开设一对一的定向行走个训课，以实践活动课程为主，在校外环境进行定向行走综合应用训练。通过系统的定向行走训练帮助学生克服独立行走恐惧、形成健康人格、实现安全有效出行，为学生适应并融入社会及终身发展创造最基本的条件。家政课的主要目的在于以课程学习的形式让学生学会做饭、洗衣服、打扫卫生等家务活，提高生活自理能力，培养自立自强品格。

兴趣类课程则主要分为音乐、语言艺术和体育竞技三类，以兴趣小组的形式开展。目前开设了合唱、钢琴、古筝、二胡、竖笛等音乐特色课程和演讲与口才、地方曲艺（粤剧）、小主持人培训等语言艺术课程，组建了门球队、高尔夫球队、足球队、乒乓球队等运动队，为学生培养兴趣、收获快乐、学习专长、提升能力、促进个性化发展提供了多元发展平台。

2. 发挥艺术育人独特功能

艺术教育以多种形式丰富学生的情感体验，培养学生积极乐观的生活态度，塑造学生健全的人格，陶冶学生高尚的道德情操，培养学生深厚的民族情感，促进学生的健康成长和全面发展，对于立德树人具有独特而重要的作用。作为典型的听觉型和触觉型学习者，视障学生通过听觉和触觉等感官体验弥补视觉缺陷以感知世界。启明学校以音乐、美工和语言艺术为切入点，积极探索视障学校艺术发展之路，切实发挥艺术育人作用。值得注意的是，艺术的非排他性决定了受众的广泛性——既面向普通学生，也面向特殊学生，这是推动普特教育均衡发展、普特融合的重要方面。

艺术环境，育人无形。启明学校以艺术团和阳光广播站为主阵地，充分发挥音乐、美工、语文等专任教师的专业优势和班主任的组织作用，大力推进艺术活动有序开展，营造浓厚的艺术氛围，建立三个"一"艺术活动表演机制（一个盛典——艺术节；一个盛事——艺术嘉年华；一个盛会——艺术会演），鼓励学生积极参与，彰显"人人都是艺术人，人人都是艺术家"的理念。浸润在轻松愉快的艺术环境中，每一位学生都能全身心享受艺术的美感，收获快乐，在潜移默化中形成健康向上的人生态度，促进身心健康发展。

课程渗透，育人有术。启明学校因地制宜创新艺术教育教学方式，以一般性音乐课程和兴趣类课程为主，重视在学科教学中的有机渗透。一般性音乐课程面向全体，满足大部分学生参与音乐活动、培养音乐审美的需求。兴趣类课程则为学生发展音乐才能提供充分的空间，注重个性发展。在学科综合方面，注重艺术教育与其他学科的融合，比如在语文课上领略语言文字之美，在英语课上感受韵律之美，在体育课上塑造形体之美等。在艺术课程的培养下，学生的艺术兴趣得到了激发，目前基本做到了人人能说能唱，每位学生掌握 1~2 项实用艺术表演技能。

课外延伸，育人有道。充分利用各种节日组织歌咏比赛、文艺会演、音乐会、参观学习等活动，开展丰富多彩的课外艺术实践活动作为补充和延伸，做到既重视课内，又重视课外；既重视内塑自我，又重视对外展示。近年来，启明学校先后成立了合唱团、民乐队、美工小组、非视觉摄影小组、流行乐队、健美操队、观鸟社等艺术社团，积极组织学生参加各类交流活动，与星海音乐学院、华南师范大学合唱团及广州市星河湾番禺执信中学结对发展，创新艺术教育教学方式，深化艺术教育课程改革，提升艺术教育质量。

3. 实施支持性职业技能教育

《第二期特殊教育提升计划（2017—2010年）》将"加快发展以职业教育为主的残疾人高中阶段教育"作为重点任务，明确提出要加强职业技能培训和就业指导，做好残疾人教育与就业衔接工作。在特殊学校发展中等职业教育，完善特殊教育体系，推进义务教育阶段与高中阶段的有效衔接，是推进教育公平和教育融合的重要举措。

启明学校早在1996年便开办职业高中，开设中医（按摩推拿）专业，希望通过三年培养，向社会输送具备良好职业道德、掌握必要文化基础知识和专业知识技能的按摩推拿人才。为此，启明学校立足视障学生的身心发展规律，开设了基础课程和专业课程，合理设置学科内容。包括语文、英语等在内的基础课程使学生在人文素质、职业素质、思想道德、数理基础、外语交流等方面打下一定的基础，有助于学生更好地就业及融入社会。专业课程以能力本位和就业导向为目标，使学生具备按摩推拿职业所需的知识和技能要素。与此同时，还配备了推拿治疗床、踩床、人体模型等教学设备，提升教学针对性和有效性。为切实提高学生的实习质量，学校与省、市内知名企业开展实习合作，开辟校外实习基地，增强学生社会适应能力，为学生顺利就业铺路搭桥。职业高中经过多年的办学，硕果累累，已培养了近300名毕业生。无论在就业还是自主创业中，启明学校毕业生都凭着良好的职业道德和过硬的专业技能，在社会上广受好评。

考虑部分职业高中学生的升学深造需求，启明学校还开展了职业高中复式班的实验，在精简按摩推拿专业课程的基础上，安排高考单招单考的课程学习，如语文、数学、英语、物理、化学等，既满足了学生学习一门技能的需要，又能为学生考大学创造条件。

（三）融于社会

1. 融合教育的发展趋向

兴起于 20 世纪后半叶的融合教育（inclusive education）是一种把特殊儿童安置在普通教育机构接受教育的形式，是国际上特殊儿童接受教育的主要形式和策略，更是一种渗透着人文主义精神，促进普通儿童和特殊儿童共同发展的教育思想。自 20 世纪 80 年代以来，我国开展的随班就读作为针对特殊儿童的一种教育安置模式，是我国特殊教育工作者从我国国情出发，将融合教育理念创造性地运用到我国特殊教育实践中的伟大尝试，并逐渐形成"以特殊学校为骨干、大量附设班与随班就读为主体的特殊教育发展格局"和具有中国特色的特殊教育发展模式。《第二期特殊教育提升计划（2017—2020 年）》再次明确"以普通学校随班就读为主体、以特殊教育学校为骨干、以送教上门和远程教育为补充，全面推进融合教育。普通学校和特殊教育学校责任共担、资源共享、相互支撑"的发展原则。

作为特殊教育的重要分支，视障教育更是中国融合教育的先行者和探索者。根据教育部 2020 年公布的数据，以融合的形式（包括随班就读及附设班）接受教育的视力残疾学生为 30561 人，占所有在校的视力残疾学生的 77%。而在现实当中，不仅大部分低视力学生选择到普通学校就读，还出现了全盲学生选择普通学校就读的案例，融合教育将是视障教育工作者必须面临的一个挑战。

随班就读在解决了我国特殊儿童入学问题的同时，也进入急需提升教育质量的阶段。提高融合教育的质量需要建立和完善支持保障体系，而特殊教育学校则是建立和完善融合教育支持保障体系中的重要环节。《残疾人教育条例》提出："县级以上地方人民政府教育行政部门应当统筹安排支持特殊教育学校建立特殊教育资源中心，在一定区域内提供特殊教育指导和支持服务。"《第二期特殊教育提升计划（2017—2020年）》也提出了"支持特殊教育学校建立特殊教育资源中心，提供特殊教育指导和支持服务。"国家的法律法规、政府及教育部门的文件都清晰地表明，特殊教育学校在融合教育的支持体系中承担着资源中心和指导中心的角色，负责为融合教育的特殊儿童、教师和家长提供支持和服务。这一角色的转变也是符合国内外特殊教育学校的发展方向的。

2. 提供多层次的专业支持

启明学校于1994年被广东省教育厅确定为"广东省特殊儿童随班就读指导中心"，开始对视障儿童的随班就读指导工作进行探索。2014年9月，广州市教育局在启明学校挂牌成立"广州市视力障碍残疾儿童随班就读指导中心"。指导中心依托专业的硬件配套设施和过硬的师资力量，整合医疗资源，为随班就读视障儿童提供一系列支持与服务，满足视障学生在普通学校随班就读的迫切需要。

硬件支持方面：指导中心设置视功能训练室、低视力教室、康复训练室和电子资源室等专用场室，并参照《义务教育阶段盲校教学与医疗康复仪器设备配备标准》配备盲文刻印机、热敏制图机、盲文打字机、助视器等仪器设备，为学生提供学习与康复的物质支持。

人员方面：指导中心根据视障学生的教育需求，抽取各学科的教学骨干兼任巡回指导教师，包括视觉康复教师2名，定向行走训练师1名，数学教师1名及信息技术教师1名。指导中心由校长室直接领导，教务处负责日常管理，确保了指导中心有条不紊地开展工作。巡回指导教师综合素质突出，具有丰富的学科教学和个别化教育经验，能够为随班就读学生及其家长、普通学校教师提供专业的支持与服务。

具体而言，指导中心主要有诊断观察、视觉康复、学习支持、巡回指导、教研交流、咨询服务六大职能，充分保障随班就读学生参与各项学习和活动的权利，提升随班就读质量，推动融合发展。

（1）诊断观察。

指导中心定期邀请中山大学附属第一医院眼科中心的医生对学生进行视力诊查，为教育安置提供医学依据。视觉康复教师还会对视障学生进行视功能评估，了解视障学生运用视觉的能力，发现用眼需求并为适配助视器提出建议。

（2）视觉康复。

视觉康复教师针对视功能评估中发现的薄弱环节对学生进行训练，综合运用各种手段提高学生"看"的能力，帮助学生合理使用助视器。

（3）学习支持。

为学生提供所需的盲文和大字材料；自主研制教具、学具，帮助学生突破学习重点和难点；提供定向行走、电脑使用等技能培训；提供课堂协助、课业辅导、考试协助等；与志愿机构合作，录制各种有声读物，丰富学生的课外知识。

（4）巡回指导。

定期到市内的随班就读学校开展巡回指导工作，包括随堂听课，了解视障学生的学习参与度；进行视功能评估，了解视障学生的用眼需求；进行交流和研讨，提出教学调整的建议。

（5）教研交流。

通过区教研室、名师工作室等平台与普通学校保持联系，定期邀请普通学校教师到启明学校进行课例观摩、主题讲座、同课异构等教研活动，促使普通学校教师进一步了解视障教育的内容和方法，提高视障教育的质量。

（6）咨询服务。

组织座谈会、培训讲座等交流宣导活动，了解普通学校教师及家长的诉求，答疑解惑，传递正确的视障教育理念，帮助他们树立教育视障学生的信心，努力减少视障学生在普通学校学习和生活中遇到的各种障碍。

3. 积极探索融合教育模式

经过多年发展，以普特融合为特征的随班就读成为我国融合教育发展的主要特色[①]，但融合教育不仅仅是一种教育安置手段，更是一种价值取向——尊重个体差异、致力于为所有学生提供学习机会、营造包容性文化氛围，这已成为学校及社会各界的共识。在推进随班就读工作的同时，启明学校注重学生、教师、学校与社会四方相互支持，积极开展校际、校社融合共建活动，探索普特融合发展模式。

2018年，启明学校与广州市星河湾番禺执信中学开展合作共建。两校定期开展普通学校学生"进特校"、特殊学校学生"进普校"等活动，在音乐、美工、语言艺术、体育、烹饪、陶艺等方面开展特色艺术课程与体验式融合教育交流。此外，启明学校立足艺术教育特色，与华南师范大学音乐学院开展音乐合作，两校合唱团两度并肩登上星海音乐厅的舞台，共同演绎为启明学子量身打造的合唱作品《我听说》，展现了启明学子扎实的音乐功底、良好的音乐素养和自信自

---

① 邓猛，赵泓. 新时期我国融合教育现状和发展趋势［J］. 残疾人研究，2019（1）：12-18.

强的品质，搭建起特殊教育学校与高等院校之间的桥梁，不仅加强了专业上的学习交流，推动双方音乐教育更上一个台阶，更重要的是开创了启明学校与高等院校合作的新局面，为视障学生融入社会拓宽了渠道。校际融合共建是一个共赢的过程，普通学生深入了解特殊学生，逐渐形成个体平等的生命观，促进普特学生之间的友好往来；教师在交流互鉴、提升专业能力的同时，传递了师者仁心的理念；资源共享、经验交流等又为学校的长足发展注入持久活力；而个体与群体的和谐共生，有助于推动构建尊重差异、平等参与的融合社会。

此外，启明学校还注重开展校社融合共建活动，与社会机构和社区形成融合教育发展合力，通过引进来与走出去相结合的形式，为学生提供丰富多彩的体验活动和实践机会，增加学生生活感悟，帮助学生更好地融入普通群体，同时通过活动增进社会对视障学生的了解，减少学生在社会交往过程中的障碍。

校际、校社融合共建活动打破了视障学生大部分时间限于盲校校园的局面，增加了视障学生与外界、与社会接触的机会，不仅有利于视障学生开阔眼界，还有利于他们深化自我认知，增强自信，发展健全人格，提升人际交往能力和社会适应能力，真正融入社会大家庭。

四、办学成效

（一）整合资源，建立发展支持体系

1. 办学体系日趋完善

启明学校在复办初期实施了义务教育和职业教育，2000年开设学前部，2002年开设多重部，2019年开设普通高中。学校实施巩固中

间、发展两头的战略，在巩固义务教育成果的同时，大力发展学前教育、中等职业教育，积极探索普通高中教育的发展之路。目前，启明学校已形成有效服务视障学生学习和发展需求的普通教育和特殊教育两大体系，与国家发展要求相适应，与特殊学生期待相契合。一方面，通过贯穿学前教育、义务教育和高中阶段的基础性教育，为学生提供基本的文化知识教育；另一方面，立足学生个体差异，着眼学生长远发展需要，实施包括康复教育、职业教育、艺术教育和融合教育在内的特殊教育，为学生提供适合的教育。

2. 课程结构不断优化

国家大力推进特殊教育课程教学改革，启明学校积极思考，主动作为，结合国家课程方案和地方课程设置要求，根据教育教学具体需要，不断调整和优化课程结构，解决了过去课程结构单一、课程衔接不畅等突出问题。经过多年实践，目前，启明学校摸索出一套相对完备的支持性课程体系，由早康阶段的发展性课程和功能性课程、普教阶段的一般性课程和特殊性课程以及职高阶段的职业技能课程组成，既满足了学生的整体需求，又兼顾了学生的特殊学习需要，为普特融通创造了有利条件。尤其是为学前盲童及盲兼多重残疾学生开设的发展性课程和功能性课程，在儿童最佳发展的关键期给予其足够的人文关怀，并通过医疗和教育手段尽可能挖掘视障儿童的潜能，切实保障了适龄视障儿童能够接受有质量的早期教育，为视障儿童的未来发展奠定基础。

此外，启明学校还以兴趣类课程为切入点，深入进行了活动课程的探索，组建了古筝、非视觉摄影、观鸟、盲人门球等一系列兴趣小组，合理安排课程与互动活动，极大地丰富了学生的课余生活。

3. 发展平台不断赋能

启明学校积极与国内外特殊学校交流，不断吸取先进的教育教学经验，提升发展的高度，为学生搭建发展平台，激励学生最大限度地发挥个人才智和潜能。一方面，学校参与了盲童学前教育、盲兼多重残疾教育、随班就读工作及残疾人就业培训等方面的实验项目，更新了教育教学理念，积累了丰富的教学和管理经验，教师提升了专业素养，为发展优质视障教育创造了良机。另一方面，学校始终坚持育人为本，注重培养自尊自信、自立自强、人格健全、全面发展的社会有用之才，通过学校自身建设和校际、校社融合共建活动，提升了启明学子的综合素质和核心竞争力，进而提升了其发展的选择空间。另外，作为第三批广东省中小学艺术教育特色学校，启明学校的艺术平台无疑可以给有艺术才能的学生提供更多的发展机会，让他们能够探寻自我发展之路。

（二）激发学生潜能，实现多元发展

1. 助盲成长，品质生活

盲童及盲兼多重残疾学生是视障群体中较为弱势的一部分人，若缺少人文关怀和早期教育，很有可能对他们终身发展造成不可磨灭的伤害。启明学校充分利用早期发展的黄金期，以提升学生生活自理能力为主要目标，通过康教结合的方式对学前盲童及盲兼多重残疾学生进行早期教育和康复治疗，使越来越多的学生在自身的最近发展区得到发展，潜能得到激发，达到了较好的康复效果，并在很大程度上保护了学生的自尊心。大部分学前盲童通过早期教育习得了主动问候、独立用餐、独立上洗手间等日常生活技能，为小学阶段的学习和后续发展打下了坚实的基础。而盲兼多重残疾学生在语言治疗、感觉统合、物理治疗等课程的帮助下，结合长期训练，逐步突破了自身限制，取得了显著进步。更有部分资源学生通过学科补习，获得了显著提升，顺利回归到班级的常规教学中。从不会到会，从不能到能，从依赖到独立，视障学生自身及其家庭的生活质量都得到了提升和保障。

2. 突破自我，追求卓越

启明学校始终把学生成长放在突出位置，积极组织形式多样的活动，激发学生的学习、生活热情，帮助学生提升自我。学生参加国家、省、市各级各类比赛，成绩突出，充分显示了启明学校丰硕的育人成果。参加的比赛涉及文艺会演、文学创作、美术创作、体育竞技和科技比赛等方面，与其他视障学生或其他特殊学生甚至是普通学生同台竞技，挑战之大可想而知。但启明学校学生凭借扎实的学科功底和良好的心理素质，不断突破自我，获得了优异成绩，树立了自尊自信、自强不息的视障学生形象。经统计，2000—2019 年，启明学校共获得国家级奖项 218 人次，省级奖项 68 人次，市级奖项 183 人次（见表 1）。

表 1 2000—2019 年广州市启明学校学生获奖情况统计

单位：人次

级别	文艺会演类	文学创作类	美术创作类	体育竞技类	科技比赛类	优秀个人等	总计
国家级	33	166	4	3	12	—	218
省级	25	6	5	20	8	4	68
市级	14	46	24	17	47	35	183
合计	72	218	33	40	67	39	469

3. 自强自立，踏实奋进

2002—2019 年启明学校共培养了职高毕业生 257 人，历届学生的毕业率和就业率均达到 100%，从事按摩推拿职业的学生约 190 人，约占 74%；考上高等院校的学生约 60 人，约占 23%；有十几人在残联、学校、医院和民营企业等单位做调音师、话务员、程序员等。根据毕业跟踪与回访情况，启明学校毕业生在工作中能够服从安排，团结同事，吃苦耐劳，虚心学习，受到领导、同事的一致好评。由于国家政策的支持、社会进步和学生自身发展需要，近年来启明学校职高毕业生升学深造的愿望越来越强烈。2013 年以来，考入北京联合大学、长春大学、滨州医学院等高等院校的人数逐年增多，每年考上大学的人数占当年毕业生人数的 25% 以上。尤其是 2018 年，共 15 人参加高考，有 14 人被高职院校录取，约占 93%，其中本科 6 人，专科 8 人。

（三）教师队伍与时俱进，成绩突出

1. 教师结构不断优化

从发展优质教育的需要出发，启明学校逐步建立了一支数量充足、结构合理、素质优良、富有爱心的教师队伍，形成了"科组有骨干，年部有名师"的格局。尤其是自普通高中开办以来，启明学校补充了一批具备高中教学经验的青年教师，进一步充实了师资力量。从学科结构来看，启明学校教师的专业背景与学校课程体系的高度吻合，保证了课程改革的切实推进。同时，从教育实际出发，启明学校培养了一批盲人定向行走训练师、语言康复师、感觉训练师、心理咨询师。教师队伍中涌现了一批先进个人，其中全国优秀教师 1 人，广东省特级教师 1 人，广东省南粤优秀教师 2 人，广东省特殊教育优秀教师 2 人，广东省特殊教育优秀班主任 1 人，广州市劳动模范 1 人，广州市名教师 2 人，广州市名师工作室主持人 1 人，南粤教坛新秀 2 人，南粤优秀班主任 1 人，广州市优秀中小学班主任 5 人，广州市百佳中小学班主任 1 人，广州市骨干班主任 1 人，广州市中职学校优秀班主任 3 人，广州市优秀教师 8 人，广州市骨干教师 6 人。

2. 教学科研成果丰硕

启明学校历来重视教育教学改革和科研工作，倡导"问题即课题，行动即研究，发展即成果"的教学科研思路，以问题为导向，切实解决学校发展和教育教学过程中存在的问题。学校科研工作氛围日益浓厚，科研成果不断涌现。近两年来，启明学校共申报省级课题 8 个，市级规划课题 7 个，广东省教育学会小课题和广州市特殊教育小课题若干，涉及学科教学、艺术发展、人才培养等多个方面，以"课题"的形式促进教学改革，教育教学质量在全国同类学校中名列前茅。另外，启明学校注重提炼教学科研成果、总结办学经验，发挥积极的辐射引领作用，对省内特殊学校进行帮扶，推动区域教育均衡发展。

五、问题与展望

（一）存在不足

1. 办学条件相对落后

全学段学校应该为各阶段学生发展提供必要的软硬件设施。但就硬件设施而言，现有校园面积小，教学场室严重不足，专用教室和功能室的建设尚未达到标准要求，办学条件限制多。在教育教学过程中经常会出现场室使用紧张的情况，难以满足学生日常学习、生活娱乐和运动健身等方面的基本需求，更难以满足学生的特长发展需要和特殊教育需求。此外，办学空间和办学硬件设施条件还在很大程度上限制了教育教学形式，目前主要采取以"说"为主的室内教学形式，而室外的活动体验相对较少，形式单一，不利于提高教学效率和教育质量。以学前教育为例，若能参考普通幼儿园的园区配备一系列增强学生运动能力的训练器材及有助于充分解放儿童天性的游乐设施，想必会取得更好的早期康育和潜能开发效果。

2. 融合教育质量不高

启明学校大力推进融合教育，并取得了一定的成效，但受限于办学条件和思维观念，融合教育的推进仍未达到预期目标。一方面，以融合理念为指导的教学实践不够。虽然启明学校积极探索普特融合发展之路，但不可否认，由于教师掌握的融合知识和技能不足，加之外部可提供的融合支持有限，目前启明学校的教育教学活动在很大程度上仍以"围墙内"课堂教学为主，在自身教学改革上尝试不足。另一方面，资源中心建设不完善。作为省、市随班就读工作开展和推进融合教育的重要窗口，资源中心目前未能提供充足的教育教学资源及康复训练器械，服务效能有待提高。另外，社会公众对融合教育理念仍缺乏认同，对残疾人仍持怜悯态度，还不能完全接受残疾人在教育和社会生活等方面的平等参与，视障学生融入社会遭遇融合瓶颈。此外，由于残疾学生的转衔教育问题没有得到广泛关注，视障学生接受职（高）中教育和高等教育的机会十分有限，这阻碍了融合教育质量的实质性提高。

3. 现代化教育手段利用不充分

首先，社会信息化快速发展已然成为教育改革的重要推力，教育内容的选择、呈现与教育手段创新相结合是现代教育不可回避的课题，这就要考验教师对教育信息资源的开发与高效利用能力。其次，现代化教育手段能够成为视障学生开发潜能、突破缺陷限制、实现信息社会无障碍的利器，在视障教育中大有可为。再次，现代化教育手段的充分运用不仅能拓展教育的时空，为学生在学习型社会中自我发展、持续发展奠定基础，还能培养具备良好信息素养的新时代公民，进而拓展视障学生的发展渠道。然而，启明学校并未充分发挥现代化教育手段对实现公平而有质量的教育的正向作用，无论是教育信息化理念、信息技术设备还是信息技术的应用均是启明学校目前发展中的薄弱环节。

（二）未来发展

1. 改善办学条件，促进持续发展

以新校区建设为契机，实行新旧校区两手抓的策略。一方面，积极推进新校区建设，科学规划教学场室和功能区域，加强配套硬件设施建设，加大教育信息化的投入，配备适应学校现代化管理和教学需要的软硬件设备，为全面实现校园信息化提供良好的物质条件。另一方面，全面改造旧校区，提升空间利用率，改善办学条件。与此同时，加强校园文化建设，营造积极向上、活泼温馨的校园氛围，育人于无形。

2. 顺应融合潮流，促进转型升级

融合教育的普及与深入发展深刻影响着我国的教育体系，而特殊学校单一的教学功能已经不能满足新形势的要求，转型发展是必然选择。作为融合教育的坚定支持者和促进者，启明学校认真思考特殊学

校定位问题，正视发展过程中存在的不足，不断加强自身建设，推动学校转型发展。

第一是针对视障学生的教育转型。经过多年发展，我国特殊教育取得了显著发展，但其教育体系仍不完善，尤其是高等教育阶段，发展规模小、发展速度缓慢、区域分布不均，难以满足特殊学生日益增长的自我提升需求。目前招收视障学生的大专院校屈指可数，且主要分布在北方地区，省内只有广东省培英职业技术学校开设了大专班。着眼于视障学生终身发展和生活幸福，启明学校将致力于提高办学层次，将办学体系进一步向高中教育后延展，形成从学前教育到高等教育完整的特教体系，拓宽视障学生的发展渠道。此外，启明学校将继续发挥教育康复功能，为多重残疾视障学生提供更专业、更适合的教育和服务。

第二是针对区域融合教育的支持转型。作为省、市随班就读指导中心，启明学校在视障学生融合教育中发挥着视力评估和巡回指导等重要职能，而资源教室和培训中心的功能受学校硬件设施不足、教师教学任务重等因素影响而未能很好发挥应有作用。随着办学条件的改善，通过整合政府、社会、家庭和学校等资源，启明学校将充分发挥融合教育的示范引领和支持服务作用。目前，启明学校巡回指导的服务对象主要是市内的随班就读学校，对省内其他地区的视障学生随班就读工作支持力度较小，在未来将依托互联网完善支持体系，提供及时的专业服务，扩大融合教育合作范围，推动特殊教育内涵式发展。

第三是针对教师角色的定位转型。长期以来，教师的定位往往局限于"教育者"这一单一角色上，而融合教育发展促成教师向多重角色（合作者、协调者和促进者）转型。启明学校教师与普通学校教师、家长及社区等多方面的紧密合作与配合能够促进学生的最大潜能发挥；启明学校教师熟悉学生需求，发挥协调者的作用，有助于整合区域内的教育资源，提供有效支援；监督与推进教学质量提高及融合教育深入发展是全体教师的责任与义务。教师全面而深入的参与能够保障视障教育和融合教育的高质量发展。

案例二　广州市启聪学校：以美启聪，融合同美

　　近年来，随着特殊教育新思潮的不断发展，全球范围内特殊教育学校未来的发展方向也随之发生了变化。不论是"正常化原则"，还是"融合教育"，这些思想都在倡导残疾学生能够在普通学校平等接受教育。[①]这种平等，并不是仅以残疾学生享有的受教育权作为衡量标准，能否与同龄的普通学生在同样的环境中学习和生活、能否参与班级和学校的各种活动、能否与本班学生共同参与竞争或测验排名等，这些细节都在诠释特殊教育中提倡的"平等"。在传统的特殊教育服务体系中，将有特殊需要的残疾学生安置在特殊学校、特殊班、资源教室等，虽然为他们提供了不同的安置选择[②]，但与真正的"平等"尚有一定的距离。由此可见，特殊教育学校的发展需要顺应新的潮流，打破自身原有的"封闭式"教育模式，谋求与普通学校融为一体的办学模式，是目前特殊教育学校面临的实际挑战。

[①]　邓猛，杜林．西方特殊教育范式的变迁及我国特殊教育学校功能转型的思考［J］．中国特殊教育，2019（3）：3-10.

[②]　邓猛．关于特殊教育体系发展的思考［J］．现代特殊教育，2016（23）：3-9.

广州市启聪学校从听障学生的核心需要出发，与时俱进，于 2013 年提出了"以美启聪，融合同美"的办学理念，定下努力创建"国内一流、国际知名"的特殊教育学校的办学目标，经过多年的探索，走出了一条以内涵发展带动特色建设的创新之路，形成了"融合同美"办学实践创新模式。近年来，学校办学业绩突出，学生积极向上，社会美誉度不断提升，硕果累累，获得了学生、家长及同行的广泛认可，引起了社会的极大关注。

一、办学背景

广州市启聪学校（原广州市聋人学校）直属广州市教育局，是一所历史悠久、体系完备、特色鲜明的听障类特殊教育学校。其涵盖学前教育、义务教育与高中教育学段。学校办学成绩显著，先后被评为全国三项康复工作先进单位、中华全国总工会女职工建功立业标兵岗、广东省青少年教育先进单位、广东省第二批现代教育技术实验学校、广州市文明单位、广州市教育工作先进单位等。

自 2011 年以来，广州市启聪学校一直在广州市天河区华穗路校区临时办学，学校的发展受到限制。2019 年，广州市启聪学校迁入位于广州市白云区黄石北路 199 号的新校区。

（一）问题与不足

广州市启聪学校办学历史悠久。作为广东乃至全国有代表性的特殊教育学校，广州市启聪学校办学成绩得到社会认可，形成良好的口碑。同时，也面临着一些问题与不足。

第一，教师队伍教育理念、教育能力与当前教育发展要求有一定差距。在当今教育发展突飞猛进与特殊教育教学质量迫切需要提升的背景下，教师的现代育人理念急需转变，教学能力急需提高。

第二，学校面临新的发展定位。随着医学技术的发展，听障康复水平的提高，听障学生更多融合到普通学校，同时随着省内特殊学校之间生源的竞争加剧，广州市启聪学校生源正逐年缩减。如何保持优势、找准定位、拓展功能、明晰方向，是需要破题的工作难点。

第三，学校迁入新校区，是重大机遇，也是挑战。目前，广州市启聪学校各项建设尚未完成，校园文化建设不完善，学校规划有待整体思考，学校正处于新一轮的艰难建设、振兴的过程。

（二）目标与定位

根据《广州市中长期教育改革和发展规划纲要（2010—2020年）》、《广州市人民政府办公厅关于加强我市特殊教育工作的实施意见（2012—2016年）》、《特殊教育提升计划（2014—2016年）》的目标要求，广州市启聪学校提出要抓住新校区建设机遇，建设"特色鲜明、国内一流"的现代特殊教育学校，为下一步实现发展成为"具有国际先进水平和示范性的特殊教育学校"目标打好坚实基础。

（三）实施背景

为了实现办学目标，满足听障学生回归社会的需求，实施融合教育成为广州市启聪学校在办学思考上重中之重。

1. 积极转型，是谋求发展的必然选择

在国内，由于生源减少等问题，各地聋校都面临着转型的难题。

据统计，在特殊教育学校中，盲校和培智学校基本平稳发展，纯聋校却由高峰期的 900 所锐减一半，而综合性的特殊教育学校，则由 473 所暴增至 892 所。也就是说，有接近一半的聋校已转型为综合特殊教育学校。广州市启聪学校坚持以促进学生发展为中心，以创建"国内一流、国际知名"的特殊教育学校为办学目标，积极转型，坚持走融合发展的道路，探索以特殊学校为主体开展融合教育的新途径。

2. 传承先进模式，是走特色办学道路的内部需要

广州市启聪学校附属海印南苑幼儿园是全国首创的健聋融合幼儿园，是学前阶段融合教育的范例，在近 10 年的建设和发展中形成口碑，积累了经验，获得了丰硕的办学成果，形成了学前融合教育的理论体系与实践模式，促进了听障幼儿的全面发展与社会化成长。健聋融合的模式，为早期康复教育提供了新的思路，为开展学龄阶段的随班就读工作提供了借鉴，同时也为健听幼儿提供了一种全新多维的发展体系，有助于他们养成乐于助人、宽以待人等良好的心理品质，对于幼儿教育多元化发展具有重要的意义。

在办学过程中，广州市启聪学校不仅将"健聋合一"这一理念贯彻于教育教学中，还向社会公众广泛传播，促使健听幼儿及其家长抛弃偏见与怀疑，增进其对融合教育的认识、理解与接纳。在融合过程中，健听幼儿与听障幼儿在互相了解、接纳、交往的过程中获得了共同进步。健听幼儿了解到生活中存在这样的特殊伙伴，有助于培养其爱心和责任感；听障幼儿则在交往中提高了言语与沟通能力，增强了自信，塑造了健全人格。

为传承先进的教学模式，打造启聪教育的品牌，校本部自 2013 年

开始探索以"融合同美"为核心的特色办学道路，为全面推进融合教育打下了良好的基础。

二、办学理念

（一）理论基础

1. 同美教育思想

著名学者费孝通提出的"多元一体、三美一同"重要思想为和谐社会、美好社会的构建奠定了理论基础。"多元一体"原意是指在中华民族的形成过程中，多元民族、多元文化不断互动、不断融合，进而产生了共同的民族意识和深层的和谐精神。引申到社会生活层面，"多元一体"也指多主体在互相交往、互相融合的过程中，产生互相尊重、互相欣赏的认同感与和谐感。

"三美一同"即"各美其美，美人之美，美美与共，天下大同"。一个和谐的社会，应该是一个兼收并蓄、互容互补、共创共享的社会，应该可以给社会成员提供尽可能多的各美其美、各展其能的机会。"三美一同"的思想尊重文化多元，摆脱了各种基于本位主义立场的公平与公正，意味着社会群体、社会成员之间能够各尽其能，各得其所，同时又和谐共处。这十六字箴言描绘出一幅文化多元、价值多元的图景，是和谐美好世界的核心。"多元一体、三美一同"也为创建公平的教育生态，唤醒包容的教育精神，加强不同群体之间的多元互动奠定了思想基础。基于创建教育共同体的美好理想，广州市启聪学校提出了"以美启聪，融合同美"的办学理念。"各美其美，美人之美，以美启聪，融合同美"是对"三美一同"思想的个性化表达，也是包含启聪思考、富有启聪智慧的独特阐释。

2. 融合教育理念

融合教育自 20 世纪 70 年代以来逐渐成为全球特殊教育领域讨论最热烈的议题。融合意味着完全接纳，它基于满足所有学生多样化需要的信念，在普通学校适合儿童年龄特征的教育环境里教育所有儿童；所有儿童，无论种族、语言能力、经济状况、性别、年龄、学习能力、学习方式、族群、文化背景、宗教信仰、家庭背景、性倾向有何不同，都应该在主流的教育体系中接受教育。融合教育不仅使狭义的残疾人教育走向真正广义的特殊教育，也使特殊教育成为普通学校再也难以回避的一个问题。概而言之，从"缺陷"到"残疾"再到"特殊教育需要"，不仅是特殊教育学科研究对象与范围扩大的过程，也是特殊教育基本理念与实践模式变化的过程。它使特殊儿童从被歧视与被忽略逐步走向平等接受教育、参与学校与社会生活；从被隔离与被拒绝逐步走向融合与共享社会物质文明成果。

融合教育是在对隔离教育的批判、反思的基础上发展起来的更具先进性的教育理论，是实现教育公平的基本要求。融合教育倡导在适当的最大范围内，所有特殊儿童都应该与普通儿童一起接受教育，在教育过程中，应为特殊儿童提供专业化的服务和支持，包括专业教师队伍，特殊的工具、设备及所需的康复服务等。融合教育是特殊教育与普通教育和谐统一的教育体系，提倡关注每一个儿童，强调双赢。实施融合教育能提供更先进的学习系统，更优化的学习体验，不只是特殊儿童得利，普通儿童同样也受益，这是让普特双方都获益的教育模式。

融合教育支持者认为特殊儿童有权在普通教室接受高质量的、适合他们自身特点的、平等的教育，他们应该在普通教室接受必需的支持与服务。学校应对所有儿童都有学习能力与获得成功的权利达成共识，学校应成为每一个儿童获得成功的地方，不能因为儿童的残疾与差别而产生排斥与歧视。学校应该尊重日趋多样的学生群体与学习需求，多元化带给学校的不应该是压力，而应该是资源；并试图通过特殊儿童教育这一杠杆撬动教育体制的整体变革与社会文化的积极改变；其目的就是要彻底告别隔离的、等级制教育体系的影响，使特殊教育与普通教育真正融合成为统一的教育体系。因此，融合包含两层含义：其一是特殊儿童在正常的环境（即普通学校）接受平等的、适当的教育；其二是特殊儿童平等、全面地参与社区生活，即社区融合。融合教育支持者认为所有儿童都能在普通学校的教室里接受适合他们需要的、高质量的教育，在自己所在的社区里接受优质的支持与服务，应彻底消灭特殊儿童与普通儿童的二元划分以及特殊教育与普通教育的职业区别；建立平等、接纳、合作的学校与社区。

融合教育理念为广州市启聪学校办学方向的调整提供了新的思路，是"以美启聪，融合同美"办学理念的重要支撑。如何以特殊教育学校为主体开展融合教育，是我们面临的重要课题。我们的探索是要告别对特殊儿童实施的隔离教育，使特殊教育与普通教育真正融合成为统一的教育体系。

（二）概念与结构

广州市启聪学校的"融合同美"特色办学道路的完整表述如表1所示，分别从办学理念、办学宗旨、核心文化、校训、校风、教风和办学特色这七个方面进行阐述。

表 1 "融合同美"特色办学道路

项目	表述	释义
办学理念	以美启聪，融合同美	"聪"表意为"听觉"，深意为"心思灵敏、心聪性慧"。 "以美启聪"：指在教育中，构建"真善美"的教育生态，开展整体培育，最大限度地开发学生潜能，启发心灵，启迪智慧。 "融合同美"："融合"指开放的理念，积极的态势，与主流社会接轨，融入其中。"同美"指展现自身独特的人格尊严与人性之美，同享蓝天下生命的美好
办学宗旨	促进听障学生的健康、全面发展	尊重和满足听障学生的特殊需要，促进听障学生的健康、全面发展，使每个学生都有能力回归主流、回归社会并享受幸福的生活
核心文化	"同美"校园文化	在弥补缺陷、开发潜能的过程中学会生存、学会学习、学会发展，认识自我，接纳自我，并乐享自身独特的人格尊严与人性之美。 在思想上、文化上、工作上、生活上与主流社会接轨，与主流群体互相理解、支持、欣赏，同享社会的进步与福利，同创一个"各美其美、天下大同"的同美社会
校训	自立自强	先有自立的生存，再有自强的发展。 不依赖社会，不安于现状，独立坚强，勤奋进取，靠自己的劳动生活，靠自己的力量而有所成就
校风	阳光健康，融合同美	阳光般的个性，健康的体质和心理素质。 以融合之路，通往同美的彼岸

（续表）

项目	表述	释义
教风	修身敬业，因材施教	从本体上来看，廉洁修身，乃齐家之始，治国之源，平天下之基。教育是崇高的事业，教师要爱岗敬业，为人师表。特殊教育工作者更应具有加倍的使命感、责任心。 从方法上来看，教师要根据学生的实际情况，综合运用特殊教育专业手段，进行差异性、层次性教学，使每个学生都能扬长避短，获得最佳发展
办学特色	以美启聪	既帮助学生在康复中弥补缺陷，又在全沟通教学中开发学生潜能，还在融合教育生态中，以文化之美、校园之美、智慧之美、艺术之美、心灵之美、仪态之美、手语之美去感染熏陶学生、启发学生、感动学生，使其向善向美，心聪性慧

三、办学特色

在"以美启聪，融合同美"办学理念的引领下，广州市启聪学校立足"国内一流、国际知名"的现代特殊教育学校的规划目标，抓"一个中心、两个重点"工作。"一个中心"是指新校区建设工作，高起点、高品质建成有文化品位、设施设备先进的现代化校园。"两个重点"是指"提升内涵、特色发展"，其中"提升内涵"是指从文化建设、科学管理、教育教学质量以及科研水平等方面深入挖潜、提升质量，促进师生的内涵发展，使学校的综合实力达到更高层次水平；"特色发展"是指梳理、整合原有经验和资源，在专业型特殊教育教师培养、"融合教育"实验、德育创新项目、基于核心素养的新一轮课程改革、"综合沟通"教学模式的完善等方面取得突破，推动学校向前发展。"以美启联，融合同美"模式图解见图1。

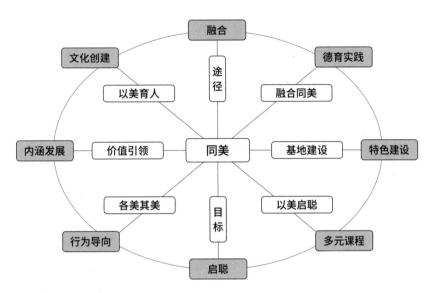

图 1 "以美启聪，融合同美"模式图解

（一）文化引领，以美启聪

1. 同美精神文化的塑造

教育是一种关照精神（心灵）成长的活动，学校文化是师生精神的引领，优秀的学校文化可以提升教育品质。广州市启聪学校的校园核心文化精神就是"同美"，详见表2。

表 2 同美精神

同美精神	同美内涵
以美育人	塑造心灵，丰盈灵魂
各美其美	多元认同，展现生命之美
融合同美	融入主流，共享美好生活

广州市启聪学校围绕"同美"文化，打造学校精神内核，形成学校特色文化，塑造师生精神面貌，为全面提升教育品质打下了良好的基础。

2. 物质文化的创设和配合

学校物质文化是校园文化的外在标志，具有特定性、指向性、基础性、直观性的特点，是学校文化的物质载体。其主要包括校旗、校徽传达的文化信息；学校自然环境、建筑、内部规划布局、内外陈设、雕塑、绿化等各个方面所形成的文化环境等。

首先，在校徽设计方面，依据"融合同美"的理念，广州市启聪学校于 2015 年设计了象征"巧手慧眼看世界，同美追梦成大爱"精神的新校徽。主图周围四手相握，中间形似眼睛，构成校徽的主体造型，突显启聪人"以慧眼沟通心灵，以巧手创造生活"的含义。上方的巧手，既是"爱"的手语，也是飞翔的白鸽，象征师生飞翔追梦，共成大爱；四手相握代表广州市启聪学校融合发展的理念和团结协作的精神。中间的眼睛，既体现启聪学子以目代耳、以慧眼看世界的特点，也展现学校的国际视野。新校徽传达了学校的核心精神与教育理念，也代表了启聪人新时代的新追求。

其次，着力于融合视角下的新校区建设。广州市启聪学校新校区位于广州市白云区黄石北路北侧的陈田村路段，总占地面积 53488 平方米，其中可建设用地面积 31546 平方米。校园整体设计简洁大气，色调明快，充满勃勃生机，凸显积极向上的文化精神。在空间布局上为融合活动设计了多个通透开阔而又互相掩映、互相配合的活动空间。针对听障儿童的特点，采用有助于听力声场营造的特殊建筑材料，各种听力专业功能器材配备达到世界先进水平。按照国际标准设计无障碍设施，无线调频全面覆盖整个校园空间。在主题文化建设上结合学校建筑、空间、绿化等因素，因地制宜，构建学校文化带，设计了初心园、同美园、融合园等多个主题活动区域，凸显"融合同美"的校园精神。处处渗透支持，处处体现融合，格局大气，细节入微。新校区建设，为学校的高水平发展提供了坚实的硬件保障。

（二）课程建设，与时俱进

课程建设，是学校特色发展的一个重要抓手。广州市启聪学校基于听障学生核心素养，开展了新一轮课程改革的实践，硕果累累。立足课堂研究，形成"综合沟通课堂教学模式"，科学使用口语、手语、书面语、体态语、多媒体等沟通手段，打破了听障学生沟通的壁垒，提高了课堂教学的有效性。开展了"聋校'以口语为主导的全沟通教学模式'实践研究"（2015年广东省教育研究院教育研究课题）、"教育游戏在聋校信息技术课程教育中的应用研究"（2013年广东省教育技术研究课题）、"聋校思想品德校本课程内容的研究"（2014年广州市教育科学规划课题）、"新方案理念下聋校小学语文校本教材的整合与应用"（2015年广东省教育研究院教育研究课题）等课题研究，丰富了课程体系，拓宽了办学思路，提高了学生的综合素质，提升了整体办学水平。

首先，广州市启聪学校进行了思政校本课程建设。其是广州市启聪学校思想品德教研组开展校本课程内容的研究与制定的科研项目，任务是根据国家对听障学校义务教育的要求，结合听障学生身心发展和学习的特点，编著《聋校思想品德辅助读本》，这是贯彻国家《聋校义务教育课程设置实验方案》的内在要求。主要研究内容包括研读课程经典文献，探讨聋校思想品德课程标准，明晰聋校思想品德课程内容选择的依据、原则和方式。通过问卷调查，了解聋校学生思想品德课程学习状况，对思想品德课程的满意度，知识的掌握程度、学习困难和认知途径，为增强聋校思想品德教学的实效性提供新的思路和佐证。通过开发课程资源，探究聋校思想品德课程的有效教学模式，如"网络环境聋生个性化学习""文字手语和案例三位一体"。通过课题研究，提升学生的学习能力，增强教师的科研能力，提升聋校思想品德课程的教学品质。在研究成果方面，教研组先后编著了《初中思想品德知识汇编》《初中思想品德辅助读本》，在校内实验取得良好效果后，向省内特殊学校推广，如在清远市特殊教育学校、肇庆市启聪学校推广使用，得到兄弟学校师生的肯定与赞赏。

通过以互联网为核心的信息技术，合理利用大众社交软件开展教学活动，创设情境，整合资源，使课堂向前、向后延伸，让学生根据自己的认知偏好、阅读习惯进行个性化自主学习。在中央电化教育馆主办的 2015 年全国新技术支持下的个性化学习成果展示活动中，教研组成员李展文老师异地教学思想品德"子女对父母的义务"得到专家的一致肯定，荣获大赛一等奖。在校本部，以学生使用手机登录博客，自主学习、合作研讨为特色的"实施正当防卫"课例荣获广州市教育局 2015 年多媒体软件教学大赛整合课例一等奖。2016 年 11 月选取中学 4 个班级进行抽样调查分析，与 2015 年数据比较，发现喜欢思想品德课的人数比例从 58.29% 提升至 66.67%，不喜欢的群体由 8.06% 下降为 0；认为思想品德课对自我成长非常重要的人数比例从 40.76% 提升至 70%，认为课程"没有什么用"的人数比例从 7.58% 下降为 0；另外，66.67% 的学生认为《思想品德辅助读本（第 2 版）》对自己的学习、生活帮助很大。上述数据表明，学生对思想品德课程的认可度明显提高，辅助读本拓宽了学生视野，思想品德课程品质得到提升。

其次，广州市启聪学校建立全沟通教学模式。语言学习是听障学生进行一切学习的基础，也是一个学习积累、应用实践的过程。在教学过程中，教师应根据教学内容、教学对象、沟通情境的需要，因人因时因地，选择合适的内容，提高学生的语用能力，并注意适当处理各种语言关系。广州市启聪学校优化语言组合，适当开展与主题相关的阅读教学，让学生在有限的时间里，最大限度地学习与发展语言能力，掌握各种语言形式和沟通交往技能，形成综合、多元的沟通能力，丰富交往素养。广州市启聪学校在沟通与交往学科建设方面累累硕果。通过对全沟通教学模式的探索，广州市启聪学校逐渐确立了沟通与交往课堂教学的基本要求，帮助学生通过反复训练、实践应用，形成语言表达能力，并能在生活实践中举一反三、迁移拓展，形成沟通与交往的能力与技巧。其中，形成语言表达能力是基础性目标，举一反三、迁移拓展是发展性目标。

广州市启聪学校沟通与交往科的教师共同努力，总结了沟通与交往课堂教学的主要特点。沟通与交往课堂教学的主要特点体现在课程设计的生活化、情境性、实践性，突出语言的语用功能。其中，语用功能由课程性质所决定，生活化体现了教学内容的要求，情境性、实践性体现了教学过程与方法。在教学过程中，在凸显特点的同时，应结合教学目标与教学内容的需要，适当开展口语、手语、笔谈等沟通方式的训练，口语、手语、笔谈的训练既有机结合，又相互独立；教学过程既面向全体，又照顾差异；既能帮助学生形成多元沟通能力，又能体现分层教学目标。广州市启聪学校重视沟通与交往的学习场景设计，强调场景设计的真实自然与可操作性，并注重社交礼仪及沟通交往技巧的培养。经过实践，广州市启聪学校把课堂教学的基本要求与流程初步确定为课前准备（检查助听设备与沟通辅具，进行听觉言语常规训练，如声带放松、唇齿运动、呼吸训练、拼音练习等）—情景示范—理解感悟—学习模仿—反复训练（融汇几种语言方式的训练）—举一反三—实践迁移（能力拓展）。

最后，广州市启聪学校开发了幼教"4+1"课程。幼儿园班级课程设置立足于幼儿多元智能发展的需要，在一日生活中渗透着五大领域的教学，形成了初步的课程架构：基本课程＋融合"4+1"特色课程（4即美、乐、趣、谐活动，1即个别化教育）＋环境课程，并采用以下策略进行实施。

1. 合作学习策略

合作学习中所有的任务由大家共同分担，生生交互，问题会变得比较容易解决，教师要善于运用合作学习策略，充分调动健听幼儿的积极性，以帮助听障幼儿理解。这样既能促进健听幼儿与听障幼儿在学习上互相帮助、共同提高；也能增进小伙伴之间的情感沟通，改善人际关系。

2. 竞争学习策略

好胜心是幼儿学习的"动力器"。教师应多设计"比一比""赛一赛"等活动，让他们全身心投入竞争，在学习上获得更大的成功。这样可以让部分胆小、缺乏自信的听障幼儿感受到竞争带来的自信与愉悦，激发起主动学习的欲望。

3. 游戏教学策略

兴趣能促进语言知识的获得和技能的熟练，而游戏作为幼儿园教学活动的有效手段，是激发、保持、增强幼儿学习兴趣且深受幼儿喜爱的教学策略。幼儿年龄小，逻辑思维能力弱，且听障幼儿因为听力损失，更是以直观思维为主，因此，在健聋融合环境下的集体教学活动中，教师应尽可能多地采用游戏教学策略，将枯燥的语言教学转变为他们乐于接受的游戏形式，在玩中学，在学中玩。

4. 发展性评价策略

发展性评价是一种过程性评价、激励性评价、多主体评价。教师应避免采用统一的标准评价不同发展水平的幼儿，应根据幼儿的实际情况和认知水平，有针对性地进行教学和评价，对不同的幼儿应当给予不同的鼓励，尽量避免在活动中不断出现"不错""很好""真会动脑筋"等评价。注重同伴之间的互相评价，引导幼儿正确、客观地评价自己和他人，从而提高幼儿自我评价、自我反省的能力。

5. 开发听障学生中学阶段的特色课程

为了培养听障学生四个方面的核心能力，广州市启聪学校以补偿理论为依据，以潜能开发为目标，构建新的课程体系，国家课程、校本课程、个别化课程相结合，实施分层教学，拟推行走班制实验。同时结合学生的职业发展需要，开发传承文化系列、生活美学系列、创客实践系列、社会能力系列等课程，立体化培养学生的综合素质，为学生融入主流、融入社会奠定基础。

6. 着力建设各类活动课程

打造听障学生发展自我、培养个性、挖掘潜能的教育平台。广州市启聪学校活动课程经过多年的发展，形成了学科活动课程、德育活动课程和社团活动课程三者相互结合、相互渗透的成熟体系。高中听障学生全员参与其中，不仅受到美的熏陶，更挖掘了潜能，发展了兴趣特长，从而促进自身的全面发展。例如，学科活动课程是学科教学的有效补充和拓展，中学语文科"我最喜爱的书中故事演绎"已成为学校传统节目；信息科、工艺科的微电影制作比赛是聚集学校文艺青年的最"潮"活动，听障学生的作品多次获得省、市级大奖；信息科的机器人制作、物理科的电子制作和创意结构搭建成为学校科技课程的核心，学生在国家级、省级、市级竞赛中均获得优异成绩。德育活动课程中，全员参与学校志愿者活动，艺术节，科技节，学农、学军、学雷锋服务节成为每年每个听障学生心目中的盛事。在社团活动课程中，动漫、信息、烘焙、厨艺、摄影、手语、默剧、辩论、手工、羽毛球、乒乓球、篮球等领域的听障学生社团活动丰富多彩，选择参加哪个社团是每年高一新生最幸福的烦恼。广州市启聪学校坚持确保活动课程的重要地位，即使在紧张的高考备考期间，也鼓励听障学生参加活动课程，从不占用社团活动时间来补课。

7. 学普研特，推动教学研究

为更好地顺应时代的发展，满足听障学生的学习需要，广州市启聪学校大力开展学普研特活动，优化课堂教学效果。所谓学普研特，即在课堂教学中注重将普通学校的先进教育理念和特殊学校优秀传统经验相结合，探究适合听障学生学习和发展的新方法、新路子。为此，广州市启聪学校邀请省、市、区各级教学专家来校传授经验，开展教材教法分析、课题指导、课例研讨等活动。同时，也通过跟岗学习、交换教师、翻转课堂、技能比赛等途径，鼓励教师们走进普通学校，一方面更新教学理念、学习教学方法、提高教学水平；另一方面展示特殊教育风采，培养复合型的教师队伍。在教学质量上向普通学校看齐，为广州市启聪学校进一步推进全面融合教育打下基础。

（三）育人创新，融合同美

1. 实践模式

在全面实践"融合同美"办学理念的过程中，广州市启聪学校坚持"尊重和满足听障学生的特殊需要，促进听障学生的健康、全面发展，使每个学生都有能力融入社会并享受幸福的生活"的办学宗旨，明确提出"补偿能力，发展语言；掌握技能，立足社会；健全人格，回归主流；提升底蕴，持续发展"的教育教学目标，促进了听障学生的健康成长和学校的发展，逐步形成富有特殊教育特色的"健聋融合特色德育"。开展了一系列实践研究，把具体的研究成果应用于学校各项具体的教育教学工作中，无论是对本校办学理念的更新和教育水平的提升，还是对学生个体的发展都有重要的现实意义。图 2 分层、逐条地呈现了广州市启聪学校同美德育融合活动。

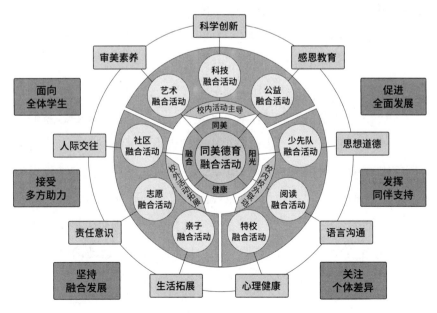

图 2　广州市启聪学校同美德育融合活动示意图

2. 实践研究

（1）探索融合活动设计。

形成了融合活动设计方案，为听障学生搭建了对外交流和展示的平台，针对听障学生开展融合活动，为听障学生提供融合环境，提高听障学生的教育质量。融合活动着眼于学生的全面成长，促进学生认知、态度与技能、情感等方面的和谐发展；关注学生的生活世界和独特需要。例如：艺术展演活动、同美科技活动、手舞心声志愿活动、公益义卖活动、亲子观影活动、环保实践活动、少先队融合活动、社团展示活动等。

（2）研究同伴支持策略。

融合活动不仅有益于特殊学生的发展，而且能够促进普通学生和特殊学生共同发展。一方面，听障学生从融合活动中获得更多的刺激性、变动性和回应性的经验，通过观察、模仿普通学生，向其学习并与其互动，发展社会交往、语言沟通等方面的能力。另一方面，普通学生也可以从与同伴的比较中，更加认识到自己的责任，调整自己的行为，帮助同伴克服以自我为中心的缺点，促进双方的发展与进步。可以说，这是促进双方共同成长、共同进步的好事。

（3）开展社会支持机制协同研究。

融合活动开展，有赖于学校、家庭、社会、社区的支持，我们需要将这些支持整合起来。广州市启聪学校大力办好家长学校，成为广州市家庭教育实践基地，被评为广州市示范家长学校，充分发挥家委会作用，搭建家校"彩虹桥"。与社区街道友好合作，引入社区义工进校园、进家庭服务。让家长参与亲子志愿活动，带领听障学生走入社区，将各方的力量汇聚起来，使之成为推动融合活动的又一强大助力，这也是支持机制创新。

3. 实践活动

广州市启聪学校着力开展形式多样的融合活动，经常组织听障学生参加与主流社会的互动、与普通学生的互动，普通学校、特殊学校的学生互相交流、互相学习、互相促进。经常组织听障学生走出校门和普通学校学生同台竞技，每年市教育局主办的各项学生活动，广州市启聪学校听障学生几乎全部参与，他们在各级部门组织的职业技能、科技、文体竞赛活动中多次获得国家级、省级、市级奖励。每周都有大学生志愿者到校和听障学生开展融合活动。

广州市启聪学校团总支开展了广东省德育重点课题"通过志愿服务，培养聋生社会责任意识的研究"的相关研究，"志愿精神的核心是服务、团结的理想和共同使这个世界变得更加美好的信念"，志愿精神概括为"奉献、友爱、互助、进步"。其中"奉献、进步"可引导听障学生提升服务社会的认识，培养责任意识；"友爱、互助"则助力听障学生提高集体协作能力，增强与不同人群融合的意识。志愿者"使这个世界变得更加美好的信念"则是听障学生参与志愿服务活动"助人自助、感受生命的意义和获得快乐"的良好诱因。以"志愿服务"实践活动，引导听障学生向积极方向发展，对于听障学生顺利融入社会具有重要的意义。

广州市启聪学校成立"手舞心声"志愿服务队，组织广大高中听障学生走上街头、走进社区开展志愿活动，成为学校的德育特色品牌。高中三年，每一个高中听障学生都参与过志愿服务，这极大地改变了他们依赖、自卑、畏缩等不良心理。歌德说过："你要欣赏自己的价值，就得给社会增加价值。尽力履行你的职责，那你就会立刻知道你的价值。"听障学生通过参与志愿服务认识到自己是一个有用的人、高尚的人、受尊重的人。听障学生志愿者在服务他人、服务社会的同时，得到精神和心灵上的满足，自身也得到了完善。广州市启聪学校的研究成果表明，听障学生在志愿活动中得到了全面发展，获得了不同程度的进步。一些毕业生依然要求回校参与志愿活动，他们说志愿活动让他们看到了自己在社会中的价值，学会了奉献，懂得了感恩，心态也调整好了，这是宝贵的财富。

融合活动的开展，增强了听障学生的自信心，提升了其与人沟通交往的能力，塑造了听障学生更加阳光的心态，让听障学生的精神面貌焕然一新。同时，融合活动也为学校特色发展开辟了道路，既为学生搭建了对外交流和展示的平台，也为学校打开了对外宣传的窗口，提升了学校的知名度，学校的整体办学水平得到了相应的提高。

四、办学成效

（一）学前融合，创优质品牌

广州市启聪学校附属花城实验幼儿园开展的健聋幼儿融合教育的研究，从国内外融合教育的理论支撑到园内教育教学的实践操作，循序渐进，主要解决了以下问题。

第一，通过融合教育，大大促进了 2~6 岁听障幼儿的听力语言与思维能力的发展，提高了早期康复教育的实效性。

第二，构建了实施健聋幼儿融合教育的园本课程体系，形成了健聋融合教育的班级管理模式、教学策略、师资配置方式及教学评价体系，为同行提供了范例。

第三，使听力健全、听力障碍两类幼儿及其家长充分认识并接纳健聋融合教育的模式，引导健聋幼儿相互接纳、和谐相处，让他们在互助、互爱的氛围中各自得到更快的发展，加快了融合教育理念的社会化进程。

第四，进一步证实健聋融合教育的可行性和必要性，同时促进了本园办园水平的整体提升。

广州市启聪学校的学前融合，走出了一条成功之路，填补了融合教育实践在我国幼儿教育阶段的空白，对于我国幼儿教育多元化发展具有重要的意义。"双赢"的教育得到了家长的信任和社会的认可，也引起了社会对听障幼儿早期康复教育更加全面、更加理性的关注。广州市启聪学校所形成的融合教育本土理论体系与经验，不仅为我国开展学龄阶段的随班就读工作提供了借鉴，还为我国早期康复教育提供了新的发展模式：一方面，为听障幼儿个体接受早期康复教育提供了一种新的途径，以利于其全面发展与社会化成长；另一方面，为健听幼儿提供了一种全新多维的发展帮助，有助于他们养成乐于助人、宽以待人等良好的品质。

（二）特色发展，教学质量不断提高

在"以美启聪，融合同美"办学理念的指引下，广州市启聪学校教育教学质量稳步提升。高考成绩连续三年实现跨越式发展，本科录取率从 2015 年的不足 60% 提升至 2017 年的 90%，录取人数和录取率均刷新广州市启聪学校历史最好成绩，大学升学率连续九年实现100%。2018 年本科录取人数又获得了新的突破。广州市启聪学校办学成果备受社会肯定，2017 年高中一年级招生报名人数达到历年高位，普通高中的学位一位难求。

优化拓展职业教育，顺利完成每年毕业生的实习和就业推荐，中职学生就业率达 100%。2021 年更是新增了广彩、烘焙等专业培训，与时俱进，大大提高了学生的社会竞争力。从社会反馈看，用人单位对广州市启聪学校毕业生有着很高的评价。

广州市启聪学校 2014 届毕业生张 ×× 同学，在学校多层次、全范围的融合活动中，在与普通学生的和谐互动中，看到了自己的实力，树立了与普通学生竞争的信心，她鼓起勇气参加 2014 年全国侨生联合考试，在与普通学生的竞争中脱颖而出，被暨南大学、华侨大学同时录取。

广州市启聪学校 2016 年被长春大学全纳教育专业录取的程 × 同学，原是一名来自福利院的孤儿，车祸夺走了妈妈的生命，年幼的她在随后的两年中一句话也不说。就读广州市启聪学校高中后，在融合活动中她渐渐走出阴影，打开心扉，重拾自信，寻找到那个最好的自己。她参加了全国听障人演讲大赛，拍摄了根据自己的亲身经历改编的微电影，与健听人一起主持活动，在当年的高考中，她坚定地报考全纳教育专业并被录取。

广州市启聪学校被美国加劳德特大学录取的优秀毕业生白 ×× 同学，他选择的路是我们以前的学生没有走过的，难度很大，但是我们一直鼓励他大胆尝试，并在各方面为他提供帮助，全面提高他的综合素质，最终他成为华南地区走进加劳德特大学的第一位聋人。

在 2019 年的全国单考单招中，广州市启聪学校毕业生裴 × 在天津理工大学的高考中获得第三名，这是广东考生首次考进全国前三。

（三）全面育人，融合教育成绩突出

优良的办学成绩固然让人欣喜，但更让广州市启聪学校感到自豪的是其学生身上展现出的健康阳光的心态，是他们主动融入社会的意识让他们的能力得到提升。

1. 从悦纳自我到增强自信

每个听障学生总有自己的所长，比如美术、舞蹈、剪纸、缝纫、刺绣、陶艺、手工、手语等，充分发挥听障学生的优势和特长，能让听障学生看到自身的价值，增强自信，学会"爱自己"。按照马斯洛需求层次理论，自我实现是最高层次，而个人完整的社会价值是自我价值实现的过程。听障学生参与志愿服务能感受到自己是一个"好人"，高尚的人，受尊重的人。

在融合教育的大背景之下，广州市启聪学校坚持"融合同美"的理念，最大限度地让听障学生参与主流社会的学习和生活，共享美好生活。在和谐校园文化环境中，听障学生心态更加健康阳光，身心得到全面发展。听障学生的综合素质与其主动融入社会的能力是相辅相成的，综合素质的提升是听障学生顺利融入社会的基础，而主动融入社会又有助于听障学生综合素质的提升。殊途同归，学校坚持全人教育，让听障学生回归主流最大限度地得到实现。广州市启聪学校对71名高三毕业生的生活和工作现状进行深入调查及分析。结果表明，在广州市启聪学校"以美启聪，融合同美"办学理念的影响下，大部分听障学生回归社会的意识很强烈，他们当中有87.32%的人表示在毕业离开学校后，仍然愿意积极融入主流。有98.6%的人认为融合活动帮助了他们回归主流社会，更容易得到别人的认同。有74.65%的人感觉幸福、对现状满意，他们能适应社会环境、立足社会，且社会关系良好，能够顺利融入主流文化。

2. 从良好心态到健全人格

听障学生除了失聪这一缺憾，其他方面与健听人无异，他们大多肢体健全、头脑灵活，完全具备自立能力。因此，如经良好的教育培训和康复训练，听障学生完全可以同健听人一样参加社会劳动，不必接受社会救助。但他们的弱点在于与他人交流能力差，无法清楚表达自己的想法，这是制约听障学生发展的重要原因。融合活动能帮助听障学生和健听人建立友好关系，扩大交往圈子，有助于他们提升交流能力。比如，广州市启聪学校志愿者与启智服务总队曾经一起到"西关小屋"开展志愿活动，他们的交往就经历了从畏缩到尝试、从陌生到熟悉的过程。在志愿服务中，他们学会了如何与健听人相处，如何关心别人、如何对待别人的关心等交往常识。

3. 从回报社会到增强社会责任意识

参与融合活动能充分激发听障学生的社会责任意识，使他们形成"服务社会、人人有责"的主人翁意识。诚如穆尼尔·纳素所说："有了责任心，生活就有了真正的含义和灵魂……它表现为对整体、对个人的关怀。这就是爱，就是主动。"听障学生参与志愿服务是自愿行为，助人为乐本是件快乐的事，绝不仅仅是完成老师布置的任务而已。有的听障学生志愿者在服务活动后会留下感言，表达付出爱心给他们带来的收获和体会。

有一次，几个听障学生志愿者来到福利院缝纫组帮忙缝制"约束带"。最后由于时间关系，老师要求大家停止缝纫并准备收拾工具，可是好几个志愿者都不愿意停下来。他们说："这些约束带是给有行为障碍的小朋友用的，我们早一点做好，就可以早一点帮助他们减少受伤害的机会。我们还要保证质量，多缝几道线，把带子做得结实一点。"可见，听障学生通过奉献爱心，可以增强社会责任意识，培养高尚品德。

4. 从手语沟通到健聋融合

手语是听障人之间、听障人和健听人之间最重要的交流工具。广州市启聪学校的融合活动也借助手语建立了一座聋健沟通的新桥梁。为此，广州市启聪学校的听障学生志愿者到广州市博物馆做手语解说，到广州地铁站宣传手语文明导行，到高校探讨志愿者的常用手语，到社区表演手语歌，到图书馆宣传手语诗阅读等。比如，在广州地铁珠江新城站台，听障学生志愿者与地铁公司团委的工作人员一起向乘客派发《常用文明词汇手语图册》，这本手语图册是志愿者在广州市启聪学校老师的指导下完成的，他们用微笑、用行动来宣传、推广手语。

随着社会进步和经济发展，听障人之间、听障人和健听人之间的交流更为广泛。为此，广州市启聪学校听障学生志愿者到各行各业推广手语、举办"中国手语"培训、表演手语歌等，目的是让更多人了解听障人，更多地关心和支持他们。

5. 从张扬个性到全面发展

学校坚持全面育人，积极发展学生的综合能力，社团建设蓬勃发展，体艺科技成绩喜人。仅2017年度，广州市启聪学校就完成了创客空间实验室的前期筹建；新立项3个市科技项目，电子制作、创意结构搭建、机器人、创客等科技竞赛成绩优异；新增4个学生社团，学生社团总数达到17个；艺术团、篮球队、啦啦操队等各个学生团体在各级、各类比赛中也全面开花，成绩斐然，荣获全国健身操舞大赛一等奖、创意结构搭建全国邀请赛一等奖、广东省创意机器人大赛一等奖、广东省电子制作锦标赛一等奖等多个奖项。

丰富的活动课程让听障学生找到成功感和自信心，他们的个性得到尊重和张扬，更确定了自己的发展方向。例如，彭××同学通过参加微电影活动课程的学习和实践，爱上了微电影制作，萌生了日后当导演的愿望。"我的圈子的朋友都想当演员，而且电视里几乎没有一个专门供听障人士观看的频道。所以我要努力学习，一是帮他们实现梦想，二是亲自制作片子，希望总有一天可以在电视里感受无声世界的精彩瞬间。"江×同学参加广州市局属学校中学生形象大赛，在才艺展示环节中，她以一名听障学生志愿者的形象在舞台上信心满满地展示，赢得了全场热烈的掌声，并获得了广州市中学生"形象大使"称号。

广州市启聪学校尊重听障学生的不同选择，为听障学生的发展提供机会，使听障学生在不同方面实现个人价值，陪伴听障学生一起追梦、圆梦。2013 年，作为唯一的特殊儿童节目表演者，广州市启聪学校学生参加了广东省小学生诗歌节活动，并受邀到中央人民广播电台参加第三届"夏青杯"朗诵大赛颁奖盛典，在颁奖盛典上与方明、赵忠祥、曹灿等著名艺术家同台献艺。通过这样的活动，听障学生得到了更多的社会支持与关注。

2016 年毕业的刘××、姚××同学，是广州市启聪学校美术专业的学生，也是广州市启聪学校艺术团的骨干，非常热爱舞蹈。在艺术团老师的帮助下，两位同学以优异的成绩跨专业被郑州师范学院舞蹈专业录取。

（四）驱动辐射，办学业绩备受认可

"随班就读"是实施融合教育的一种形式，除了在特殊学校就读的听障学生，还有部分听障孩子在普通学校接受教育，关注这部分孩子的生存状态与发展，同样是特殊教育工作者不可推卸的责任。在现阶段，成立随读中心，发挥枢纽作用，是特殊教育主动出击、寻求突破、实现融合的最优方式，也是学校实现区域辐射、资源输出、服务更多听障学生的需要。在广州市教育局的主导下，广州市听障儿童随班就读指导中心于 2014 年 9 月正式成立。广州市启聪学校负责中心的日常管理运作，承担广州市听力语言障碍儿童的随班就读评估、巡回指导、辅导、培训等任务。

成立专家组，搭建专业化支持平台。中心聘请了高等院校、教科研机构、普通中小学、特教学校、残联、医院听力专科、心理学等方面的专家、教授、行业骨干等，成立专家组，整合各方面资源组成联动平台，在随读学生的评估督导、康复训练、教育安置、学业建议等方面给予专业支持和科学建议。

完善工作网络，实现点面结合。中心根据随读学生的分布选取试点学校，形成工作网络，制订工作方案，建立辅导档案，选派骨干教师承担试点指导任务。现阶段重点安排了天河区盈彩美居小学、广州市绿翠现代实验学校、广州市第 86 中学等作为听障学生的巡回指导实验校，定期提供指导，实现合作。

开展随读指导，帮助学生成长。中心通过个别辅导、团队互动、亲子沟通、同伴交往辅导、融合教育主题活动等辅导干预形式，帮助随读学生成长。例如，与广州市绿翠现代实验学校随读生所在班级联合开展了"科技体验""品味经典"等团队主题活动，搭建交流平台，培育互帮互助、平等交往、共同成长的价值观念；面向随读家长先后开展了"听觉障碍学生的言语评估""听障学生家长亲子全沟通培训"等专题讲座，大大提高了家长的认识水平。

随着教育理念的不断更新，广州市启聪学校从关注特殊儿童的"缺陷补偿"到注重"潜能开发"，从强调"早期干预"到期待"全面融合"，实现了从尝试突破到追赶提升的重大转变。广州市启聪学校以广州市听障儿童随班就读指导中心为平台，输出教育资源，开展随班就读指导；承办全市随班就读教研活动及"同心圆"特殊儿童绘画比赛；启动随读中心服务平台移动端建设项目。

广州市启聪学校积极承担省内外师资培训和跟岗学习任务，提升学校影响力。对四川甘孜州特殊教育学校、贵州黔南特殊教育学校、清远市特殊教育学校进行帮扶。仅 2017 年，就接待了广东省中小学新一轮"百千万人才培养工程"教育专家项目、广州大学市政技术学院、清远市特殊教育学校、珠海市特殊教育培训班、华南师范大学国培班等 33 批人员来校学习交流。

2016 年 6 月 21 日，在中国残疾人联合会及中国教育学会特殊教育分会主办的全国聋校聋人高中阶段教育研讨会上，马丽校长代表广州市启聪学校作了题为"以美启聪扬个性，融合同美结硕果"的发言。她介绍了广州市启聪学校在"以美启聪，融合同美"办学理念指导下的高中办学经验。广州市启聪学校独特鲜明的办学特色、形式丰富的成果展示受到了与会领导和代表的高度认可和赞许。2017 年，马丽校长为贵州省"2017 年黔南州中小学校长、幼儿园园长赴穗挂职培训班"作了题为"融合教育成全生命的公平——美国纳什维尔市特殊教育实施见闻"的讲座。2015 年，马丽校长在中华沟通障碍教育学会年会暨两岸沟通障碍学术研讨会上发言。2016 年，马丽校长在广州市局属中小学、中职学校的关工委工作经验交流会议上作了题为"创建'五好'关工委促进听障学生健康成长"的发言。2016 年，广州市启聪学校教师周慧怡在全国特殊教育卫生心理学术年会大会上作了题为"听障学生人际交往的辅导策略分析"的发言。2015 年，广州市启聪学校教师朱锐江在中华沟通障碍教育学会年会暨两岸沟通障碍学术研讨会上宣读题目为《通过志愿服务促进听障学生的沟通交往能力》的论文。成果的宣传与推广，让更多的人了解了广州市启聪学校的办学理念。

广州市启聪学校的办学业绩得到社会的广泛关注。广东电视台、广州电视台、《南方日报》、《广州日报》、《广州青年报》、《少男少女》、《孩子》等主流媒体的记者都深入广州市启聪学校，报道学校办学业绩，宣传学校融合活动，将"以美启聪，融合同美"的办学理念向全社会宣传与推广。2017 年 12 月，《中国教育报》整版刊发了广州市启聪学校的办学事迹报道——《以美启聪，融合同美，记广州市启聪学校融合教育探索》，引起极大反响，人民网、北青网等主流媒体纷纷转载，"融合同美"成为特殊教育的热搜词，广州市启聪学校办学模式得到了极大肯定。

五、问题与展望

（一）存在问题

经过多年的实践，广州市启聪学校"融合同美"育人模式获得了较大的成功，得到社会的广泛认可。但在实施的过程中，也存在着比较多的问题，主要体现在以下方面。

1. 教育观念存在着一定的局限性

广州市启聪学校虽然大力推进融合教育，但整体办学模式还是比较封闭，对于融合教育的核心精神认识不足。学生培养过于强调特殊性，对于听障学生生命主体的权利和能力及听障学生发展的期望值比较低，特别是对潜能发展的认识不足，整体教育教学观念有待更新。

2. 随读中心工作推进遇到瓶颈

由于普通教育和特殊教育还是相对独立的两个系统，随读的特殊儿童的学习状态和生活状态不甚理想，距离平等参与社会生活、共享人类文明成果的目标还较远。广州市启聪学校随读指导工作在取得了一定成果的同时，也逐渐显露出很多问题，如在质量提升上遇到了瓶颈、指导效果不尽如人意、随班就读的支持体系亟待完善、巡回教师制度有待进一步优化。此外，语言治疗师、物理治疗师等专业人才非常缺乏，在教师队伍专业化建设方面还有很长的路要走。

3. 教学质量的短板始终存在

学校的整体管理水平和教师队伍的整体素质和时代的发展需求有较大的差距，教育教学质量评价体系尚不完善，质量提升任重道远。如何办好特殊教育，如何评估教育教学效果，如何更好地满足特殊儿童享受优质教育的需求，如何回应社会关切，都是亟待解决的问题。

（二）展望

2018年11月，在浙江宁波召开的以"特殊教育指导中心建设与特殊教育质量提升"为主题的研讨会上，特殊教育领域的专家、学者主要从特殊教育学校功能转型、特殊教育中心建设这两个方面进行了学术交流与分享。这充分说明在我国，特殊教育学校的发展正处在一个重要的转折点上，未来的发展也正顺应着全球融合教育潮流的方向。特殊教育学校要把握融合教育的发展趋势，勇于创新，积极进行功能定位和职能转换。《国家中长期教育改革和发展规划纲要（2010—2020年）》也提出了要"大力推进特殊教育的发展，完善特殊教育体系"的目标，因此特殊教育学校根据自身发展情况进行创新和改革，也是顺应时代发展的必然，走向融合的道路必然会给传统的特殊教育学校带来冲击和变革。

我国是当今世界上唯一一个将特殊教育学校作为融合教育发展基础的国家，在发展的过程中，不应把特殊教育学校看作融合教育的对立面，特殊教育学校应是融合教育的一部分。[1][2] 特殊教育学校应立足本校发展特点，把握自身发展优势，研发并探索本土化的教学模式，为学生们创造更多的体验式学习的机会和交流的环境，使特殊教育学校的课程与教学能够真正源于生活、高于生活，促进学生社会适应能力的不断发展。"苔花如米小，也学牡丹开"，这才是教育的真谛与魅力。

1. 开展以特殊教育学校为主体的融合教育实践

探索义务教育阶段以特殊教育学校为主体的融合教育，招收一定比例的普通学生，开展健聋合一的教育教学实践。2019 年 3 月，广州市启聪学校迁入位于白云区黄石北路的新校区。新校区地处白云中心，

---

[1]　邓猛，杜林. 西方特殊教育范式的变迁及我国特殊教育学校功能转型的思考［J］. 中国特殊教育，2019（3）：3-10.

[2]　邓猛，孙颖，李芳. 融合教育理论指南［M］. 北京：北京大学出版社，2017.

广州花园侧畔，为了呼应"建设美丽广州，焕发云山珠水吉祥花城无穷魅力"的城市总体布局，同时提升学校形象，擦亮广州教育品牌，体现广州教育的先进性与包容性，广州市启聪学校与广州市教育研究院、广州市白云区教育局合作，共同创办国内首间义务教育阶段的融合学校——花城实验学校。这标志着广州市启聪学校进入一个新的历史时期。通过不懈的努力，启聪人推进全面融合的道路逐渐清晰。

2. 全面提升融合教育质量

探索以融合教育为主要特色的课程体系，面向每一个学生，让每一个学生都能获得个性化的提升与发展。完善教育教学实施框架体系，建立多维度、科学、专业的支持体系，保证融合教育的效果。建立教学评估体系，科学提升教育教学质量。继续打造融合德育特色，以普特双赢为基本目标，开辟教育改革新道路。

广州市启聪学校将继续在"以美启聪，融合同美"办学理念的指引下，落实新发展理念，立足广州市国家重要中心城市的定位，结合广州教育"国际知名、国内一流、广州特色、示范引领"的总目标，努力完成"把广州市启聪学校建设成为国内一流、国际知名、特色鲜明的特殊教育学校，建设成为广州教育的窗口学校"的规划目标。

案例三　佛山市启聪学校：
自胜者强

职业技术教育是残疾青少年掌握一技之长，未来得以自立于社会的重要教育内容。2007年通过的《残疾人就业条例》就是为了保障残疾人就业而专门制定的具有法律效应的条例。残疾人只有拥有一技之长，才能实现真正意义上的就业。佛山市启聪学校自1992年办学以来，一直把残疾儿童、青少年的职业教育列入学校的重点发展项目。学校秉承"办一所受人尊敬的温暖学校"的办学宗旨，以"自胜者强"为校训，坚持以科研引领职业教育的发展，形成了在同类学校中具有影响力的"全程式四阶段"的特殊学校职业教育模式，从而使学校成为以"职业教育"为办学特色的一所全国知名学校。

一、现状与发展——学校发展的优势、机遇与面临的挑战

佛山市启聪学校的发展是立足现有基础的，学校现有的软硬件优势、当地的经济与文化、时代的发展提供的机会，都是促进其发展的重要因素。佛山市启聪学校目前在师资力量以及应对学生生源的变化等方面存在不足，这制约了学校的发展。

（一）现状

佛山市启聪学校是一所以视障、听障、智障三类障碍儿童、青少年为教育对象，涵盖学前教育、义务教育、中等职业教育，特殊教育体系完整的综合性市直属特殊教育学校。学校自1992年办学以来，经过29年的不懈努力，已成为一所设施设备齐全、师资水平优良、管理规范、特色明显、教育教学质量较高的综合性特殊教育学校。目前，学校占地面积17715平方米，建筑面积23129平方米，现有教学班36个，在籍学生450人（其中学前幼儿40人、听障生150人、视障生39人、智障生169人、送教生52人），教职工128人（其中专任教师113人），包括研究生学历18人、本科学历93人、大专学历17人，教师学历全部达标。学校已形成自己的办学特色和学校品牌，职业教育在广东省内享有较高声誉，启聪中职班学生就业率、高考升学率连续11年保持100%；听障学生学前康复率保持在90%以上。学校曾先后被授予广东省特殊教育示范学校、广东省特殊教育实验基地、广东省特殊儿童随班就读工作指导中心、广东省特殊教育网联盟管理单位、华南师范大学特殊教育学院"学训研"实践基地学校、广东省三八红旗集体、广东省模范职工之家、全国巾帼文明岗等荣誉称号。

（二）发展优势和机遇

1. 学校发展优势

（1）区域地理优势。

佛山市启聪学校地处珠三角经济发达地区，拥有更多与国际特殊教育学校、国内重点师范大学、特殊教育名校交流的机会。这些机会都为学校发展提供了良好的基础。学校周边是佛山市的中高档社区、图书城、影剧院、体育馆等场所，地理位置优越，社区资源丰富，交通便利。

（2）行政管理优势。

佛山市启聪学校是佛山市教育局直属管理的唯一一所综合类特殊教育学校，市资源服务中心也设立在学校内部。学校财政直属市财政管理，人事管理及其他教学业务管理也直属市教育局领导。学校在人事、财务、教学管理等方面具有更高的自主权，这有利于学校的自主发展。近年来，在党和政府的关怀下，学校的办学硬件设施日趋完善。学校五座单体楼功能定位明确，区域划分合理。其中最具特色的是学校的职业培训大楼、学前康复楼、标准的功能场室。职业教育功能场室以高标准建设，向行业标准看齐，能为教育教学的发展提供良好的硬件设施。另外，学校还拥有200米环形塑胶跑道、足球场、篮球场以及能容纳全校师生共同活动的大型广场。

（3）内涵发展优势。

第一，教师队伍专业化程度高，具有如下特点：① 师资力量雄厚。目前佛山市启聪学校在编教职员工有128人，其中正高级教师2人，高级教师23人，研究生学历18人，双师型（拥有教师资格证和专业技能资格证）教师20人。广东省名校长工作室主持人1名，广东省"百千万"名校长、名教师培养对象3名，全国模范教师、全国优秀教师、广东省名班主任培养对象、佛山市名班主任各1名。② 年龄结构合理。工作6~25年的教师占教师总数的80.5%，该年龄段教师正处于职业能力快速发展期。③ 学历起点较高。本科以上学历教师占教师总数的86%，其中研究生学历教师占比为14%。④ 专业成长动力较足。超过90%的教师在近3年购买并系统阅读过特殊教育相关书籍，同时主动承担公开课、小课题主持人及赛课等教研任务。⑤ 专业化现状自我评价较高。90.6% 的教师对本人的教师专业化发展现状感到满意。

第二，办学特色鲜明。佛山市启聪学校在职业教育和早期康复教育方面具有近 20 年的研究探索经验，并逐步形成办学特色。① 初步构建了具有特色的完整的特殊教育课程体系——潜能课程体系。针对学校多类别、多学段残疾学生的特点，构建了较系统、完整的"1+3"潜能课程体系。② 特色课程建设初具成效。已编写、出版了 2 本校本教材；在 2018 年广东省特殊学校特色课程建设项目评选中，荣获 4 项一等奖、4 项二等奖、1 项三等奖，获奖数量和等级在广东省特殊教育学校中位居前列。③ 职业教育成果突出。听障学生在广东省、佛山市中职学生技能大赛中，多次荣获一等奖，听障中职学生就业率达100%；培智职业教育场室建设、课程建设、校本教材开发等方面取得突出成就。④ 科研能力强。学校于 2016 年之前完成了 30 多个区级课题、5 个市级课题、3 个省级课题、1 个国家级课题，有良好的科研能力和丰富的经验。其中 2009 年完成了省级课题"珠三角地区聋校九年义务教育阶段劳动技术与职业教育模式的实践与研究"，2016 年完成了全国规划办课题"'激发特殊学生潜能教育'特色学校建设的个案研究"（课题批准号：HFB110138）。⑤ 办学影响力不断扩大。学校成功承办了"2016 年全国特殊教育职业教育和信息技术年会""2018 年广东省首届特殊教育学校职业教育展示会""广东省特殊教育骨干教师培训""广东省特殊教育心理健康教育教师培训"等大型教学教研活动。

2. 学校发展机遇

（1）国家法规、政策的推动带来的机遇。

为了推进特殊教育的发展，党的十八大、十九大都先后提到特殊教育的发展问题，国家先后出台了两期特殊教育提升计划［《特殊教育提升计划（2014—2016 年）》《第二期特殊教育提升计划（2017—2020 年）》］。这两个计划的出台，在财政、设施设备、教师的专业化成长、教学改革等方面为佛山市启聪学校的发展提供了有力的支持。

（2）地方经济发展带来的机遇。

粤港澳大湾区的建设为佛山的发展带来了新的发展机遇。2019 年，广东提出，举全省之力推进粤港澳大湾区建设，在更高水平上扩大开放。粤港澳大湾区的经济建设和科技发展对佛山地区以及佛山市启聪学校的发展必将是一个很好的机遇。一方面，佛山市启聪学校的办学经费得到保障，专项发展上获得更大的可能；另一方面，经济的发展促进了佛山市启聪学校的对外交流，为学校的发展带来更大的空间与机会。

（3）社会媒体对特殊教育的大力宣传。

经济的发展，政府对特殊教育的重视，社会文明程度的不断提升，引来了媒体对于特殊儿童、青少年的关注与宣传报道。媒体的报道进一步加强了社会各界人士对残疾儿童、青少年的学习与生活的了解，使他们更能从心理上接纳残疾人群体，这就为残疾人士就业，残疾儿童、青少年进行随班就读与康复、回归主流社会提供了很好的人文环境，同时也有利于佛山市启聪学校利用社区资源。

（三）面临的挑战

1. 日益减少的听障学生入学数量对学校特色发展提出了挑战

医学技术的发展及经济发展水平的提升，一方面降低了新生儿耳聋的发生率，另一方面也提高了聋儿的康复率，使聋校的学生数量急剧减少成了普遍现象。佛山市启聪学校也不例外，近 10 年来，义务教

育阶段到高中学段学生数量减少了50%，当地学生生源减少了70%（随
着佛山经济的发展，聋儿在早期发展阶段已具备进行人工耳蜗手术的条
件，实现了6岁前的完全康复）。目前义务教育阶段听障学生50%是借
读生（外来务工人员的孩子），高中阶段听障学生50%是来自外地的学
生。当地生源中的听障学生，几乎全是双重残疾的学生。佛山市启聪学
校早期形成的"聋生职业教育"的课程特色、教学特色、就业特色、教
育模式已难以适应学生数量的变化，这对学校的发展提出了新的挑战。

**2. 多重障碍、重度残疾学生比例的增大对学校特色发展提出
了挑战**

听障学生数量在不断减少，但是多重障碍及智力障碍的学生数量
却在增加。随着随班就读工作的不断推进，具有一定生活自理能力的
残疾学生也回归普通学校就读，而到特殊学校就读的学生出现残疾程
度越来越重、多重障碍（听障兼智障、视障兼智障）越来越多的现象。
佛山市启聪学校智障中职班学生的残疾程度也越来越严重。佛山市启
聪学校近20年发展起来的聋儿语训康复模式与特色，近10年发展起
来的智障中职教育模式与特色，都难以应对现有的生源的改变，这使
学校面临新的挑战。

3. 多类残疾学生及十五年学制的存在对学校特色发展提出了挑战

佛山市启聪学校是一所接纳听障、视障、智障、多重障碍等其他
障碍学生就读，包含学前教育、义务教育、职业高中教育，对学生进
行康复补偿、文化基础、职业技能等方面教育的综合性学校。学生、
学段、学科之间存在很大的差异，所包含的学段及学生类型，使一所
拥有400名学生的学校被分割成8所学校——聋儿学前语训康复幼儿
园、智障儿童学前康复幼儿园、听障学生小学、视障学生小学、听障

学生初级中学、视障学生初级中学、听障学生职业教育学校、智障学生职业教育学校。多类残疾学生及十五年学制的存在，使教师的专业化、课程的管理、教学的特色等方面存在发展不能适应需求，资源及科研的投入受到限制的情况。

二、文化与理念——学校发展的顶层设计

学校的顶层设计通常通过学校生态校园文化来体现，包括精神文化、物质文化等方面。佛山市启聪学校的精神文化（见图1）是学校顶层设计的灵魂和核心要素，影响着学校特色的建设，其包括核心价值观、办学理念、办学愿景、育人目标、校训等。

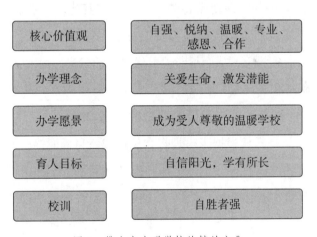

核心价值观	自强、悦纳、温暖、专业、感恩、合作
办学理念	关爱生命，激发潜能
办学愿景	成为受人尊敬的温暖学校
育人目标	自信阳光，学有所长
校训	自胜者强

图 1 佛山市启聪学校的精神文化

（一）精神文化

1. 学校的核心价值观

学校的核心价值观是学校精神文化的灵魂，佛山市启聪学校的核

心价值观是"自强、悦纳、温暖、专业、感恩、合作"。"自强"——敢于并善于战胜自己;"悦纳"——接受并善待自我,热爱生活,热爱学习,热爱工作;"温暖"——启聪因我多美丽,世界因我多温暖;"专业"——以专业的教师、专业的课程促进学生的成长;"感恩"——常怀感恩之心,懂得回报他人和社会;"合作"——有团队意识和协作精神,致力于学生成长和学校发展。

2. 办学理念——关爱生命,激发潜能

关爱,即关怀爱护,含有"帮助""爱护""照顾"之意。当代美国著名的教育哲学家内尔·诺丁斯提出"关怀就是帮助他人成长,帮助他人实现自我",倡导每个人都要关注他人的需要,并做出反应。学生潜能是无限的,即使是特殊儿童,也有其优势、潜能。"激发潜能"旨在提醒我们每一位教师都要把对学生的关注点放在其优势上,而不是学生的劣势上,从而不断地以优势带动劣势,激发学生的潜能,使其生命变得积极向上。

3. 办学愿景——成为受人尊敬的温暖学校

办学愿景是学校根据未来理想和长远战略目标所描绘的纲领性蓝图,是学校的发展目标,也是全体师生的共同愿景。佛山市启聪学校通过建设温馨的校园环境,给学生提供一个温暖而舒适的家;教师通过温暖的行动与言语,为学生心灵搭建温暖港湾。佛山市启聪学校更是通过科学的人文管理,让师生共同创建一所学生喜欢、教师幸福、家长信任、社会认可的受人尊敬的、温暖的品牌名校。

4. 育人目标——自信阳光,学有所长

佛山市启聪学校致力于培养既拥有自信阳光的心态,又能学有所长、学有所用的乐观学子。自信是一种内在的精神力量,可以鼓舞人

克服困难，战胜逆境。对于这些残疾孩子，学校首先引导他们正确认识生命的意义、价值，勇于正视身体的不健全，接受自己，悦纳自己，珍惜自己。

而学有所长则是使学生自立自强，从而变得自信阳光的一个渠道。挖掘学生的潜能，并培养学生拥有一技之长，使其最终成为社会的有用之才。学校将通过如下成长要义，实现育人目标：讲究卫生，文明有礼；悦纳自己，微笑生活；尊重他人，学会感恩；学会表达，乐于沟通；自律自强，学有所长。

5. 校训——自胜者强

"知人者智，自知者明；胜人者有力，自胜者强"。特殊学校的学生，要正视自身的不足，保持乐观阳光的心态，接纳自我，激励自我，超越自我；努力上进，争取心有所依，学有所成，为融入和服务社会打下坚实的基础。"欲胜人者，必先自胜"，这不仅仅是学生在校期间的信念，更应成为其贯穿整个生命过程的座右铭。

（二）物质文化

1. 物理空间层面

校园环境文化是学校物质文化的重要组成部分。佛山市启聪学校在环境文化方面打造出"学校文化系列"，整体构建学校广场文化、教室文化、办公室文化、走廊文化、宿舍文化、餐厅文化、运动场文化等文化体系。其中学校的大楼均被赋予特定的名字（见图2），使学

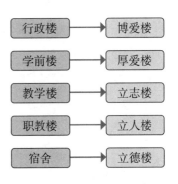

图 2 佛山市启聪学校大楼名字

校不仅美丽温馨，还充满文化内涵。

学校的物质文化还表现在专业场室的设计与建设上。佛山市启聪学校专业场室的设计充分体现了特殊教育与普通教育的结合，体现其专业性。特殊教育康复功能场室，以特殊教育的专业引领，建设了个训室、感觉室、多功能感官室、感统室等，以满足学生康复的发展需要。在职业教育功能场室方面，充分与市场相结合，以行业标准建设，共建有 17 个以行业标准设计的职业实训场地。

2. 学校办学理念物化层面

学校办学理念的物化，是学校物质文化的重要表现形式。佛山市启聪学校的办学愿景"成为受人尊敬的温暖学校"以大气的艺术字体展现在学校大门入口最显眼的墙上，周围布以自然的装饰，成为来访嘉宾、毕业学生的必到打卡处。佛山市启聪学校的校标（见图 3）是一棵枝繁叶茂的大树，树干由三个人组成，既象征学校的三类残疾儿童，也象征三个学段的教育，同时也象征学校、家庭、社会三方的群策群力，目标一致。树干上有众多心形树叶，体现了学校所有的教学、活动和生活都根植于爱；也传达了学校"关爱生命，激发潜能"的办学理念。校标的整体设计充分诠释了佛山市启聪学校"成为受人尊敬的温暖学校"的美好愿景。校标呈现在博爱楼大堂一侧的墙面上，是另一个必到打卡处。

图 3　佛山市启聪学校的校标

3. 精神的象征——吉祥物

佛山市启聪学校办学理念的另一代表物是学校的吉祥物——蜗牛。卡通蜗牛形象的寓意：特殊孩子就像蜗牛一样，虽然行动缓慢，但是只要朝着前进的方向，永不言弃，就能到达想要到达的远方。这只蜗牛的名字叫聪聪，一共有三种颜色，绿色代表听障学生，蓝色代表智障学生，黄色代表视障学生。这只卡通小蜗牛是体现学生"自胜者强"精神的吉祥物，深受学生的喜爱，成为每年校运会金、银、铜牌获得者的奖品之一。小蜗牛聪聪是学校精神传达的物质表现形式，也是学校对外交流的最受欢迎的礼物。

三、课程与特色——学校特色发展的启聪模式

要挖掘每个学生的潜能，离不开课程；要培养学生自信、阳光的个性，离不开特色课程的滋养；学生要拥有一技之长，离不开职业课程的学习；学校要办得有特色，离不开打造特色的课程。

佛山市启聪学校以学生发展为本，将培养"自信阳光，学有所长"的特殊学生作为课程蓝图，采用问题中心的课程设计模式，从个人与社会生存的问题出发，构建了重基础、多模块、有层次、综合性的"1+3"潜能课程体系（见图4）。"1+3"潜能课程体系中的"1"代表以体验性活动为主的生命教育课程（简称 IEC 课程），"3"分别代表学前教育阶段以康复教育为主的个别化教育方案（简称 IEP 课程）、义务教育阶段以个性化发展为主的个性化发展课程（简称 DIY 课程）、职业教育阶段以支持学生发展为目的的个性化支持课程（简称 ISP 课程）。而职业教育课程体系部分，则以"职业素养本位"为主建构了职业教育的课程体系，属于"1+3"潜能课程体系

的一部分，成为学校办学的主要特色。

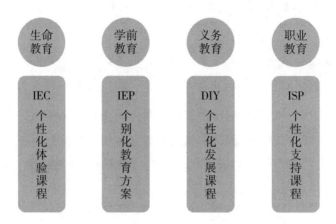

图 4　佛山市启聪学校"1+3"潜能课程体系

（一）课程的总设计

1. 课程的哲学思考

佛山市启聪学校教育工作者从哲学层面，借助"九宫格"理念，结合学校涵盖三类学生、三个学段的特点，对"自信阳光，学有所长"的育人目标进行了解构，并以课程群的形式对学校课程体系进行了重构，由此形成了以学生潜能发展为核心的课程体系——"1+3"潜能课程体系。九宫格纵向依次是学前教育、义务教育、职业教育三个学段，横向依次是每个学段的课程总目标、课程内容的关键词和课程实施方式。横向、纵向两条线的最终结果都是培养"自信阳光，学有所长"的学生（见图5）。

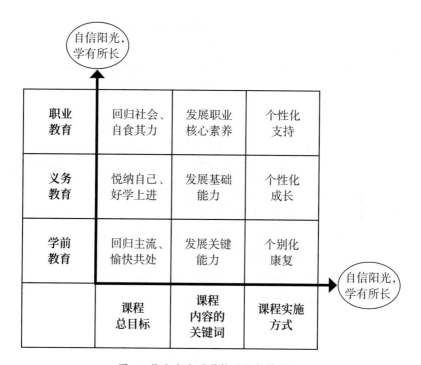

图 5　佛山市启聪学校课程解构图

　　整个课程群里的课程密切相关、互相渗透，每类学生的课程既有个性，又有共性；既彼此独立，又相互联系。不同的课程群承担不同的任务，在内容上有不同的特点，围绕"关爱生命，激发潜能"的办学理念形成一个整体。

2. 课程目标的细化

　　佛山市启聪学校对学生培养的总体目标是"自信阳光，学有所长"。学校根据不同学段的学习内容，对"自信阳光，学有所长"的育人目标进行了分解，形成了学前教育阶段课程群、义务教育阶段课程群、职业教育阶段课程群的课程目标（见表 1）。

表1　佛山市启聪学校"1+3"潜能课程体系学前教育、义务教育、
职业教育三个阶段课程群的课程目标

课程群	课程目标
学前教育阶段课程群	学会运动，喜欢运动。发展走、跑、跳等基本运动技能，学习正确的运动姿势，培养运动的兴趣。 学会自理，养成习惯。学会简单的自我照顾技能，能独立进餐、如厕、穿脱衣物、整理自己的物品。养成良好的生活习惯和作息习惯，拥有规律的健康生活。 学会沟通，乐于表达。能用适宜的方式表达自己的想法、情绪和需求，并恰当地回应他人。 回归主流，愉快共处。能适应不同的环境，并在这些环境中愉快地与人相处和互动
义务教育阶段课程群	清洁卫生，文明有礼。学生衣着整洁，爱护公共环境卫生，遵守公共场所秩序，讲文明，懂礼貌，见到师长主动微笑问好。 悦纳自己，微笑生活。坦然接受自己的缺陷，克服困难，阳光地面对生活，对自己和未来充满信心和希望。 学会表达，好学上进。掌握一定的学习方法，养成良好的学习习惯，在学习上学会表达自己的问题和想法，在生活上学会表达自己的需求，在交往中学会表达自己的情感；掌握与人沟通的技巧和方法，积极主动与他人沟通。 体魄健康，兴趣广泛。掌握运动的基础知识、基本技能和技巧，拥有良好的身体素质，养成体育锻炼的习惯；提高感受美、表现美、创造美的能力，以及追求人生趣味和理想境界的能力。 崇尚劳动，生活自理。养成爱劳动的习惯，每年掌握一两项生活技能，在学习生活自理中强化劳动自立意识，体会持家之道

（续表）

课程群	课程目标
职业教育阶段课程群	认知职业，强化形象。认识不同的职业，明确自己的就业方向，端正就业态度；穿着打扮整洁干净，言谈举止谦和有礼，符合职业形象。 调适心态，培养情趣。有自己的兴趣爱好，多参与集体活动；坚持锻炼身体，以积极健康的心态面对生活。 遵守规则，保护自己。懂得并遵守学校、社会和工作中的规则；了解保护自身安全与权益的知识，学会保护自己。 学会合作，融入社会。在学习和生活中，提高与人合作的能力，学会社交规则，能与他人友好相处，积极融入社会。 认识自我，规划人生。正确认识自身不足和潜在能力，能对自己的职业生涯进行规划，并付诸行动。 保持乐观，提高技能。能以积极乐观的态度，面对枯燥单一的技能学习，坚持重复训练，不断提高自己的职业技能

3. 私人订制的课程内容

体验式的德育课程内容、一对一个别化教育的康复课程内容、菜单式的义务教育阶段校本课程内容、个性化支持的职业教育课程内容，都是学校特色校本课程打造出来的课程内容（见图6）。这些课程内容具有很鲜明的学生个人色彩，也具有不稳定性，即当学生情况发生变化的时候，学校会随时调整课程内容，以适应学生的发展需要，做到课程为学生私人订制。

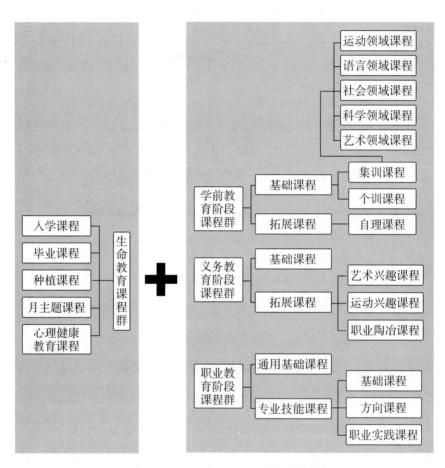

图 6　佛山市启聪学校"1+3"潜能课程实施结构

4. 课程的管理与组织

（1）参与式管理。

　　参与式管理是指让与课程有关的所有人员共同参与学校课程体系的开发、决策的实施和监控。佛山市启聪学校多次聘请课程专家、教育专家开展课程建设的专题讲座，并数次组织学校行政人员、科级组长、学科教师开展"1+3"潜能课程体系建设的研讨活动，为教师提供整合课程的视角以及反思课程实践的方法和信息。这种管理方式不仅尊重了教师的专业自主权，充分激发了教师的课程领导力，让教师从课程的执行者变成课程的创生者，还促进了学校各课程的协调整合，促使教师的课程实践与学生的课程需求保持一致。全校所有人聚合在一起，共同为实现每一个学生的适性发展、多元化成长而努力。

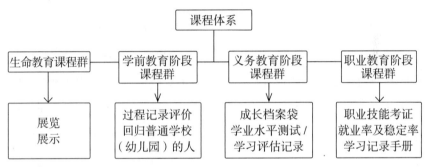

图 7　佛山市启聪学校"1+3"潜能课程体系评价图

（2）弹性化组织。

佛山市启聪学校根据学生的差异性需要，调整了课时结构和教学班的组织管理形式，采用弹性化、灵活多变的课程组织形式，为学生提供自主选择的机会和针对性的课程，为学生的多元化发展提供组织保障。在保证课时总量不变的前提下，设置"35 分钟基础课""45 分钟大课间""165 分钟专业课"。"35 分钟基础课"主要用于基础性学科的学习，如职业教育阶段的通用基础课程。"45 分钟大课间"主要用于体能训练，各个教育阶段各类学生分别组织开展有针对性的体能训练活动，尤其是在启智职业教育阶段，为了适应未来岗位对学生体能的要求，特别加强了耐力训练。"165 分钟专业课"主要面向职业教育阶段的学生，帮助他们提高其工作的持续性，适应未来职场长时间工作的岗位要求。学校还在义务教育阶段、职业教育阶段分别开设了学生可以自主选择的兴趣课和方向性专业课，打破了原来行政班的课堂管理形式，实施"走班制"，为学生提供自主选择的机会、个性化发展的平台，真正实现"私人订制"的课程管理。

（二）职业教育课程特色

社会上各行业都有其行业服务或产品的标准，不会因为员工是残疾人而降低这些标准。而职业教育的内容与当地经济发展紧密联系，因为中等职业教育培养的是当地实用型的劳动者。特殊教育的职业教育内容建立在普通职业教育内容的基础上，在课程内容的选择上，佛山市启聪学校依据"普通中职职业教育内容＋学生就业行业分析＋学生职业能力评估结果分析"三者进行构建。佛山市启聪学校把普通中职的课程体系比作一个瓶子，首先要把这个瓶子打碎（形成职业课程模块），然后学生根据自己的能力去捡这些碎片（即课程内容模块），教师根据学生的实际需求和对社会行业的分析也去捡这些碎片，师生再共同将这些碎片集在一起，并且补充一些其他的碎片（内容），最后共同构建成一个完整的、全新的瓶子，这个瓶子就是佛山市启聪学校的职业教育课程体系。

1. 智障中职特色课程体系

佛山市启聪学校智障中职课程适应的对象为 16～22 周岁的轻中度智力障碍学生。

（1）智障中职课程的设计思路。

课程体系依据佛山市残疾学生职业能力评估[①]结果（职业培训前

---

① 残疾人职业能力评估系统，由佛山市残疾人联合会牵头研发，已获得专利，并由中国残疾人联合会推广使用。

的评估，即评估学生本人的职业潜力如何）以及社会行业对职业岗位的基本要求，同时结合当地经济结构的调整情况、生源的变化情况以及职业岗位对从业人员的素养要求来进行动态设计与调整（见图8）。

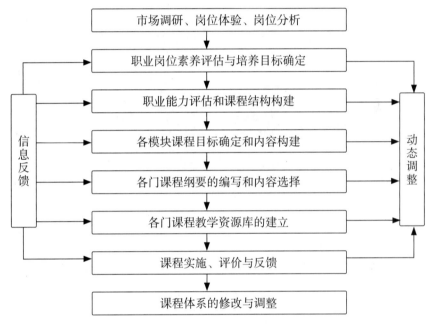

图8 智障中职课程体系设计流程图

（2）智障中职课程的目标。

智障中职课程的总目标是在学校"1+3"潜能课程体系总体目标中对于残疾中职学生的培养目标的基础上而提出来的，以职业素养本位为目的，细化而成。通过创设支持性的环境，构建多元、立体的课程，以实现提升智障学生适应家庭、社区和工作的能力，提升他们的生活质量，使他们拥有有尊严、有品质的生活。

（3）智障中职课程的内容。

职业素养本位智障中职支持性课程体系内容包含"一个基础，两个空间，三大领域，四个模块"（见图9）。

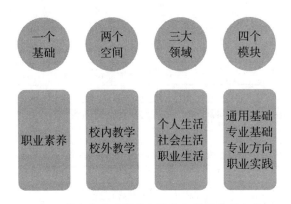

图 9　佛山市启聪学校智障中职课程体系内容

（4）智障中职课程的设置。

依据模块化专业课程设置的原则，佛山市启聪学校智障中职课程按照"通用基础课程""专业技能课程"和"职业实践课程"三大类模块分别设置课程，三大类模块的课时比例为 1∶2∶1。通用基础课程是在"国家中职课程及智障类学校课程"的基础上设置的；专业技能课程又分基础课程和方向课程两个模块；职业实践课程则是结合就业需求以及学生的就业方向设置的。

（5）智障中职课程的实施。

① 每周上课 5 天，每周共 33 节课。每天安排 15 分钟早读时间、40 分钟早操和体育锻炼时间、30 分钟眼保健操时间。通用基础课程为单节上课，每节课上课时间一般为 35 分钟；专业技能课程为连堂上课（两节或三节），中间不下课，各科目教师根据实际上课需要灵活安排

学生休息。每学期安排一次"社区本位"综合实践活动。

② 一、二年级以安排参观、见习相关机构、职业场所为主，三年级以校内实践和校外实习为主。以职业体验为主的校内勤工俭学贯穿中职三年。

③ 通用基础课程贯穿中职三年。专业技能课程及职业实践课程以职业素养为核心，以实操为重点，辅以基本的理论知识，配合校内实践、校外见习、实习课程的实施，让学生从实操中习得基本技能，养成坚定、专注、乐于合作等品质，进而获得解决问题的能力。专业技能课程以一学年为教学单位。

④ 各科目的教学或活动应融入法治教育、品德教育、职业素养教育、职业安全教育、环保教育、心理健康教育、两性教育等内容，并与日常生活相结合，达到学以致用的目的。

⑤ 课程设置及课时计划见表2。

表2 佛山市启聪学校智障中职课程设置及课时计划表

课程类别	课程名称	一年级		二年级		三年级	
		上学期	下学期	上学期	下学期	上学期	下学期
通用基础课程	实用语文	3课时	3课时	3课时	3课时	3课时	实习
	实用数学	3课时	3课时	3课时	3课时	2课时	
	职业适应	4课时	4课时	4课时	4课时	4课时	
	信息技术	2课时	2课时	2课时	2课时	2课时	
	生活休闲	1课时	1课时	1课时	1课时	1课时	
	体育	2课时	2课时	3课时	3课时	3课时	

（续表）

课程类别	课程名称	一年级		二年级		三年级	
		上学期	下学期	上学期	下学期	上学期	下学期
专业技能课程	清洁服务	12课时	12课时	—	—	—	实习
	洗涤	—	—	9课时	9课时	9课时	
	餐厅与会务服务	—	—	9课时	9课时	9课时	
	烘焙中级	—	—	9课时	9课时	9课时	
	饮料调制与接待	—	—	9课时	9课时	9课时	
	室外植物养护	—	—	9课时	9课时	9课时	
	花艺	—	—	9课时	9课时	9课时	
	手工皂	—	—	9课时	9课时	9课时	
	理货与收银	—	—	9课时	9课时	9课时	
	居家饮食	—	—	9课时	9课时	9课时	
	烘焙初级	5课时	5课时	—	—	—	
	手工编织初级	5课时	5课时	—	—	—	
	创意手工初级	5课时	5课时	—	—	—	
	蔬菜培育	5课时	5课时	—	—	—	
	分拣与包装	5课时	5课时	—	—	—	
	居家生活	5课时	5课时	—	—	—	
	洗车	—	—	6课时	6课时	—	
	客房实务	—	—	6课时	6课时	—	

（续表）

课程类别	课程名称	一年级		二年级		三年级	
		上学期	下学期	上学期	下学期	上学期	下学期
专业技能课程	创意手工中级	—	—	6课时	6课时	—	实习
	手工编织中级	—	—	6课时	6课时	—	
	特色小吃	—	—	6课时	6课时	—	
	居家生活	—	—	6课时	6课时	—	
职业实践课程	模拟工厂	—	—	—	—	3课时	
	早餐服务	—	—	—	—	4课时	
	校园清洁1	—	—	—	—	4课时	
	校园清洁2	—	—	—	—	4课时	
	校园植物养护1	—	—	—	—	4课时	
	校园植物养护2	—	—	—	—	4课时	

2. "以行业技能为标准"构建的听障中职课程体系

（1）听障中职课程设置可参考学生职业能力测试结果。

听障学生的职业技能表现出极高的水平，几乎与常人无异，并且听障学生在参加一些技能性竞赛如篮球比赛、烹饪比赛等时，成绩比同龄的普通人要好。但其就业的稳定性及社会适应性又表现出低于普通人的水平。因此，在职业能力评估（见图10）中找出听障学生的职业素养的核心关键词十分必要。

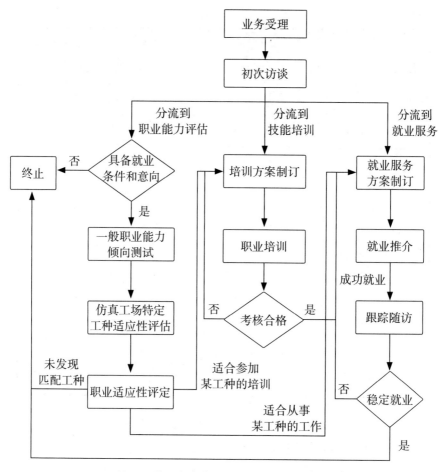

图 10　佛山市残疾人职业能力评估流程图

从听障学生职业能力测试结果（见表3）来看，16项能力测试中，听障学生有5项优于常人（手部操作能力），有8项与常人相当，只有一项即纸片分类测试弱于常人。这表明以操作类型为主的职业，听障学生完全是可以胜任的。由此可见，在目前课程的设置上，实训类课程完全可以以行业标准来要求听障学生。

表 3　听障学生职业能力测试结果个案分析表

测试名称	用时 / s	原始得分	标准分	等级 / %	效率比	分数解释		
						优于常人	与常人相当	弱于常人
语音理解能力测试	因听力原因不进行测试					□	□	□
数理计算测试	846	72	—	38.4	0.97	□	■	□
数字记忆测试	—	39	—	40.6	0.8	□	■	□
空间推理测试	602	13	−0.3	—	0.93	□	■	□
短期注意力测试	—	60	0.4	—	1.04	□	■	□
颜色、图形辨析测试	1376	36	—	64.9	1.03	□	■	□
文字校对测试	439	32	−0.5	—	0.86	□	■	□
纸片分类测试	370	36	1	—	0.81	□	□	■
编号归档测试	408	52	—	30.8	0.98	□	■	□
手指工具测试	916	168	−0.1	—	1.03	□	■	□
打点速度测试	174	111	−1.3	—	1.55	■	□	□
运动协调测试	—	42	—	100	1.17	■	□	□
手腕功能测试	461	—	−1.3	—	1.33	■	□	□
螺钉装配测试	238	66	−1.2	—	1.34	■	□	□
水阀拆卸组装测试	因工具原因不进行测试					□	□	□
穿绳系结测试	917	39	−1	—	1.19	■	□	□

（2）听障中职课程的目标及体系。

佛山市启聪学校的听障部学制是十五年一贯制，即学生从一年级至中职三年级均在同一所学校就读，这为佛山市启聪学校构建职业教育课程提供了一个基于"生涯规划"的课程目标及模式——"全程式四阶段"的职业教育课程模式（见表4）。

表4　佛山市启聪学校听障学生"全程式四阶段"的职业教育课程模式

学习时间	培养模式	培养目标
第一阶段：小学阶段（一至六年级）	玩中学：劳动习惯的养成	学会自我服务
第二阶段：初中阶段（七至九年级）	做中学：兴趣培养，掌握一技之长	学会生存
第三阶段：中职阶段	"创业教育"中学：专业技能朝"高、精、尖"发展	学会服务他人
第四阶段：毕业后就业	工作中学：与他人沟通，学会适应岗位	成功就业，育残成才（追踪服务）

值得强调的是，到了中职阶段，学校职业教育课程体系着重强调"职业的核心素养"。根据行业单位对从业人员的基本素质要求，提炼出学生培养的核心素养，列入职业教育课程目标中（见图11）。

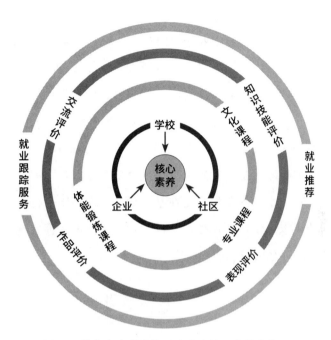

图 11 佛山市启聪学校听障学生核心素养结构图

（3）"全程式四阶段"听障中职课程的内容。

所谓全程式，即从小学阶段开始渗透职业教育的课程，小学阶段的渗透形式是兴趣课，初中阶段以专业兴趣和专业技能相结合的形式，向学生渗透专业知识，中职阶段是以专业素养和专业技能为重点，开展密集型的职业训练，最后针对学生就业适应性开展相关的跟踪服务。中职阶段以专业素养和专业技能为重点的课程内容是建立在前两个阶段基础之上的。比如烹饪课程，在小学阶段的劳动教育中，举办摘菜、包饺子、玩陶艺等团队活动；在初中阶段，则开设一些与职业技能相关的职业技能课程，比如茶艺，烘焙、陶艺等。烹饪艺术与美术基础有十分密切的关系，因此，在小学及初中阶段，也十分注重学生美术基础的学习。学生进入中职专业学习阶段后，不再是从零开始学习，而是具备了一定的专业基础。

　　佛山市启聪学校听障中职课程内容（见图 12）具有两个特点。

　　① 行业化特点。听障学生到了中职阶段，学习的所有内容均与行业要求一致。学校不拘泥于教科书上的内容，而是与目前行业上最新的标准与要求保持一致，根据要求进行内容的选择。

　　② 个性化特点。佛山市启聪学校的职业教育课程有很强烈的私人订制色彩。主要原因是"残疾人按比例就业"导致学生的就业方向十分广泛，无法将学校的课程固定在某一行业，而不同的行业则对学生提出不同的要求。学校会根据每年推荐学生就业的企业状况、学生的就业需求，设置私人订制课程内容。

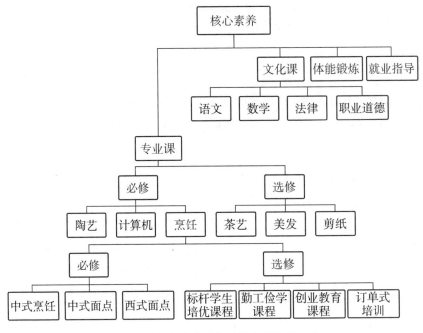

图 12　佛山市启聪学校听障中职课程内容

（4）听障中职课程的评价。

①校内基本功大赛。基本功指的是各职业模块的行业技能基本功，比如中式面点中的揉面技术、中式烹饪中的刀工、陶艺作品中的设计、信息技术中的办公软件操作等，每学年第一学期就会举行校内基本功大赛。校内基本功大赛由教务处举办，评委是各专业教师，以奖状形式颁奖。其目的是检验学生技能学习的基本情况。

②校内创意大赛。校内创意大赛是由学校层面举办，在每年6月份举行。邀请往届已毕业的学生回校共同参赛，评委由行业专家、用人单位的代表组成，以物质奖品形式颁奖。大赛的主要目的是促进学生所学与行业接轨，不断促进教学的发展。学生和教师从大赛中获得学习与教学的灵感，学校则通过大赛不断促进职业教育与社会和市场的接轨。

③省、市专业技能大赛。每年学生都会参加各式各样的专业技能大赛，有教育行政部门举办的，也有行业、协会等举办的。参加的形式有学生个体参赛、团体参赛、师生共同组团参赛。学校在人力和物力上支持，以促进听障学生的职业教育不断向高水平发展。而学生参赛的结果，也检验了学生所在学校的职业教育水平。

④考取专业资格证。专业资格证是职业教育成果最为直接的评价形式，相关考试主要由当地人力资源和社会保障局举办，一年有一次考证机会。学生考证通过率是检验和评价课程的主要形式。

⑤就业的适应力。学生的职业能力水平评估以及就业单位的评价反馈是学校职业教育课程评价的最高形式。职业教育的目的是为行业培养合适且优质的人才，行业单位的满意度是学校职业教育课程评价的最终形式。

（三）职业教育模式

职业教育的目的就是为社会各行各业培养劳动者，无论是哪种就业模式，都要求就业者按行业要求来开展工作。佛山市启聪学校职业教育根据行业要求，提出了"以行业标准制订课程标准、以工学一体化的模式构建职业课堂模式"，并以"多元智能论"为基础，构建"支持性职业教育课程模块"，以德国和瑞士两个国家的职业人才培养模式为参考，构建出启聪学校智障学生的"职业素养"的社区本位模式，以及听障学生的"全程式四阶段"的支持职业教育模式。

1. 智障学生的职业教育模式——"职业素养"的社区本位模式

中职智障学生社会生存技能水平普遍偏低是一个不争的事实，学校通过对其职业能力的评估、量化、分析，提炼出智障学生职业教育的"核心素养"，以社区本位为其生活和就业的依据，开展"模块化""密集型""岗位体验式"等职业训练，注重职业素养的培养，提升智障学生的职业能力以及就业水平。

（1）中职智障学生就业类型定位。

特殊学生的就业类型大致有三类：庇护性就业、支持性就业、一般性就业。

中职智障学生的智商都属于中重度残疾。从法律角度而言，他们都不具有独立民事行为能力，需要监护，因此，只有大约20%的学生经过职业训练后可以在支持性环境中进行独立自主的工作，即进行支持性就业。而80%的学生只能进行庇护性就业。所谓庇护性就业，就是要在普通成年人的监护下就业，所工作的企业大多是民政部门属下或者是残联属下的福利性企业，这类企业不追求利润空间及企业的发展，目的完全是提升残疾人人生的意义。

（2）参考普通中职教育专业的设置范式，建立起适合中职智障学生的课程体系。

普通中职教育有着成熟的教育理念，在专业的设置、教育的模式等方面都具有非常值得参考的理念，并且特殊学校申办中等职业教育也要求按普通中职教育的专业设置进行申请。佛山市启聪学校所在的佛山地区是餐饮业及酒店业集中的地区，也是密集型劳动手工业集中的地区。因此，与酒店服务业以及各种手工业、加工业相关的工作内容都可以成为中职智障学生的课程内容。

根据学生职业能力评估相关信息，佛山市启聪学校选取了普通中职教育中的两个专业申办了职业高中，即"家政服务与管理""高星级饭店服务运营与管理"，每个专业分别有十多门课程。要完全掌握每一门课程，对于智障学生而言具有非常大的难度。但选取这两个专业的理由，一是申办中职教育，专业设置上要求与普通中职教育保持一致；二是这两个专业非常适合佛山地区的产业结构，有利于学生的就业；三是这两个专业的十多门课程中，实操部分中60%的内容中职智障学生是可以学习的。这样，学生在学习了与普通中职教育一致的内容之后，其职业能力和就业水平更接近企业的要求。

（3）开展模块式教学，选择适合学生学习的模块开展教学，提升中职智障学生的专业技能水平。

普通中职专业在中职智障班开设课程后，必须进行课程的改革。比如"高星级饭店服务运营与管理"专业，专业内涵是"服务、运营、管理"三大块内容。我们只能选取"服务"这一主要板块开展教学。按课程内容模块，选取了客房服务、餐饮服务、会议服务、沟通技巧、饭店专业英语等内容模块开展教学，并且在课程标准上降低要求，偏重某一技能的培养，在课时分配上也根据就业的可能方向而有所侧重。

在此基础上，根据对学生的一些职业能力进行评估的结果，开设一些校本课程，以辅助提高学生的一些专业素养。比如调酒、咖啡的冲调等课程是为了培养学生的服务素养而开设的，重在服务素养而非技能；而插花、植物养护、居家饮食、手工皂的制作、艺术手工等校本课程则是本专业的补充，是专业技能的延伸，也是职业素养培训的重要课程。

（4）采用"在真实岗位中学习，在操作中学习"的教育模式，使中职智障学生毕业即就业，快速适应工作岗位。

在佛山市启聪学校开设的专业技能课程，均建设了以行业标准为标准的专业功能场室，配以专业的实训器材。学生以在工厂上班的形式上课。比如清洁卫生课程，学校配备了所有清洁用器的专业工具，学生在上课过程中，采用"工学一体化"的模式，在课前（上班前）更换工作服装—打卡上课—听理论文化讲解（学习，与在工厂时任务布置要求相一致）—开展实际操作（教师在操作中进行指导）—反复操练—教师点评—打卡下课—更换衣服，返回课室。每门专业课，三节课或四节课连续上课。教师会将学生每天上课课时按上班形式计算，并且每个月总结算分（钱，代币制形式）。教师们为了提高学生的实训能力，还会接受全校的工作单，即订单式工作，大大增加学生的实操机会。

学校即社会。除专业实训课之外，学校还为学生提供大量的实际岗位操作训练的机会，校园的每一个岗位都成为学生实训的内容，按勤工俭学计算，学生的实际操作能力得到了大大的提升，学生毕业后能够快速适应工作岗位。通过密集型的劳动技能训练，80%学生都能掌握专业的技艺。

（5）在岗位细节处培养学生的专业素养。

专业素养是容易被忽略的内容，也是最难培养起来的学生素养之一。有部分中职智障学生存在不讲卫生、不讲礼貌的问题，这也是导致其难以就业的重要原因。因此，在各门专业技能课以及通用基础课中，对学生专业素养的反复训练极为重要。佛山市启聪学校的每门专业技能课，都按行业标准给学生配备了制服，学生在上课时都要穿着制服，并且每天下课后都要洗好制服，将其叠好，放在衣柜里，以此培养学生的穿衣卫生习惯。上课前卫生检查形成常规，并进行登记，强化学生的卫生意识。一些专业课程，包括咖啡的冲调课、调酒课、居家饮食课等更需严格要求，从而在形象和气质上改变学生，进而提升学生的素养。在一般的通识课程方面，开设职业适应、沟通交流、英语、职业道德等课程，按社会常规标准要求编写相应的课程标准，以确保学生经过学习之后，其专业素养得到提升，从而缩小其与常人之间的差距，使部分学生从庇护性就业走向支持性就业。

2. 听障学生的职业教育模式——"全程式四阶段"的支持职业教育模式

从学生进入学校开始，在课程的设置方面，学校便为学生的小学、初中、高中三个不同学段进行了学习生涯的规划，构建了从小学至就业后工作一年的"全程式四阶段"职业教育模式（见表5），并针对不同阶段进行适应性的转衔职业课程教学，从而为听障学生的职业发展打下良好的基础，提升听障学生的职业就业质量。

表 5　佛山市启聪学校"全程式四阶段"职业教育课程内容

名称	年级	培养目标	教学内容	教材	周课时数	评估方式
劳动课	一至三年级	培养学生的劳动习惯、劳动观点以及生活自理的能力	自我服务劳动，家务、公益劳动、专业兴趣培养	人教版社会、劳动教材，校本教材	2	考核
劳动技术课	四至六年级	培养学生的劳动兴趣，使其初步掌握劳动技能，发现劳动特长，为下阶段分专业打好基础	计算机、绘画、茶艺、手工艺术、陶艺、家庭烹饪等专业基础培养	校本教材	4	理论与实操考核，理论占30%，实操占70%；总评：平时占30%，测验占30%，期终占40%
劳动技术专业课	七至九年级	学生参加专业技术培训，掌握两门以上职业技术，获取人力资源和社会保障局职业技术初、中级证书	计算机（必修）、陶艺、中西式点心制作、中餐烹饪、美发、茶艺、艺术手工等（选修）专业技能学习	人力资源和社会保障部门相关专业教材、校本教材	7	参加政府人力资源和社会保障部门统一组织的专业技术等级资格考核，分理论和实操两部分
专业技能、技术专业课	高中	①专业技能向"高、精、尖"发展，培养掌握中级专业技能人才，考取四个以上中级专业证书；②向高等学校输送专业人才	计算机（必修）、烹饪专业、工艺美术专业（选修）、茶艺、陶艺（选修）	中职有关专业教材、人力资源和社会保障部门有关专业教材、校本专业教材	21	参加人力资源和社会保障部门统一的专业技术等级资格考核，参加省内外高等学校单考单招

（1）"'全程式四阶段'职业教育"是支持性职业教育的主要模式。

所谓全程式，即从听障学生入学的一年级开始至毕业乃至毕业后一年的整个阶段。这四个阶段包括：①一至六年级的小学阶段。这个阶段的主要教学方式是"玩中学"，其主要目的是养成劳动习惯，培养自我服务的意识。学校开设了许多与专业课程有关的兴趣课，如陶艺、计算机、绘画、煮饭、泡茶等。学生根据自己的兴趣在每周一至周四下午最后一节兴趣课上挑选其中一至两门课程学习。②七至九年级的初中阶段。这个阶段的主要教学方式是"做中学"，其主要目的是培养初步的职业意识，掌握一技之长，增强生存意识。这个阶段开设的职业课程相对集中，与高中阶段的专业设置相对应，在课时上相对集中，每周有两个下午连续3节课。③中职阶段。这个阶段的教学方式是"做中学"和"岗位中学"相结合。其主要目标是学以致用，学会服务他人，专业技能向"高、精、尖"发展，不仅要考取人力资源和社会保障部门颁发的中级技能上岗证，还需要具备真实岗位所需的工作能力。在课时设置上采用密集型训练方式，每个课程模块至少有12节以上的课时量，并且在课余时间，以勤工俭学的方式开展。④毕业后就业阶段。这个阶段主要是"岗位适应"，学会与他人沟通，学会岗位适应，教师与社工跟进学生的就业状态，随时与单位主管进行沟通，最终实现稳定就业。

（2）"当地的经济产业特点以及听障学生的生理条件"是支持性职业教育内容的主要依据。

一方面，听障学生所学习的内容，都是在与当地经济发展相适应、市场上大批量需求人才的基础上而设置的。比如烹饪专业，是依据珠三角地区，尤其是广州和佛山地区发达的餐饮类行业而开设的。

而实践证明，从 2007 年第一届听障学生毕业至今，每年听障学生的就业率都为 100%，而 80% 的学生在餐饮类行业就业，尤其是最近两年，几乎 100% 的学生在星级酒店就业。而工艺美术以及陶艺课程，则是与当地的传统文化产业相关，陶瓷是佛山的著名产业，剪纸等工艺美术也是佛山的传统文化。因此，中职阶段专业的设置是建立在市场经济的基础上的。

另一方面，听障学生所学习的内容，是依据听障学生自身的生理条件而设置的。比如烹饪课程的内容，重点是中式面点和西点，这些内容要求岗位上的工作人员无须与客人进行交流，产品生产过程相对固定，不需要随时进行沟通，这就避开了听障学生沟通障碍这一缺点。中餐烹饪课程的内容重点放在"餐饮装盘雕刻"以及"刀工"上，避开需要随时依据客人口味调整的中式烹饪。其余课程的开设都是针对尽量避免交流的工作岗位，而一些需要不断地与人交流的课程如美容、美发、服装设计等慢慢地因难以就业而停止开设，或者只是当兴趣课而开设。

（3）"尊重个性，激发潜能"是支持性职业教育模式的核心理念。

所谓"尊重个性"，即承认个体的不同。听障学生由于自身语言能力的丧失，与他人沟通存在极大困难，他们也存在阅读能力以及认知能力不足的问题；另外，聋校义务教育阶段开设的课程以语文、数学为主，普通学校的生物、化学、历史等课程没有开设，因此，就读中职的学生，他们的阅读能力和认知能力仅相当于小学三年级的水平。但听障学生的"操作能力"与常人相当。承认学生的能力，也是尊重学生的一种表现。根据加德纳的多元智能理论，以及佛山市残疾人职业能力评估的结果，听障学生的操作智能与常人一致。但如何激发听障学生的这一潜能则需要在教学方式方面进行研究。

佛山市启聪学校坚持采用"先学后教、做中学、在岗位中学"等教学模式，学生在学习过程中采用"工学一体化"的学习模式，即将学习与工作融合在一起。学生职业技能实训场室按行业标准建设，课程标准也按行业要求制订。上课时，学生在真实的实训场室，按"接受工作任务—开展实际操作—作品呈现展示—教师点评并交流—改进任务"的模式开展学习；在岗位学习过程中，在没有任何指导教师的情况下，则按照"接受任务订单—开展实际操作—完成作品—上交订单—记录工时"的模式开展学习。

（4）"考取人力资源和社会保障技术资格证＋普通学校中职技能大赛＋职业技能展示＋成功就业"是支持性职业教育模式的课程评价标准。

聋校设置的课程内容是否有效，开展的教育模式是否符合听障学生的特点，必须通过所取得的教学效果来检验。

在佛山市启聪学校听障学生职业教育中，凡是人力资源和社会保障部门开设的可以考证的科目，学生均参加考证，如计算机、烹饪、茶艺，因此，考取人力资源和社会保障技术资格证是该课程检验的标准之一。从2007年起，佛山市启聪学校学生参加人力资源和社会保障技术资格证考试，全体通过率在90%以上，很好地证明了学校课程开设的有效性。

每年的普通学校中职技能大赛，被誉为"职业学校学生的高考"。对于计算机和烹饪两门课程，佛山市启聪学校学生都参加竞赛，并且学生们在烹饪点心项目上几乎每年都囊括前三名，中餐烹饪以及计算机项目也都能拿到名次，学生们还凭借烹饪出的中式点心代表佛山参加全省的中职技能大赛，再次证明了佛山市启聪学校职业教育的质量。

（5）"逆思维式就业模式＋社会资源合作"是支持性就业的保障，使听障学生的就业率每年保持在100%。

支持性就业的最大特点是"政策上的支持"。《广东省分散按比例安排残疾人就业办法》，以及与"残疾就业保障金"相关的条例的出台是促进残疾人就业的有力政策。但是如何使企业愿意接纳残疾人，并且心甘情愿地持续性接纳残疾人，则是提升残疾人生命质量的关键所在。

佛山市启聪学校为了使残疾人能充分就业、有尊严地就业、有质量地就业，与佛山市残疾人联合会共同合作，采取了"逆思维式就业模式"，即启聪学校在校内开展职业技能展示，将听障学生的所有作品展示出来，还会在实训基地亲自展示操作过程。学校在佛山市残疾人联合会的支持下，将企业人事管理人员请到学校，并设置招聘点，在用人单位参观结束后，学生递交简历并当场进行面试，企业人事管理人员则当场决定是否录用。这种思维方式的就业模式，使启聪学校听障学生的就业率每年都保证在100%。一些参加技能竞赛获得名次的学生，在高二时即被一些用人单位提前"预订"了。听障学生的就业能力获得了一些用人单位的认可，尤其是烹饪专业的学生，已经得到一些五星级酒店的高度认可。这也使学校的烹饪专业逐步发展成学校的龙头专业，促进了学校职业教育的良性发展。

（6）"双师型教师＋行业专家进校园"是支持性职业教育模式走向专业的力量来源。

在职业教育开办之初，佛山市启聪学校是缺乏专业教师的。学校采取了"自培＋外引"的方式。"自培"是在校内鼓励对职业教育感兴趣的教师"转岗"，学校则通过对教师进行校内外培训的方式，使转岗教师获得行业专业技能证。"外引"包括两方面：一是招聘具有专业技能证且有教师资质的在职专业教师；二是定期聘请行业专家进入校园，定期对教师和学生进行指导。目前佛山市启聪学校共有职业教育专职教师 9 名，其中有 7 名具有双师型资格证，双师型教师约占 78%，且大部分教师的专业技能相当强，具有高级技师水平（见表 6）。

表 6 佛山市启聪学校听障部职业教育师资一览表

序号	姓名	教师资格	行业资格
1	谭健敏	特殊教育高级教师	中式面点技师，中式面点考评员，注册中国烹饪名师，广东烹饪大师
2	苏敏夫	特殊教育一级教师	高级中式面点师，高级网络管理员
3	刘红喜	职业教育高级教师	烹调高级技师，中国烹饪大师
4	张桂萍	中学化学高级教师	高级茶艺师
5	孙颖茵	中学美术一级教师	佛山市工艺美术大师
6	何春华	特殊教育二级教师	中式面点高级技师、西式面点高级技师，中式面点高级考评员、西式面点考评员，广东烹饪名师
7	莫艺华	小学美术高级教师	美术教师转岗陶艺师，无证可考
8	潘毅	特殊教育一级教师	美术教师转岗陶艺师，无证可考
9	黎雄友	特殊教育一级教师	特殊教育教师转岗理发师，无证可考

在"外引"行业专家方面，五星级酒店厨师、广东省烹饪行业竞赛评委、国际烹饪协会的名厨等都不定期地到校进行指导。其中，经常与学校有沟通合作的一些酒店的名厨则会定期到校进行指导。佛山当地的非遗文化中的陶艺大师、剪纸大师也定期或不定期地进入校园，

对学生和教师进行指导。这些行业的专业力量，为职业教育提供了软实力支持。

（7）"以行业标准打造专业的实训场室"是支持性职业教育的坚实后盾。

在真实而非模拟的场地中学习，能使迁移能力较弱的听障学生在学习的过程中直接感受到行业标准的要求。佛山市启聪学校职业教育中的龙头专业——烹饪专业的中餐烹饪室及中式面点室，是根据行业对厨房的要求，结合了烹饪学校实训室的教学功能设计而成。其他专业场室，如陶艺室，虽没有严格意义上满足行业标准的要求，但也根据佛山美术陶瓷厂的工作流程，进行了分区设置——陶艺设计区、拉坯区、烧制区（电窑）、作品展示区；理发课程的实训场室也是按高端美发院的设计进行配置的。

四、经验与未来——学校办学经验及未来展望

学校的发展受当地社会众多因素的影响。在众多因素中，有些是不可控的因素，但更多的是可控的因素。佛山市启聪学校致力于自身可控因素，从文化建设、制度建设、校园环境建设入手，努力打造出特色教师、特色学生、特色课程，从而建成一所受人尊敬的温暖学校。

（一）特色学校发展的成功经验

1. 文化建设是特色学校发展的顶层设计与制度保障

佛山市启聪学校非常注重学校的文化建设。以核心价值观、办学理念、办学愿景、育人目标、校训构成的学校顶层精神文化，是佛山

市启聪学校的一切教育教学活动的指导思想和灵魂。而《佛山市启聪学校办学行动纲领》①的内容就包括"文化理念、育人目标、教师专业化发展、师生关系、课程建设、教育教学、教育科研、管理、评价机制"9大方面，共64条。这是佛山市启聪学校管理与教育教学活动的行动指南。

此外，佛山市启聪学校还编写了《佛山市启聪学校文化手册》（简称《文化手册》），包括《办学章程》《办学行动纲领》《校园视觉形象系统》《班主任工作手册》《教学常规管理工作手册》《课程管理手册》《教务工作流程标准化手册》《科研管理手册》《安全管理手册》《宿舍管理工作手册》《行政及后勤服务管理手册》，每份手册除了有对本工作的详细具体指导要求外，还有完善的流程图。《文化手册》是佛山市启聪学校工作有序、高效开展的重要指南，是特色学校得以持续发展的重要基础。

2. 温暖而科学的管理是特色学校发展的有力保障

佛山市启聪学校的管理思想秉承"温暖"的原则。管理者在管理过程中，第一是提倡"先人后事、要事第一"。管理者要合理地调节和维持教职工事业、情感、待遇和健康之间的平衡。保证个人发展目标和学校发展目标一致，区分核心工作与一般性工作，做正确的事，正确地做事。第二是提倡"沟通与协作"。管理者专注地倾听是畅顺沟通最有力的助推器，也是解决问题最有效的办法。让更多的优秀教师参与学校管理，让更多的事情通过协商、协调和协作的方式解决。

①《佛山市启聪学校办学行动纲领》属于《佛山市启聪学校文化手册》的第三部分。

第三是提倡"公平与民主"。管理者的行为应该是公平的、民主的，以创造平等与民主的校园文化。第四是提倡"团队精神"。管理者要乐于融入团队，并善于借助团队的力量，最大限度地发挥自己的作用。第五是提倡"学习先进"。管理者要在工作中不断寻找行业、岗位标杆，学以致用，改进工作。第六是提倡"居安思危"。管理者要有忧患意识，预见学校存在的各种问题和风险，防患于未然。

3. 科研引领是特色学校发展的内涵基础

佛山市启聪学校一直以来都十分重视科研引领学校的发展，自2012年以来，学校一共完成区级小课题36个，市级课题5个，省级课题7个，国家级课题1个，其中省强师工程课题2个。在学校特色发展建设的道路上，科研起了极为重要的作用。其中2009年结题的省规划办课题"珠三角地区聋校九年义务教育阶段劳动技术与职业教育的实践与研究"为启聪学校职业教育的特色发展打下了良好的基础，2016年结题的全国规划办课题"'激发特殊学生潜能教育'特殊学校建设的个案研究"成就启聪学校的品牌特色，使学校成为全国知名的特殊教育学校。

启聪学校具有人人做课题、时时有教研的特点。学校从周一至周五，每天都有不同科组的固定教研时间，每周一上午是科研组长和级长的固定教研时间，周三下午是班主任的固定教研时间，周五下午则是全校教职工的固定教研分享时间。教研的活动内容也相当丰富，针对不同的对象、不同的时间，可以开展不同的教研活动。比如科组的活动时间，教师可以进行同课异构、磨课、课例研修等活动，活动的内容则取决于科组在开学初制订的计划。再比如，科级组长的活动时间，科级组长作为学科的领头人，需要更多的学习与经验的交流，因此，科级组长的教研时间主要用于开展学习与交流活动，通常由主任或校长主持。

科研是教师成长的内动力，促使教师主动成长，主动去探讨教育教学中存在的问题，从而推动学校的发展并形成自己的特色。

（二）未来展望

学校的发展是建立在时代的发展、当地社会经济与文化的发展基础上的，同时与社会相关教育政策的出台有着密不可分的关系。佛山市启聪学校地处珠三角大湾区，具有区域优势、市直属学校的优势、省七所特殊教育学校基地之一的优势，应起到引领及开拓的作用，以利于特殊教育的发展。在未来三年，学校将着重发展如下几方面。

1. 实施价值引领，提升学校文化品质

逐步完善制度文化、精神文化、行为文化、物质文化四大学校文化，使学校价值观更为外化和彰显，指导师生的行为，撰写学校行动纲领及文化手册并出版。

2. 完善制度建设，提升学校管理水平

以标准化、精细化为要求，完善岗位职责内容、课堂评价制度、教职工评优标准等，细化重点工作流程，提高管理的规范水平与效率。

3. 深化课程改革，提升课程建设品质

以"自信阳光，学有所长"为指引，细化育人目标，丰富、完善"1+3"潜能课程体系，建设更具鲜明特色的课程。

4. 助力教师成长，提高教师专业水平

明确教师专业定位，激发教师发展的主动性，对不同阶段的教师开展分类、分层的专业化培训，提升他们的专业胜任力，增强他们的

专业自信，使其更好地为学生的成长服务。

5. 整合社会资源，推进特殊教育社区化

关爱生命，构建学生"现实与未来生活需要"的教育模式。成立由街道、社区、企事业单位、社会仁人志士、家长参加的协作组织，共同开展教育教学活动。

6. 凝练学校特色，发挥办学示范引领作用

通过教师发展、学生成长、课程建设、文化提升等学校关键目标的落实，加大宣传力度，支持教师成为名家，充分发挥学校的名校长、名教师、名班主任等引领辐射作用，将市支援服务中心的市级特殊儿童的评估、转衔工作做出特色，提高学校的知名度和美誉度。

佛山市启聪学校一直致力于将"提升特殊儿童生命质量"作为学校发展的核心目标。未来，学校将在国家特殊教育的相关政策指导下，把握时代发展给特殊教育带来的机遇，站在新的起点，激发教师和学生的内在动力，主动发展；强化团队的合作与奉献精神，在学校办学理念的指导下，努力促使学校发展规划中的各项措施真正落到实处，从而向学校的发展目标努力前进，孕育学校和谐文化内涵，促进学校科学发展，最终使学校成为一所受人尊敬的温暖学校。

案例四　深圳元平特殊教育学校：教育、康复、职业训练一体化

深圳元平特殊教育学校是一所为视障、听障、智障、脑瘫、自闭症和多重残疾的学生提供教育、康复和职业训练的综合性、寄宿制特殊教育学校。其最显著的办学特色是在全国率先探索实践"教育、康复、职业训练一体化"的特殊教育办学模式，并取得了显著成效。

一、办学背景

深圳元平特殊教育学校在三十年的办学过程中，锐意改革，着眼时代要求，不断完善办学模式，坚持以人为本、以教育教学为中心，全力推进教育改革，力争建设全国特殊教育先行示范校。实践证明，该办学模式取得了较显著的教育效益和社会效益。

（一）历史沿革

深圳元平特殊教育学校自办学以来，立足实际，凸显特色，在历任校长的带领下，大力推进特殊教育的整体化改革，从特殊学生身心特点和社会发展需要出发，不断进行办学模式的探索和实践。

1. 艰苦创业建校（1991—1994 年）

1991 年 12 月 12 日，深圳元平特殊教育学校在深圳创办。为了早日让深圳经济特区的特殊学生接受教育，学校边建设边办班，在学校用地未定、校舍未建的情况下，借南华职业中学的一隅办学，招收了 48 名特殊学生，填补了深圳特殊教育事业的空白。1993 年 7 月，学校开始全面招生，从南华职业中学借来的教室已不能满足办学需求，学校便辗转各地，三易校址，直到 1994 年学校师生陆续搬至新校址。

这一时期，虽然在师资、经费、场地、招生等方面面临着多重困难，但创办者着眼未来，统揽全局，办学思路清晰明确，体现在：第一，对于学校基础设施建设的高瞻远瞩，坚持在学校基础建设方面的高标准、严要求，建设现代化的美丽校园。第二，对于学校性质的成功定位，率先在全国实践不同障碍类型的特殊学生之间的融合，开办综合性特殊教育学校。第三，对于学校办学模式的初步探索，学校第一任校长孙振东提出特殊学校应进行整体化改革，变"文化教育型"单一结构为"教育、康复、就业"整体功能优化型的立体结构，通过教育、康复和就业的有机结合，提升特殊学生的整体水平，从根本上提高特殊教育适应社会主义现代化建设需要的整体效能。

2. 特教新兴名校（1994—2002 年）

在这一阶段，深圳元平特殊教育学校初步展现出较好的社会效益，树立了良好的社会形象，现代化学校初现规模。

（1）步入正轨："教育、康复、就业一体化"的办学模式不断落实。

学校树立"育残成才"的新教育观念，坚定地实践"教育、康复、就业一体化"的办学模式。首先，教育内容的选择要以学生需求为本，发挥潜能、弥补缺陷。学校设置了五大类的课程体系：思想品德课程、基础文化课程、补偿训练类课程、社会适应课程、职业技能课程。与课程结构变化相适应的是教材体系的建设，面对特殊教育学校教材缺乏的现状，自编校本教材。其次，调整师资队伍，增加具有康复专业和职业教育背景的教师。最后，关于实施基地，学校高标准地规划办学，设立康复部和机能训练室，配备康复训练设备，为学生开展康复训练；建立了元平饭店、元平邮电代办所、盲人按摩诊所、平价超市等一批校办企业，把校办工场作为职业教育的实施基地，并创造条件安排毕业生在校办企业就业。

（2）成果丰富：特教名校效应不断彰显。

学校"教育、康复、就业一体化"的办学模式得到了广泛认可，先后获得广东省、深圳市的多项荣誉，成为展现深圳教育发展成果的一张名片。随着办学质量的提升，学校在全国范围内的影响力越来越强，获得一系列国家级荣誉，成为新兴的特教名校。

3. 全国特教强校（2002—2019 年）

进入 21 世纪，深圳元平特殊教育学校进入新的发展时期，坚持走内涵发展之路，科研兴校，以特殊教育品牌立足于全国特教领域，在办学水平上与世界先进国家接轨。

（1）明确方向，提出"宝塔式"培养目标。

经过多方面考虑，时任校长黄建行提出了"宝塔式"培养目标，如图 1 所示。第一层级是基础层级，培养学生掌握简单的科学文化知识和生活技能，使其具有初步融入家庭、社区、社会的能力；第二层级是中段层级，培养学生掌握基本的科学文化知识、基本的劳动技能和学习能力，参与一定程度的社会生产或创造，使其具有进一步融入家庭、社区、社会的能力；第三层级是塔尖层级，培养学生掌握多种劳动技能和可持续发展的学习能力，使其深入参与社会生产或创造，具有较强的融入家庭、社区、社会的能力。

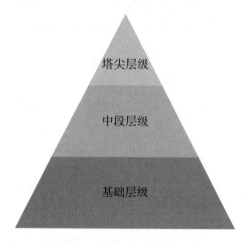

图1 "宝塔式"培养目标

（2）深化改革，优化办学模式。

随着融合教育理念深入人心，职业教育的内涵发生了变化。2017年至2019年上半年，时任校长欧阳文伟大力推进残疾学生职业教育发展，强调职业教育不应局限于学生就业，而是应为其融入社会打下基础。因此，学校管理者认为应进一步拓展"教育、康复、就业一体化"办学模式的内涵，将其调整为"教育、康复、职业训练一体化"，这是新型职业教育理念对特殊教育的要求，也是学校可持续发展的必然选择。

4. 特教先行示范校（2019年至今）

2019年，在第四任校长曹艳的带领下，深圳元平特殊教育学校提出创建中国特色社会主义特殊教育先行示范校的发展目标。学校进入新的发展时期，在提升办学品质、完善办学模式的基础上，努力构建全国特教先行示范校，将元平经验辐射全国。

2020年，深圳市教育学会特殊教育专业委员会成立，深圳元平特殊教育学校校长曹艳当选委员会理事长。她指出，特殊教育专业委员会的成立，充分体现了深圳市教育局、深圳市教育学会对特殊教育的高度重视以及对特殊孩子这一弱势群体的关爱，充分体现了深圳精神文明建设的成果。通过成立深圳市教育学会特殊教育专业委员会，助力全市各特殊教育学校特色发展，构建深圳特殊教育共同体，引领特殊教育先行示范，让每一个特殊学生都能享有公平而有质量的特殊教育。

深圳元平特殊教育学校经历了四个阶段的发展，其办学模式在实践过程中逐步形成，不断发展和完善。系统梳理该办学模式的发展历程，会发现该模式蕴含着先进的办学思想和对特殊教育事业的热情，蕴含着办学者敢闯敢拼的魄力与勇气，这离不开深圳市委、市政府的支持，离不开办学者的高瞻远瞩，离不开全校师生的孜孜追求。

（二）基本特点

深圳元平特殊教育学校的"教育、康复、职业训练一体化"办学模式在其提出、发展、深化的过程中有其自身的特点，具体如下。

1. 系统性

深圳元平特殊教育学校的办学模式从系统论的角度出发，从办学目标、培养目标出发，从特殊学生的需求出发，围绕着"教育""康复"和"职业训练"三个主题，从学生潜能开发、教师队伍建设、课程开发、康复训练、职业教育、特奥运动、信息技术等方面构建办学模式的子系统，这一目标明确、层次分明的办学系统逐渐成熟。

2. 综合性

深圳元平特殊教育学校是一所综合性的特殊教育学校，在教育对象上，力求为不同障碍程度的视障、听障、智障、自闭症以及脑瘫学生提供教育；在学制上，涵盖了义务教育、普通高中教育以及高中职业教育；在教育内容上，涵盖了教育、康复与职业训练；在学校功能上，集教育、师资培训、特教科研于一体；在学校的辐射范围上，学校在全国同类学校中具有广泛的影响力。

3. 生成性

深圳元平特殊教育学校的办学模式是在实践中不断形成的，我国综合类特殊教育学校发展起步较晚，学校在发展过程中面临很多有待解决的新问题，需要发现新思路、提出新方法，学校就是在不断发现问题、解决问题的过程中实现创新生成的，在实践中生成，在实践中发展。

4. 开放性

深圳元平特殊教育学校一直秉承开放办学的理念，即开门办学，这有两方面的含义：其一，在学校的发展方向上，以社会需求为导向，促进学生社会适应能力的发展；其二，吸纳有利于实现该目标的社会力量参与到学校办学中，力求实现特殊教育学校与社会的融合，促进学生与社会的融合，共创和谐局面。

总之，深圳元平特殊教育学校的办学模式具有系统性、综合性、生成性、开放性的特点，学校在办学模式上的探索和成就使其成为中国特殊教育学校中的佼佼者。

（三）制约因素

办学模式的形成和发展受诸多因素的影响与制约，包括主观因素与客观因素。从主观方面来看，包括学校领导者的理念与魄力，学校教师的结构与专业化程度等；从客观方面来看，包括地域、政策、学生等。具体如下。

1. 地域因素

深圳经济特区在我国改革开放的历史进程中，发挥了"排头兵"的作用，但是深圳特殊教育起步较晚，深圳元平特殊教育学校的创办使深圳特殊教育实现从无到有，多年来它一直是深圳市唯一一所特殊教育学校。在这一背景下，为使适龄特殊学生都享有受教育的机会，学校开始探索本土的特殊教育办学方式。同时，深圳是改革开放的窗口，且毗邻港澳，便于吸收世界先进的办学理念，这为学校办学模式的形成提供了借鉴和参考。近年来，随着各区特殊教育学校的兴办，学校未来的发展方向和办学模式将再面临进一步调整。

2. 政策因素

学校的发展离不开国家、省、市政策的支持，政策在学校的发展方向和办学模式上起着重要的作用。《第二期特殊教育提升计划（2017—2020年）》、特殊教育学校义务教育课程标准及《深圳市第二期特殊教育提升计划（2018—2020年）》的出台，对深圳元平特殊教育学校各方面发展提出了新的要求，学校的办学模式也需随之发展和完善。

3. 领导者因素

领导者在学校的建设和发展过程中起到至关重要的作用，办学模式的形成受领导者的教育背景、特殊教育工作经验、办学经验、办学思路等因素的影响。深圳元平特殊教育学校历任校长都有着丰富的办学经验和明确的办学思路，其决策指明了学校办学模式的发展方向。

4. 学生因素

深圳元平特殊教育学校招收的学生障碍类型多样，且障碍程度差异较大，学生数量庞大，教育需求也不同，为了使所有学生都接受合适的教育，学校根据学生障碍类型、障碍程度和教育需求为学生分部、分班，这奠定了学校办学体制的基础，因而学生成为影响与制约学校办学模式的重要因素。

5. 教师因素

教师是学校发展的关键因素，教师的数量、结构、基本素质、专业化程度都制约着办学模式的形成。深圳元平特殊教育学校有着高素质的专业教师团队，推动了学校课程、教学、科研等方面的变革，推动了学校的特色发展，推动了学校办学模式的完善。

综上所述，地域、政策、领导者、学生、教师等因素共同影响与制约着学校的发展，影响与制约着学校的办学理念、办学目标、办学体制和办学规划的形成，影响与制约着学校办学模式的发展动向。

二、顶层设计

学校顶层设计是学校管理者为促进学校优质发展、可持续发展，科学拟定实施纲要、实施方案，全面规划学校发展方针、战略目标、发展路径，具有前瞻性和方向引领性。下面将从办学理念、办学目标、办学体制、办学人员、办学环境、办学经费、办学规划七个方面来探讨深圳元平特殊教育学校的顶层设计。

（一）办学理念

深圳元平特殊教育学校在三十年的发展历程中，秉持"以生为本，育残成才"的办学宗旨，着力培育以下四种办学理念，保障学校持久发展。

1. 以人为本

深圳元平特殊教育学校把特殊学生的适应能力、康复水平、职业能力的发展水平等作为评估教育质量和学校办学水平的重要标尺，将"以人为本"的理念贯穿于学生培养、教师发展、学校管理等一切活动之中。

（1）以生为本，促进学生和谐发展。

①"宝塔式"培养目标。学校根据学生障碍的类型及程度，实施三个层次"宝塔式"分类推进的培养目标，充分尊重特殊学生的个体差异，开发学生的潜能。② 校本课程开发。自 2001 年起学校着手开发校本课程，经过多年的努力，学校基本完成了适合本校各类学生的校本课程开发，满足学生发展需求。③ 个别化教学。学校根据特殊学生的身心发展特点及实际需要为学生制订差异化的教育方案，制定具体的训练内容，并定期对学生的发展进行评估，最大限度地促进学生发展。

（2）以师为根，提升教师职业幸福感。

① 民主管理。为了调动广大教职工的积极性，学校重视建章立制，提高依法治校水平；实施全员聘用制，构建公平公正的用人机制。② 全面参与。学校鼓励教师全面参与到课程建设与改革、学校决策与管理等事务中。③ 特色教学。学校激励教师的特色教学，优化课堂教学，取得最佳教学效果。④ 专业发展。学校从师德建设、科研引领、名师工程等方面推动教师专业化发展。

2. 服务至上

在学校范围内树立服务的意识，以服务对象的需要为出发点，为他们提供优质的服务。第一，为学生服务。学校通过教育、康复、职业训练使学生实现潜能开发、缺陷补偿，最终能够平等、充分地回归并融入社会生活。第二，为教师服务。学校通过各种形式的活动缓解教师的职业压力，提高教师的职业幸福感及成就感，提供信息化培训，以满足教师的工作需要；通过校本培训和校外培训相结合的方式为教师提供再学习的机会，以满足教师的成长需要；通过改善教师的生活条件，保障教师的法定休息时间，满足教师的生活需要。第三，为家长服务。多渠道为家长提供专业指导与心理支持；拓宽家校沟通渠道，使家长及时、快捷地了解学生情况；实行家长委员会制度，鼓励家长参与学校事务。第四，为社会服务。一方面为残疾人事业服务，学校通过为残疾人提供教育，让其学会如何生存及生活，为其未来生活打下基础；另一方面为社会大众服务，学校通过宣传学生典型事迹，为社会大众提供教育素材，使社会大众了解残疾人、接纳残疾人，推进多元文化发展。

3. 资源整合

经过多年的探索，深圳元平特殊教育学校基本形成了比较完善的校内外资源体系。首先，整合校内资源。整合学校多年在课程开发、职业教育、信息技术、康复训练、职业训练等方面积累的教育教学经验及资源，形成办学特色；整合学校师资队伍，实现人力资源优化配置。其次，整合校外资源。整合财力资源，政府部门、社会企事业单位及其他社会团体给予学校极大的倾斜支持；整合人力资源，通过海外培训、高校合作提高师资质量，通过外聘教师、专业人员、社会工作人员为学生提供全方位服务；整合就业资源，学校与企业单位建立合作关系，拓展校外实习基地和就业安置基地。

4. 科研兴校

深圳元平特殊教育学校坚持科研兴校、创新出特色、科研为教学实践服务，不断深化学校内涵发展。第一，组织建设。成立课程发展部，建立以教研组、学术组、课题组为依托的学校科研网络，并成立课程改革与发展委员会和学术委员会，专门负责学校的各项课题的申报和审核工作。制定《科研课题管理办法》和《科研成果奖励办法》，对课题加强管理。第二，资源支持。学校为科研工作提供资金支持和资源支持，满足科研需求。第三，项目推进。自 2002 年以来，学校立足于"科研兴校"，以贯彻先进理念为先导，以满足特殊学生需要为立足点，以提升教师专业水平为抓手，充分调动全体教师参与教育科研的积极性，紧密围绕课改扎实有效地开展行动研究，用科研辅助教学，以科研求发展，通过科研形成先进的教育思想，掌握教育规律，改善教学行为，全面提高教育教学质量，形成"组组有课题，人人都参与"的研究氛围。第四，角色重构。学校极力打造"双师型"师资队伍，鼓励教师从单一型、经验型教师向全面型、研究型教师转变。

（二）办学目标

深圳元平特殊教育学校全面贯彻党和国家的教育方针政策，全面提升学生综合素养，建设展示中国特殊教育发展水平和中国人权保障水平两个窗口，打造教师职业道德、特殊教育改革、人权保障水平三个高地，争做教师职业道德、教师专业发展、课程开发建设、医教结合改革、残疾人职业教育、特奥运动、特殊教育学校校园信息化和特殊教育先进理念八个方面的引领者，努力建设成为全国特殊教育强校，与世界发达国家和地区特殊教育办学水平接轨。

（三）办学体制

办学体制是由学校的办学体系与办学制度组成的，其中办学体系主要由教育管理机构和教育实施机构组成。本部分将对深圳元平特殊教育学校的具体办学体制展开探讨。

1. 办学体系

（1）管理体系。

深圳元平特殊教育学校是隶属于深圳市教育局的一所公立特殊教育学校，学校实行校长负责制，教职工参与学校民主管理，党组织发挥政治核心作用。学校管理体系是在学校发展过程中不断变化的，管理机构的设置根据需要逐步调整，现有学校管理体系如图2所示。

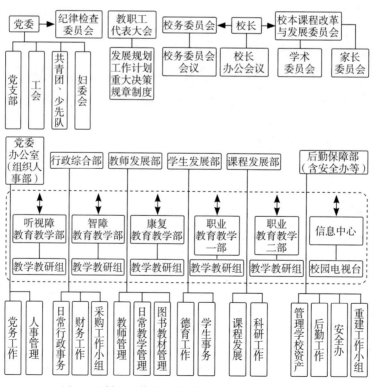

图 2 深圳元平特殊教育学校管理体系（2020 年）

（2）实施体系。

学校设置听视障教育教学部、智障教育教学部、康复教育教学部、职业教育教学一部、职业教育教学二部五个教育教学部门，具体负责特殊学生的教育、康复、职业训练（见表1）。

表1　深圳元平特殊教育学校教育实施体系

教育阶段		部门		学生类型
学前教育 （1998—2008 年）		非义务教育组		听障
				智障、脑瘫、自闭症
义务教育 （九年制）		听视障教育 教学部	听障组	听障
			视障组	视障
		智障教育教学部		智障
		康复教育 教学部	自闭症组	自闭症
			脑瘫组	脑瘫
高中教育 （三年制）	普通 高中	听视障教育 教学部		听障
				视障
	职业 高中	职业教育 教学一部	听障组	听障
			第一、二、三组	智障、脑瘫、自闭症
		职业教育 教学二部	第一、二组	智障、脑瘫、自闭症

2. 办学制度

深圳元平特殊教育学校自建校以来，重视制度建设，于2008年编制《深圳元平特殊教育学校规章制度汇编》，包括综合、行政管理、安全管理、教育教学管理、学生管理、后勤管理六个部分内容，体现学校依法治校、民主关爱的管理方式；学校还制定了教职工行为规范、家长行为规范、学生行为规范，营造良好的校园氛围。

（四）办学人员

深圳元平特殊教育学校自创办以来，始终坚持以提高教师品德与业务能力为抓手，坚定不移地走内涵发展道路。以实现教师专业化发展为目标，拓展思路，创新方法，实施形式多样的教师专业发展工程，打造了一支德才兼备、素质优良，具有创新能力和可持续发展能力，适应现代特殊教育要求的高素质教师队伍。

1. 基本构成

深圳元平特殊教育学校办学人员数量充足，教师队伍整体结构分布较为合理，较好地满足了特殊学生培养的需求，主要体现在：其一，年龄结构方面，以中青年教师为主；其二，学历结构方面，专任教师中本科学历占较大比例，整体学历水平达到了较高层次；其三，教师职称方面，2020 年学校副高级以上职称教师占 38%（含正高级职称 3 人），中级职称教师占 29%；其四，专业结构方面，教师专业背景多元，既有特殊教育专业的教师，也有其他学科专业及康复等专业背景的教师；其五，专业技术方面，学校要求教师必须具备任教学科教师资格证才能上岗执教，且有部分教师还具有多项学科教师资格证，能胜任多门教育课程的教育教学工作；其六，职业功能方面，教职工包括教师、行政教辅人员、班级辅助管理员、学生生活管理员等。

2. 素质要求

深圳元平特殊教育学校的管理人员、教学人员和后勤人员都有较高的职业道德素质、科学文化素质、专业素质、身心素质，并以规章制度的形式将每类人员的素质要求规范化，如《教学工作要求》《教研工作要求》《行政管理人员工作规范》等。

3. 角色定位

深圳元平特殊教育学校对办学人员的角色作出了如下定位：首先，身份多元，他们扮演多重角色，兼具多重身份，往往体现为管理人员和教学人员的多元、教学人员和科研人员的多元、后勤人员和管理人员的多元。其次，功能多元，如学校着力打造"双师型"教师队伍，促进行政管理、教育职责多元，科研、教学职责多元和教学、康复职责多元。最后，发展多元，以教师为例，有的教师侧重自己的教学技能发展，有的教师则侧重科研能力的培养。

4. 专业发展

深圳元平特殊教育学校以实现教师专业化发展为目标，实施形式多样的教师专业发展工程，打造了一支满足现代特殊教育要求的高素质教师队伍。

（1）政策支持。

学校得到深圳市政府及其他机构的大力支持，尤其是政策上的支持。其一，高级职称职数政策倾斜；其二，政府海培政策的支持，学校每年可选派1~2名教师到英美进行为期3个月的海外培训；其三，中央教科所（已更名为"中国教育科学研究院"）的政策支持，学校是全国第一所由中央教科所指派访问学者的基层特殊教育学校，利用中央教科所的资源，为学校培养学术和业务骨干力量；其四，在评优评先方面对特殊教育教师予以支持，如深圳市人才奖励计划、平安银行奖教基金等，并且学校多名教师受到市级以上表彰、获得市级以上荣誉。

（2）成长平台。

学校充分利用内外部资源，为办学人员的成长提供广阔的平台。表现为：第一，学校启动"教师三年培训计划"，即以三年时间为一个循环周期，三年内为所有承担一线教学任务的教师提供一次出省学习的机会。第二，学校每个学期都会邀请知名的教育专家、权威学者、校外名师来校开展讲座。第三，学校与高校合作，搭建教师专业成长平台。第四，科研促成长，学校鼓励广大教师积极投身教育科研，以课题研究为抓手，实施科研兴校战略。第五，学校鼓励教师参加各种业务竞赛。

（3）自我反思。

学校要求教师要加强教学反思，提升科研素养。[①] 有了反思，教学就不再是简单的备课、上课，也是研究问题、解决问题的过程。

（五）办学环境

深圳元平特殊教育学校为师生创设"花园式"的校园环境、合理有序的制度环境、积极向上的精神环境，以促进办学质量的提高。

1. 物质环境

深圳元平特殊教育学校总用地面积 7.2 万平方米，总建筑面积 52885.9 平方米，包括职教楼、开蒙楼、立人楼、琢玉楼、康复楼、高中部综合楼、学生宿舍楼、教工宿舍楼以及食堂等。就教育环境而言，学校配有数量充足的普通教室和专业教室、现代化的教学设备、藏书丰富的图书馆、专业的运动场及体育馆；就康复环境而言，学校配有

---

① 陆瑾，黄建行. 以教育科研为依托，促进教师专业成长 [J]. 现代特殊教育，2009（6）：12-14.

无障碍设施、完备的功能教室、专业的仪器设备和辅助器具；就职业训练环境而言，学校配有多个功能教室、相关的仪器设备以及校内外的实训基地；就管理环境而言，学校不仅配有基本的设施设备，还配有现代化、信息化的管理系统，如"校园一卡通"系统、OA办公系统、安全管理系统、电子班牌系统。

2. 制度环境

深圳元平特殊教育学校在教育、康复、职业训练、管理等过程中，针对学生、教师、管理人员等主要对象形成了一套系统的教育教学管理制度，明确告知学校组织成员什么是应该做的和被鼓励的，对学生和教职工的自觉行为起到规范作用。

3. 精神环境

深圳元平特殊教育学校一直以来都非常重视精神环境的建设，致力于让学校成为全体师生共同的"精神家园"。就文化环境而言，学校倡导"博爱、宽容，尊重、理解，平等、公正"的校园文化；就人际环境而言，学校致力于建立现代教师人际关系，注重引导教师处理好与学生、与同事、与家长以及与领导之间的关系，倡导平等、相容、互利的人际关系，营造充分尊重个性发展、团结向上的人文环境，以实现教职工个体和学校集体的共同发展；就舆论环境而言，学校成立了宣传工作领导小组，通过校园网、校刊《元平风采》《元平简报》，以及校内宣传栏、广播站、微信公众号等校内宣传阵地来开展宣传工作，营造积极向上、科学健康的校内舆论环境；就网络环境而言，学校在网络信息化建设方面进行了积极的探索和实践，全面推进智慧校园建设。目前学校在校园网服务器上的教育教学资源主要有全国特殊教育资源库、K12资源库、超星电子图书馆以及其他各种多媒体的教学资源，学校根据自身情况以及我国特殊教育信息化特点开发信息技术平台，由学校研制开发的第 3 版"全国特殊教育资源库（智障版）"也正式在全国的特殊教育学校中推广使用。

（六）办学经费

经费是学校发展的物质保证，稳定、充足的办学经费对于改善办学条件、提高办学水平具有重要的作用。

1. 经费来源

深圳元平特殊教育学校的办学经费主要有政府拨款和社会资助两大部分，尤其是近年来，学校在社会资助方面不断探索，不断完善以政府财政拨款为主、其他多种渠道筹措经费为辅的体制，用足、用好政策，在财政核拨经费稳定增长的基础上，开辟出了一条多渠道、多形式的社会经费投入道路，有效促进了学校的可持续发展。

2. 经费使用

深圳元平特殊教育学校在经费使用方面把握学生优先、安全优先、合理合法以及勤俭办学的原则，从经费预算、经费决算、经费执行和经费监督四个方面做好经费管理，促进经费使用制度建设，调整经费使用结构，使经费使用效益达到最优。

（七）办学规划

深圳元平特殊教育学校以特殊学生发展为核心构建学校的发展体系，将"教育、康复、职业训练一体化"的办学模式置于特殊教育现代化建设的未来视角下，谋划学校未来一段时期的发展举措，具体如下。

1. "一个目标，两个窗口，三个高地，八大引领"

深圳元平特殊教育学校构建了"一个目标、两个窗口、三个高地、八大引领"的学校发展图景，坚持走内涵发展道路，不断丰富特殊教育强校的内涵，扎实推进特殊教育现代化建设。

（1）一个目标。

深圳元平特殊教育学校的办学目标是以学生发展为本，以教师发展为抓手，促进学校科学、持续发展，努力建设全国特殊教育强校。学校经过三十年的发展和积累，已经站在全国特殊教育发展和改革的制高点，被誉为中国特殊教育的一面旗帜，要在这个起点上实现新的跨越，不仅是压力，更是挑战。面对新的机遇和挑战，学校领导者开阔视野，继续高举改革创新大旗，扩大学校在特殊教育领域的专业影响力，坚持走内涵发展路线，建设全国特殊教育强校，与世界先进特殊教育办学水平接轨。

（2）两个窗口。

两个窗口是指把深圳元平特殊教育学校办成能够代表中国特殊教育发展水平和中国人权保障水平的窗口学校。深圳元平特殊教育学校是中国特殊教育的一面旗帜，是世界了解中国特殊教育事业的窗口。学校既要做全国特殊教育的领跑者，也要成为向世界展示中国人权事业的窗口。

（3）三个高地。

深圳元平特殊教育学校从落实党的执政理念，提升国家、城市国际形象的高度去理解特殊教育的社会属性，从国际视野去把握特殊教育改革的方向和趋势，要在三个方面占领特殊教育的发展高地：一是教师职业道德高地。坚持"一切为了残疾孩子"的宗旨，倡导"家校零冲突"理念，努力把学校锻造成爱的熔炉，使特殊教育教师成为全社会职业道德的楷模。二是特殊教育改革高地。加强教育科研，深化教育改革，努力使学校成为全国特殊教育改革的示范基地。三是人权保障水平高地。坚持"零拒绝"理念，保障每一个适龄特殊学生都能享受达到国际先进水平的优质特殊教育服务。通过三个高地的建设，力求能丰富社会主义精神文明建设的内涵，提升特殊教育学校办学水平，展现中国人权事业的发展成果。

（4）八大引领。

为进一步将办学模式的目标体系落到实处，深圳元平特殊教育学校立足实际，着眼于特殊教育的发展趋势，提出要在八个方面做特殊教育的引领者：一是教师职业道德的引领者；二是教师专业发展的引领者；三是课程开发建设的引领者；四是医教结合改革的引领者；五是残疾人职业教育的引领者；六是特奥运动的引领者；七是特殊教育学校校园信息化的引领者；八是特殊教育先进理念的引领者。

2. 分层实施，建设七大工程

围绕着目标体系，深圳元平特殊教育学校逐步建立完善的配套措施，立足学校长远发展，从全局出发谋划实施方案，加强制度建设，提出七大工程建设方案，为率先实现特殊教育现代化而努力。

（1）学生潜能开发工程。

"宝塔式"培养目标体系旨在使每个特殊学生的潜能都得到最大限度发挥，在该目标体系下，学校提出实施学生潜能开发方案，不断提高个别化教育和训练的针对性和实效性，保障每个学生都享有个性化服务。

（2）教师职业幸福指数提升工程。

充分发挥教职工的创造力，创新校园文化活动，在继续举办深受教职工欢迎的传统活动的基础上，积极谋划教职工喜闻乐见和具有广泛参与性的文体、学习活动。进一步完善有利于教师专业成长的培训、激励机制，努力使每一位教师都成为幸福、优秀的教师，使学校成为全国特殊教育的名师基地。

（3）课程改革深化工程。

学校以培智教育课程体系为突破口，着手进行特殊教育学校课程体系建设。在已有的校本课程的基础上，不断深化改革，在更高层次、更多学科上开展更深入的课程改革，以高校为依托，进一步完善学校校本课程的基本框架，不断提高课程开发水平。

（4）康复训练强化工程。

学校不断推进"医教结合"教育改革的进程，积极探索与康复机构和医疗机构互为依托的合作模式，拓宽康复服务的渠道和范围，全面提高康复服务的质量。加强听障学生听力语言康复工作，大力开展智障学生个别化康复训练，强力推进学校教育与康复训练相结合的特殊教育模式改革。充实教师配置，完善康复教育所需的设施设备。

（5）职业教育拓展工程。

学校高度重视职业教育的价值，不断丰富职业教育内涵，扩大职业教育规模，在满足本校学生职业需求的同时，充分发挥学校作为深圳市残疾人职业教育基地的作用。全面提高职业教育质量。不断提高学生职业综合素质，加强"双师型"师资队伍的建设，加强职业专业和职业课程建设，加强校内外相结合的实训基地建设，构建就业服务体系。

（6）"数字化"校园建设工程。

从以下几方面加大力度推进"数字化"校园建设工程，加快推进学校信息化综合管理系统平台的应用；着力加强教学、科研、管理和服务信息系统建设，建立结构合理、层次分明、性能优良的学校数据共享中心及以校园网络信息技术为基础的公共服务体系；重视网络安全；开展教师信息技术水平的培训；完善校园安全和教学管理信息化监控系统。

（7）特奥运动普及工程。

经过多年努力，学校特奥运动项目开展已经形成体系，并精心培育出了具有本校特色的优势特奥运动项目，为各级运动队伍输送了一大批优秀特奥运动员，在原有成绩的基础上，加大特奥运动的普及力度，充分利用学校的资源优势，着力打造特奥运动品牌，加强特奥课程的改革实践，加强特奥运动员、特奥运动教练的培养，加强学校特奥运动项目的经验总结。

综上所述，深圳元平特殊教育学校在"以人为本""服务至上""资源整合""科研兴校"四大办学理念的指引下，全面规划，内涵发展，其明确的办学目标指引着办学实践，以特殊学生发展为核心构建学校的发展体系，将"教育、康复、职业训练一体化"的办学模式置于特殊教育现代化建设的视角下，指引着学校未来的发展。

三、办学特色

深圳元平特殊教育学校建校三十年来，已经形成独具特色的办学模式，具体体现在校本课程开发、康复与训练模式、"立交桥式"职业教育模式、特奥运动项目建设和信息技术建设等方面。

（一）校本课程开发

1. 校本课程开发理念

为满足特殊学生的发展需要，深圳元平特殊教育学校结合本地区和学校的发展水平和发展特色，积极进行课程改革，开发校本课程。学校坚持在校本课程开发过程中渗透"以生为本，育残成才"的办学宗旨，具体体现在校本课程开发过程中所秉持的"以人为本"的课程理念、"全员参与"的合作精神、"追求个性化"的创新精神。坚持"以人为本"的课程理念，以生活适应为核心，以现实生活为载体，以生涯发展为方向，坚持整合课程资源，在"做中学，学中做"，将教育、康复、职业训练等活动贯穿于生活的整个过程、渗透在生活的各个方面。通过不同学习领域的活动或训练，学生最终学会照顾自己，养成良好的学习、生活习惯和进行社会交往的正确态度，掌握适应社会生活必需的技能，更好地适应社会、参与社会，以实现终身发展。

2. 校本课程开发体系

自 2001 年起，深圳元平特殊教育学校根据本校的办学宗旨不断探索校本课程开发的思路与路径，经历了由教师个体独立开发到小组教师合作开发再到全体教师参与开发的校本课程开发过程，形成了适合特殊学生特点的、符合深圳经济特区特色的校本课程体系，确立了满足不同残疾程度和不同类型学生需求的"教育、康复、职业训练相结合"的课程体系，将学校的课程分为三大类，即教育类、康复类和职业训练类。为了实现学校教育、康复与职业训练三大类校本课程的衔接，形成整合、系统的课程体系，学校在开发教育类、康复类和职业训练类校本课程时，以社会适应能力为核心目标，以生活适应为核心课程，以特殊学生的各阶段发展需要为依据，将有关联的各学科知识有机地融合在一起，既保证了各学科之间的"纵向顺序"，也保证了学科之间的"横向联系"，充分体现了"以学生之经验为组织重心，借着直线式的发展、同心圆式的扩展、螺旋式的累积等组织方式，达到统整各项学习之目的"的核心课程理念。

3. 三大类校本课程的开发与实施

目前，深圳元平特殊教育学校的校本课程开发已经进入了多元阶段，正在形成覆盖全校所有学生的多元化和系统化的校本课程体系。其中，教育类课程包括语文、数学、生活适应、唱游与律动、绘画与手工等，旨在提高学生的认知水平和生活适应能力；康复类课程包括物理治疗、作业治疗、沟通与交往、感知觉训练等，旨在对学生的身体缺陷和功能障碍进行恢复；职业训练类课程包括劳动技能、办公文员、客房服务、西式面点、中式厨艺、中国结艺、洗衣服务等，旨在通过对特殊学生进行职业训练，使学生具备一定的职业技能。这三大类课程实现了对学生的教育、康复和职业训练，保证学生能够独立生活，融入社会，并服务社会。

4. 校本课程开发的支持策略

深圳元平特殊教育学校为了更好地满足特殊学生的生存和发展需求，在校本课程开发的过程中，逐渐形成包括人员支持、经费支持、资源管理、硬件环境等方面在内的全方位的支持体系，为校本课程开发的顺利开展提供了有力的保障。

（二）康复与训练模式

1. 康复与训练体系

深圳元平特殊教育学校始终坚持"以生为本，育残成才"的办学宗旨，形成了比较完整的康复与训练体系。学校根据人本理论、传统康复理论、现代医学模式和整体康复理论、心理学相关理论建立了康复理论体系，并逐步建立脑瘫、自闭症、智障、听障、视障等类型学生的康复课程体系。为了更好地致力于特殊学生的康复工作，学校引进了一大批物理治疗师、作业治疗师、言语治疗师、心理治疗师、康复医师等各类康复人才，打造了专业的康复治疗师团队。学校针对不同特殊学生的身心发展特点、学校实际和康复课程特点，让教师、医疗工作人员、家长共同参与对学生的评估，将医学评估与教育评估相结合，建立了适合特殊学生特点的、相对完善的发展性康复评估体系。特殊学校学生的康复离不开各方面的支持，康复支持体系是整个康复体系的堡垒，为学生的康复保驾护航。

2. 康复与训练的设施设备建设

特殊学生的康复需要借助科学合理的康复治疗与训练方法，深圳元平特殊教育学校在无障碍环境的保障下，依托先进的康复设施设备及专用的辅助器具，在学校的功能教室中对特殊学生进行专门的康复训练，特殊学生的残疾状况往往能够得到明显的改善。在国家、广东省、深圳市的无障碍设施建设标准的指导下，在学校领导的带领下，学校逐渐完善无障碍设施，不仅包括建筑物内的无障碍设施改造，还包括校园环境的无障碍设施建设，为特殊学生提供安全、舒适的学习及生活环境，力求最大限度地满足特殊学生的要求。学校功能教室不断完善，目前各教育教学部已经建立了众多适合学生特点的功能教室，为特殊学生的康复与训练奠定了坚实的硬件基础。学校的仪器设备满足国家规定的义务教育阶段三类特殊教育学校教学与康复训练仪器设备配备标准的基本要求，同时，学校还积极引进中国香港、台湾及国外特殊教育学校的仪器设备。学校在引进先进仪器设备后会对相关教师进行设备使用的集中培训，使教师能够充分利用先进的仪器设备对学生进行康复训练。学校残疾学生类型较多，为了帮助特殊学生更好地接受康复训练，学校根据学生的需求及医院处方对其进行相关辅助器具的配备。学生在配备辅助器具后，需要学生家长、教师及学生个人对辅助器具进行维护，以便最大限度地使用辅助器具，使其发挥最大作用。

3. 康复与训练方法

深圳元平特殊教育学校坚持"以生为本，育残成才"的办学宗旨，坚持医疗康复、教育康复、心理康复、职业康复和社区康复相结合的全面康复模式，促进了本校学生的全面康复和身心的全面发展。医疗康复的方法有中医疗法、物理疗法、作业疗法、语言疗法；教育康复的模式可以按照实施教育康复的场所分为特殊学校模式、随班就读模式、普通学校特殊班级模式、资源教室模式等；心理康复的方法主要包括认知疗法、行为疗法、音乐疗法、绘画疗法和沙盘疗法等；职业康复主要包括职业评定、职业咨询、职业培训和职业指导等；社区康复是残疾人康复各项工作的落脚点，能够有效整合社区内卫生、教育、社会服务、就业和社区活动等资源，为残疾人提供融合发展的机会和条件。

4. 各类学生的康复与训练

在对各类学生进行康复训练时，深圳元平特殊教育学校注重康复过程的规范性、科学性和有效性，主要包括评估鉴定、确立康复目标、选择康复内容和方法、制订康复计划、实施康复训练、评价康复效果等环节，并为每位学生制订个别化教育计划，使特殊学生的康复训练能够有条不紊地顺利进行。学校的康复训练遍及每类特殊学生，实现了每个学生都享有优质、有效的康复服务的目标。

（三）"立交桥式"职业教育模式

1. 职业教育理念

经过多年的努力，深圳元平特殊教育学校逐渐探索出一条符合本校办学特色的"立交桥式"职业教育模式。此模式致力于打造"职业教育、就业培训、就业安置一体化"的格局，即实现学校的职业教育与校内外的就业培训、就业安置有机整合，实现教育、培训与安置的无缝对接。由此，学校提出"以生为本、就业导向、职特融通、能力本位、服务至上、生态发展、缺陷补偿和全面发展"的职业教育理念。

2. 职业教育课程与教学

根据"以就业为导向、以能力为本位、以学生生态发展为目标、以个别训练为手段"的课程设计理念，职业教育课程分为主干课程和辅助课程两大模块，主干课程下分基础课程、专业基础课程、专业技能课程、实习见习、团队活动等；辅助课程分为康复服务和就业服务。目前已形成校内体系与校外体系相结合的网络化的课程体系。与课程结构相适应，深圳元平特殊教育学校的教学分为理论教学和实践教学两大类。理论教学主要是指基础课程和专业课程的教授。实践教学是指在课堂上教授学生技能操作。学校为职业教育教学部建设了多间功能教室，设置了实训基地，让学生在模拟的情境中掌握操作技能。另外，学校还与社会企事业单位合作为学生提供就业实习机会和就业安置岗位。

3. 职业教育评估

职业高中学生的评估采用以社会适应能力评估为基础、以职业适应能力评估为中心的理念，其评估内容分为两大部分：一是基本素质评估，包括基础文化知识、动作技能发展、社会适应能力以及思想道德素质等；二是职业素质评估，包括专业的知识、职业道德和职业技能等。

4. 职业教育支持体系

为提高教师的素质，深圳元平特殊教育学校组织了多种校本培训、外出培训。还通过聘请学校内其他部门以及学校外专业技术人员兼职教授部分职业教育课程。加强"双师型"师资队伍的建设，力争"双师型"教师比例达到90%以上。结构合理、数量稳定的高水平的教师队伍有效地保障了职业教育和培训的质量。加强校内外合作的实训基地建设，依托行业、企业建设1～2个校企深度合作的校内生产性实训基地，开拓建立1～2个校外实习基地，构建校外实习基地运行的长效机制，满足职业教育的需求。

（四）特奥运动项目建设

1. 特奥运动项目体系

深圳元平特殊教育学校在特奥运动项目的建设上以社会学理论、心理学理论、体育学理论等为理论指导，在特奥运动项目的建设过程中，始终坚持"一切为了残疾孩子"的理念，逐渐形成人员、经费、设施设备、信息资源等全方位的支持体系。学校在"以生为本，促进潜能开发；功能恢复，实现全面发展；关注差异，实施个别化教学；激发兴趣，培养终身体育意识；平等参与，融入社会生活"等指导思想下，坚持目标设计、计划制订、实施过程和总结评价的流程，依据"让普及推动提高，让提高带动普及"的思路，通过特奥运动进课堂、开展特奥训练、组织特奥活动和参加特奥比赛四种途径开发学校特奥运动项目。

2. 特奥运动项目开发

深圳元平特殊教育学校充分利用各种资源优势，不断强化特奥运动项目的建设，建立了游泳、保龄球、滚球、轮滑等优势特奥运动项目，并大力发展特奥篮球、特奥乒乓球、特奥足球、特奥高尔夫球、特奥羽毛球、特奥田径等传统特奥运动项目。学校在大力推进特奥运动项目建设的同时，同步推进特奥运动校本课程标准和校本教材的编写。

3. 特奥运动项目实施

深圳元平特殊教育学校特奥运动项目执教教师根据智障学生的生理和心理特点，学校特奥课程标准，特奥游泳、保龄球、滚球、轮滑等的相关规则和知识以及学校的实际情况，确定学校特奥运动项目目标，制订特奥运动项目教学和训练计划、实施计划以及对学生的学习和训练等情况进行评价和反馈，促进智障学生的发育和身心健康发展，帮助他们增强体质，提高运动成绩。

4. 特奥运动项目成效

特殊学校特奥运动的开展对智障学生有积极意义，有利于提高他们的身体机能和心理素质，也有利于他们提升交往能力，为他们将来走向社会提供条件。通过特奥运动项目建设，深圳元平特殊教育学校的体育事业得到了大力发展，体育师资队伍不断强大，硬件设备不断完善，课程体系不断更新和系统化。且以特奥运动项目建设为契机，学校不断推进与普通学校和社区机构的合作，推动了智障学生的社会融合。此外，在观看和参与、支持特奥运动项目的开展过程中，越来越多的社会人士逐渐接纳、认同和支持智障人士，支持特奥运动项目，支持我国残疾人事业。特奥运动项目的开展也集合了更多的社会志愿者队伍为特奥运动服务，促进了我国志愿服务体系的建构。特奥运动项目的开展，不仅丰富了智障学生的生活，还影响着健全人的精神生活，促进了我国和谐社会的建设。

（五）信息技术建设

1. 信息技术应用系统

深圳元平特殊教育学校在信息技术建设方面进行了积极的探索和实践，历经起步阶段、发展阶段、一体化阶段。学校在完善软硬件设施的过程中更加强调将全校资源整合起来，实现全校资源的网络化、一体化，并通过承担国家重大课题，对其他学校教师进行信息技术培训，加快我国特殊教育信息化进程。学校不再仅仅满足于购进软硬件设备，还充分利用自身丰富的教师资源，根据学校自身情况以及我国特殊教育信息化特点开发信息技术平台，从而使学校信息技术走在国家前列。在信息技术设施设备方面，学校除了具备一些基本的与普通学校相同的设备（如实物展示台和交互式电子白板）外，还有一系列专为特殊学生准备的设备，如各类康复设备、辅助器具等；学校硬件系统的场地空间包括网络中心、计算机网络教室和校园电视台等。特殊教育信息化是一个长期而艰巨的过程，需要强大的后备力量做支撑。学校在信息化校园构建的不断摸索中，逐渐形成了自身的支持系统。信息技术在特殊教育中应用的支持系统包括政策支持、经费支持、家庭支持和社会支持四个方面的内容。

2. 信息技术应用策略

信息技术在特殊教育中的应用既有与普通教育的相同之处，又由于学生的特殊性有着自己的独特之处，在内容呈现策略、合作互动策略、资源管理策略、教育评价策略等应用方面，随着信息技术的发展不断改革创新，日益符合特殊学生的特点，促进特殊学生的康复发展，为特殊学生进入社会奠定基础。

3. 信息技术应用实践

信息技术在特殊教育中的应用最明显、最根本的体现是与教学的结合。深圳元平特殊教育学校教师将教学、康复训练与信息技术相结合，课前制作课件和视频等，进行教学准备，课中应用交互式电子白板实施教学，课下使用网络交流教学心得。随着信息技术的迅猛发展，信息技术与学校管理的联系越来越紧密，越来越多的先进设备纷纷进入学校。学校的管理有了新的变化，主要体现在行政管理、教师管理和学生管理方面。现代信息技术的发展促进了学校教育和管理质量的提高，现代信息技术在特殊学生服务、教师服务、家长服务以及社会服务中也发挥着越来越大的作用。

4. 信息技术应用成效

信息技术在特殊教育中的应用促进学生的进步，如促进学生的信息素养和学习能力提高、生活技能进步以及适应社会发展；信息技术促进教师的成长，如促进教师信息运用能力的提高、教育教学效能的优化以及评价反馈意识的增强；信息技术促进学校的发展，如促进学校信息管理系统的完善、信息交流机制的健全以及教育教学模式的创新。信息技术的应用成效还得到了政府、家长以及专业机构等的认可。

综上所述，深圳元平特殊教育学校建校以来在校本课程、康复与训练、职业教育、特奥运动、信息技术等方面进行了全面、系统的探索，积累了大量宝贵的实践经验，并在经验归纳总结的基础上进一步升华，形成了自身发展的特色，突出了自身的品牌效应。

四、办学成效

本部分对办学成效的阐述，主要立足于深圳元平特殊教育学校的教育效能，从学校组织中的教师、学生等个体的社会活动的维度，将办学效能分为学生效能、教师效能、管理者效能、其他效能四大方面。

（一）学生效能

深圳元平特殊教育学校始终坚持"以生为本，育残成才"的办学宗旨，在此基础上，学校坚持"以人为本"的办学理念。学生作为"以人为本"理念的主要实施对象之一，其素质的发展是衡量学生效能的一个重要指标。学生的学业成就是衡量学生效能的重要依据，这里所说的学生效能是指学生在特定的学习情境和教师的作用下，完成或超出预期的教育产出目标的能力。[①] 学生效能决定着教育产出的质量和素质，即学校效能。[②] 学生效能要得到实现，既需要全面发展个体效能，又需要充分挖掘集体效能。

1. 个体效能

学生的个体效能感是学生个体对自我能力及其信念的判断，个体在组织中也具有自我反思、替代学习、符号化和自我调节的能力。自我效能感主要通过三种途径在学生发展中发挥作用，包括学生掌握学业和调节学习的个体效能信念、教师对激发和提高学生学习成绩的个体效能信念、学校集体对促进学生学业发展的集体效能感。这三种途

---

① 郑燕翔. 教育的功能与效能 [M]. 香港：广角镜出版社有限公司，1986.
② 谌启标. 学校效能论 [J]. 江西教育科研，2001，21（6）：25-26，34.

径分别通过学生、教师和学校集体影响学生的学业发展和心理的社会成长。[①] 学生的成绩是衡量其个体效能的一个重要指标，学校重视特殊学生的成绩，重视学生的教育、康复、职业训练效能，积极强化学生潜能开发工作，在开展班级传统特色项目的基础上，发布了《深圳元平特殊教育学校学生潜能开发方案》。教师自愿申报、自由选择学生，再提交潜能开发申请表和培训计划，经过科研处同意之后，每周根据学生情况和培训计划自行安排时间、地点对学生进行训练。之后学校对训练进行考核，并对在开发学生潜能方面做出成绩的教师给予奖励。学校秉着"以人为本，适性发展"的原则对学生进行潜能开发，为学生提供更有针对性的个别化训练，使之获得最大限度的发展。

2. 集体效能

学生团体的学习目标是由具有不同技能、知识和经验的学生相互协调、互相配合完成的，团队的每名成员对是否完成团队的目标共同承担责任。集体效能感一旦进入学生群体信念结构就会对学生个体和集体的行为产生显著影响。学校突出品牌特色教育，在学生多元发展、教育康复、职业训练等方面注重学生集体效能，学生团体在学业表现、音体美活动、康复训练、职业训练等方面都取得了不俗的成绩。

（二）教师效能

现在的研究者普遍认为，教师效能是指教师对他组织和实施一系

---

① 姜飞月. 自我效能理论及其在学校教育中的应用 [J]. 宁波大学学报（教育科学版），2001，23（5）：21-23.

列活动以在特定情境中成功地完成具体教学任务的能力的信念。[①] 在内涵上，教师效能包含个体水平上的教师效能和集体水平上的教师效能。

1. 个体效能

教师的个体效能感是指教师对自己能够在多大程度上改变学生行为的能力判断[②]。为了提高教师的个体效能感，深圳元平特殊教育学校一直以来都十分重视对教师的培养，积极组织教师参加各项比赛，设立名师工作室，颁布教师幸福指数提升方案，定期组织校外培训，努力提升教师的职业满意度，减少教师的职业倦怠感。

2. 集体效能

深圳元平特殊教育学校全体教师在学校领导的关心和带领下，立足于自身所在的部门，积极、热情地投入教育教学工作中，认真落实办学宗旨，出色地完成了各种教育教学任务，为部门和学校的发展起了示范作用，做出了贡献，同时团队自身的发展也登上了新的台阶。

（三）管理者效能

管理者是学校中最重要的教育者主体之一，他们自身效能的高低直接关系着学校效能的高低。

1. 个体效能

深圳元平特殊教育学校的领导班子十分重视学生和教师的发展，

---

① 霍伊，米斯克尔. 教育管理学：理论·研究·实践 [M]. 7 版. 范国睿，主译. 北京：教育科学出版社，2007.

② 石雷山. 教师集体效能：教师效能研究的新进展 [J]. 外国教育研究，2005，32（10）：72-75.

始终坚持"以生为本，育残成才"的办学宗旨，制定"宝塔式"培养目标；同时重视教师队伍的建设，努力打造一支师德高尚、具有较高专业水平的特殊教育师资队伍；在管理学校的过程中，深化改革，坚持创新，将深圳元平特殊教育学校建设成为全国特殊教育示范性强校。深圳元平特殊教育学校的领导班子有一个团结、和谐、幸福的美好氛围，培养出很多能够引领深圳市教育事业向前发展的人才和干部，使学校的教师队伍真正成为教书育人的楷模和样板。

2. 组织效能

深圳元平特殊教育学校建立了完整、高效的管理架构，除设立党委办公室（组织人事部）、行政综合部、教师发展部、学生发展部、课程发展部和后勤保障部（含安全办等）等常规职能部门之外，还成立了听视障教育教学部、智障教育教学部、康复教育教学部、职业教育教学一部、职业教育教学二部五个教育教学部以及信息中心，制定了《深圳元平特殊教育学校规章制度汇编》，详细规定了学校各部门领导、工作人员的具体职责。学校领导集体务实高效、纪律鲜明、敢于创新，集体成员廉洁自律、公道正派、平等待人、团结协作。学校的管理者注重在学校组织中创造一个使人得以发挥才能的工作环境，在这个环境中，管理者起着辅助者的作用，从旁支援和帮助师生们。领导集体给教师、学生等组织成员以更多的鼓励，让其承担具有挑战性的工作，促使教师的工作和学生的学习取得更好的成绩，满足其自我实现的需要。

（四）其他效能

本部分内容重在探析学校组织外部的社会效能。效能是基于发展维度的动态过程，基于社会主体的维度，将家庭、社区、企业等与学校组织密切相关的团体纳入社会效能讨论范围，分为家庭效能、社区效能和企业效能三个部分。

1. 家庭效能

深圳元平特殊教育学校一直以来都很重视与学生家长的沟通，为了加强学校与家长之间的联系，相互沟通和交流学生在校学习情况以及在家中的情况，共同关注学生的就业意向、实习安排、就业安置等多方面的信息，学校经常组织教学开放日活动和家长会，定期召开内部家长会议，开办家长学校，成立家长资源中心等。

2. 社区效能

深圳元平特殊教育学校立足于整个深圳市，积极利用社会各界的力量来促进学生的发展，开展了一系列的特色社会工作服务，其中包括家长资源中心——学生家长支援计划、手绘成长蓝图——听障学生生涯规划服务、星级 Volunteer——听障学生义工服务、春蕾计划——学生青春期教育支援服务、慕橙计划——智障学生晚间服务、同在一片蓝天下——学生社会融合服务等社会融合服务。这些社会融合服务的开展，受到了很多家长的欢迎，也为很多家长打开了心结。这种平等、友好、接纳的环境，不仅给特殊学生带来愉快的体验，还帮助他们提升能力，更重要的是环境的改变，让家长和学生有了更多的信心和勇气。

3. 企业效能

深圳元平特殊教育学校树立大职业教育观，努力开发校园外资源，切实提高特殊学生的职业能力水平和就业率。学校积极与校外企事业单位紧密联系，建设推进"三进三出"的校企合作模式，先后建立了三个校外劳动实践和就业基地，并多次组织学生去各企业单位参观学习和顶岗实习。

深圳元平特殊教育学校自办学以来，无论是学生个体在各方面取得的成绩，还是学生团体的共同进步；无论是教师个体的专业发展成就，还是教师团队取得的荣誉；无论是管理者个体的组织管理力，还是管理团队带领学校取得的辉煌，都成果丰硕，并且对家庭、社区、企业产生正面效应，整体办学效能良好。

五、革新与规划

深圳元平特殊教育学校的办学模式是在学校发展过程中逐渐形成的，而为了形成独具特色的办学模式，学校必须结合实际情况革新自己的办学模式。作为一所特殊教育学校，深圳元平特殊教育学校必须时刻根据时代的变化、社会的发展和学生的实际情况进行革新。革新是为了更好地为特殊学生服务，为他们提供适应身心发展需要的教育。

（一）革新的措施

深圳元平特殊教育学校是国内最早的综合性特殊教育学校，经过三十年的发展，其办学模式的革新也遇到了一些问题，但革新的步伐并未停止。

1. 办学模式观念革新

特殊教育学校教学对象的特殊性决定了深圳元平特殊教育学校在确定办学观念时需要充分考虑学生的特点。深圳元平特殊教育学校在办学过程中观念的革新主要体现在五个方面，即全纳教育、全面规划、全程管理、全员参与和全人发展，其中全纳教育强调对所有学生的包容，全面规划要求在全局视角下规划办学过程，全程管理强调办学各个阶段管理的延续性，全员参与体现的是各类办学人员的充分参与，而全人发展则强调特殊学生的全面发展。学校自办学以来，一直秉持着革新观念的理念，观念革新体现在办学过程的所有环节中。

2. 模式实践探索

特殊教育学校办学模式的革新必须建立在观念革新的基础上，通过实践探索来检验办学成效。深圳元平特殊教育学校需要不断完善办学模式，为此，学校进行了一系列的实践探索，包括校本课程开发、康复与训练模式的实践、"立交桥式"职业教育模式的建构、特奥运动项目建设和信息技术建设等。这些方面的实践是需要学校在长期的探索中逐渐实现的，具有鲜明的学校特色，且蕴含着丰富的发展理念。

3. 职业高中教育体系完善

深圳元平特殊教育学校开办了职业教育教学部，为高中阶段特殊学生提供职业教育就业培训、实习和就业安置等服务。经过多年的努力，逐渐探索出一条符合本校办学特色的"立交桥式"职业教育模式。此模式包含着学校职业教育的理念、管理、课程、教学、人员、评估和质量等多种要素及其相互关系。学校将不断完善职业高中教育体系中的各要素，更好地为特殊学生服务。

（二）未来规划

深圳元平特殊教育学校基于在发展过程中面临的如何革新办学观念、如何进一步探索办学模式、如何完善职业高中教育体系等问题，从职业教育、普特融合、智慧校园、学校制度建设等方面提出了发展规划，在实践中不断践行办学模式，不断完善办学模式。具体如下。

1. 深化教育教学改革，大力发展以职业教育为主的残疾人职业高中教育

目前，学校正向职业高中转型，将通过扩大职业教育规模，满足学校特殊学生的职业教育需求，并力争为成年残疾人士的职业教育提供帮助。继续深化与残联、人力资源和社会保障部门等的合作，联合开设各类专业的职业资格培训班，聘请行业、企业的专业技术人员担任兼职教师，充分发挥深圳元平特殊教育学校作为深圳市残疾人职业教育基地的作用，拓宽学校的社会服务功能。

2. 推进普特融合，稳步发展残疾人高等教育

推进普通教育与特殊教育融合进程；让特殊学生融入普通学生的生活，同时让特殊学生促进普通学生成长，完成特殊教育教学的革命任务。如普通教育中缺失"生命教育"，特殊教育能为普通教育提供生命教育馆，增强普通学生对特殊学生的理解，特殊学生在此过程中融入社会生活。加强特殊教育与普通高等院校的合作，让更多有能力的特殊学生接受高等教育。

3. 推进智慧校园建设，提高教育教学质量和效益

推进特殊教育"智慧校园"项目的建设，利用信息技术促进教育变革，打造智慧学习环境，提高教育质量与效益，推动教育变革，促进教育教学模式创新。推动物联网的应用，提高学生安全管理的效率。加强教师的信息技术应用能力培训工作，使信息技术与教育教学相结合。

4. 推进现代学校制度建设，完善学校治理结构

学校将推进现代学校制度建设，不断完善学校治理结构，努力构建全国特殊教育先行示范校，提高学生效能、教师效能、管理者效能以及其他效能，进而提高学校整体办学效能。

案例五　中山市特殊教育学校：尊重生命尊严，创造生命价值

　　中山市特殊教育学校（以下简称中山特校）原名中山市红十字会石岐启智学校，1989年由中山市教育局和中山市红十字会利用市第二届"慈善万人行"的善款联合创办，是一所为特殊孩子提供从小学到高中阶段教育的综合型公办特殊教育学校。学校占地面积50亩（1亩≈667平方米），现有53个班，673名学生，191名在编教职工。学校秉承中山先生精神，以"平等、共享、人道、博爱"为办学理念，凭借中山市地方文化与资源优势，结合特殊教育的特点提出"尊重生命尊严，创造生命价值"的校训，内涵发展、开放办学，打造中山特殊教育平台，荣获"全国教育系统先进集体""全国五四红旗团支部""南粤校园模范基层党组织"等荣誉称号及"广东省五一劳动奖状"，成为省内外特殊教育教师培训基地，且学校多名教师被评为"全国优秀教师""全国交通银行特教园丁""南粤优秀教师""广东省特殊教育优秀教师"。学校面向全国公开出版发行30余本"特殊教育和谐课程"系列校本教材，全面实施个别化教育计划，使每一个特殊学生都得到最大化、最优化的发展，为学生营

造了良好的学习和成长氛围，走出了一条彰显生命关怀的特色育人之路。

一、办学背景与理念

中山市是民主革命先行者孙中山先生的故乡。孙中山先生在教育上力行国民教育和普及教育，认为"人无贵贱皆备于学"，教育是所有人的权利，也对所有人都产生影响和作用。孙中山先生的思想蕴含着浓厚的人道主义精神，他曾经手书《礼运·大同篇》，以表明他理想中的"大同世界"，而儒家经书《礼记》中的这篇《礼运》，恰恰是中国最早提出"鳏寡孤独废疾者，皆有所养"、社会要关爱残疾人的思想的经典文章。在孙中山先生革命精神和博爱精神的感召下，中山人民一直践行"博爱、创新、包容、和谐"的城市精神，努力建设文明和谐的现代社会。中山市是全国著名侨乡，中山人一方面勇于进取，思想开放，积极与国际接轨，加强社会保障体系的建设，推动各种公共服务、社会福利渐趋完善；另一方面，传承中华优良文化，民风平和包容，善良淳朴，努力帮助幼者、弱者，追求"天下大同"的理想社会。

"一个弱智儿童把整个家庭都拖累了。社会上的弱智儿童也还有一些，需要让他们有机会接受教育"，1989 年，中山市领导有感于智力落后儿童家庭生计困难和发展困难，举办了第二届"慈善万人行"，将目标明确为"为筹建启智学校而募捐"。"群众都知道，他们所捐的款项是用于修建启智学校的。于是，这一年捐款便达到 72 万元"，正是在这种"众人拾柴"的环境下，依靠群众的爱心和力量，石岐启智学校得以顺利创办。[①] 后来，在政府的重视和社会的支持下，学校日益发展壮大，各方面工作取得长足进步，为残疾儿童托起了绽放生命的幸福梦，铺设了充满阳光的成长路。

（一）传承中山精神

博爱是中山人的显著特征，志愿服务、公益服务遍布城乡，深入人心。在办学中，学校援引孙中山先生的"平等、共享、人道、博爱"精神作为办学理念，并结合特殊教育工作的实际情况赋予其新的含义。

1. 平等

平等是人和人之间的一种关系、人对人的一种态度，它是人类的终极理想之一。尊重个体在人格上的相对平等，在精神上的互相理解、互相尊重，使之平等享有社会权利与义务，才能实现教育民主化。特殊孩子是有某种残疾或障碍的人，但他们也是社会人，他们应该拥有实现价值的发展权，并且这种发展权是不应与任何人有区别的平等的发展权，这是"尊重生命"的最好诠释。

2. 共享

共享就是共同享用，就是要突破学校围墙的限制，开放办学，让学校角色从特殊教育机构转变为特殊教育平台，让特殊学校师生走进社区、走进社会，平等享用社会发展的成果，使政府、学校、社区和个人的资源得到有效整合，使教师、家长、社工和学生有效联动，深度参与。

---

① 吕伟雄. 我生命中的夏天：中山改革腾飞亲历者口述回忆 [M]. 广州：广东人民出版社，2015.

3. 人道

人道就是关心所有人、尊重所有人。教育的出发点和目的都应该是人，人的价值理性要远远超过人的工具理性。学校管理应坚持以人（学生、教师、家长等）为本，提倡关怀人、尊重人，主张人格平等、互相尊重，尽力为学生和教师的发展创造有利条件。

4. 博爱

博爱就是广泛、无差别地施爱，远施周边。特殊教育尤其需要发扬这种博爱精神，爱自己，爱他人，爱人如己，推己及人。教师要爱学生，用爱心、耐心和恒心帮助学生；学校更要爱教师，想教师之所想，急教师之所急，这个集体才能温馨和睦、亲如一家。

知是行之始，行是知之成。"平等、共享、人道、博爱"的办学理念，成为学校发展的精神火炬，为学校的发展撑起广阔的天空。

2011 年，中山特校被中山市教育局评为全市首个师德典范集体。当年市教育局成立的师德宣讲团共 10 名成员，其中 5 名是中山特校教师，他们到各兄弟单位做师德报告 20 余场。南方日报、中山日报等多家新闻媒体对特教园丁的师德事迹进行了专题报道，树立了良好的社会形象。《百余老师用爱铸就师德高地》一文中这样写道：市特校就是这样一座让老师们甘心付出大爱的巍峨的德育高地，对生命的尊重、对事业的挚爱、对信念的执着、对奇迹的守望构成了特校教师的精神特质，他们用实际行动践行着孙中山先生提倡的"平等、共享、人道、博爱"。市主要领导看了事迹材料之后深受触动，作出了"深为感动，深为感佩，深受鼓舞，深受启发"的批示。

（二）"尊重生命尊严，创造生命价值"

生命对每个人都只有一次，人生更是一次单向旅程，生命对每个人都至为可贵，值得敬畏。实际上，由于特殊的境遇和心态，残疾人往往更注重自身的价值和生活的意义。与健全人相比，残疾人实现自我价值的愿望表现得更加迫切。卢梭曾说，生命不等于是呼吸，生命是活动。特殊教育的意义也正在于此，增长知识，提升技能，完善人格，增强社会适应能力，让特殊孩子的自然生命更有社会意义和价值。

1. 校训的由来

2005 年的春节联欢晚会，格外令人难忘。由邰丽华领舞，21 位聋哑演员共同演绎的舞蹈《千手观音》，以出神入化的肢体语言和大爱无形的感召力量冲击着人们的视觉和心灵。演员们用自己的努力，诠释着自身的价值。人们惊诧于舞蹈的美，更惊诧于演绎者的美，那是一种坚强的美，向上的美，张扬生命的美。残疾人，同样有自身的价值，同样能对社会做出贡献。掌声，在神州大地热烈地响起！她们赢得了人们的尊重、喝彩与敬佩，奏响了公众集体向身残志坚的残疾人致敬的强音。

机缘巧合，两年后，中国残疾人艺术团来中山演出。这支舞蹈，别说是聋哑人，即便是健全人，也很难演绎到如此触动心灵的境界。她们的眼中，闪烁着忘我、自信与快乐的神采，丝毫没有哀怨与无助。近距离欣赏这支舞蹈，让人更加震撼与感动。解说词"一切生命都有尊严，一切生命都有价值……"更是引起了大家的共鸣。

诚然，作为世界上独一无二的客观存在，每个生命都有尊严，亦有毋庸置疑的价值，通过教育，特殊孩子实现自理、自立、自强，甚至掌握一技之长，那么他们自身的价值便得到彰显与认同。但如果不去呵护特殊孩子的成长，不去挖掘他们的潜能，那特殊孩子的价值便是隐性的、微小的、被忽略的。只有用一双赏识的眼睛去发现他们的价值、去塑造他们的人格、去推动他们的发展，特殊孩子才能自信地挺起脊梁。他们需要被正视、被尊重，他们的价值应该被成全、被实现。眼前翩翩起舞的演员们，就实现了破茧成蝶的蜕变！汤剑文校长深为感佩与震撼，并将所见所悟加以诠释、升华，形成"尊重生命尊严，创造生命价值"十二字校训，得到全校教师的一致认同。

2. 校训的内涵

办学实践中，中山特校人且行且思，且悟且进，使校训的内涵得到进一步深化、拓展、丰富与升华。

尊严之于生命，重如泰山。尊严乃个体内心自尊之体验与需要，亦是社会基于众人道德之态度与要求。生命百态，残缺亦有存在之美。其残缺之体态不掩意志之顽强，其步履之艰辛不挡梦想之光辉。砥砺志弥坚，其对生之热爱与执着，值得尊重与敬畏。

天行健，君子以自强不息。残健皆具个人与社会之价值，残儿亦是社会物质文明与精神文明之创造者。失聪者目明，失明者心灵，若辅以教育，则可扬长避短，助其自食其力。特殊教育，施残儿以功能补偿之教育，健其体魄，强其技能，扬其风采，促其创造成长之奇迹，实现自我与社会之价值。残儿之精神尤为可贵，如同明镜，烛照心灵。伟人故里，特殊教育发展日趋多元，守育人之根本，不忘熏扶困助残之祥风于家庭、于社会，共筑幸福和美之城。于今，文明日盛，残健携手，更显和谐风采。特校师生，当以创造为治学做人之追求，勇于担当，笃行奋进。

从这些年的办学实践来看，校训如同一把精神标尺，指引、推动并检验着学校的办学。十二字校训，也通过纸张、宣传栏、条幅、植被等有形物质，走进了师生、家长及社会公众的心里，成为中山特校的一笔无形财富。

3. 为了更幸福、更有尊严的生活

与普通教育相比，特殊教育对生命的关爱也许更加重要。回顾人类文明发展史，不难发现，残疾儿童在学校受到拒绝、隔离等歧视性对待。直到 19 世纪末，随着科技的发展和社会文明程度的提高，社会关于残疾的观念才逐步得到修正。人们认识到，残疾并不是上天对某些个体的惩罚，而是人类发展过程中不可避免的客观存在。和普通人一样，残疾人也拥有生存和发展的权利，这种权利必须通过教育才能充分实现。

"尊重生命尊严，创造生命价值"，道出了中山特校人对教育本质的认识。我国著名教育学家顾明远先生曾说："人们经常讲教育的本质，教育的本质是什么？简单地说，教育的本质就是提高人的生命质量和生命价值，让人过上幸福的、有尊严的生活，同时还可以对社会、对人类做出应有的贡献。"[1]中山特校人期望通过教育让每一个孩子自信而快乐，让他们过上幸福而有尊严的生活。

"尊重生命尊严，创造生命价值"，道出了中山特校人对于特殊教育的期望。朴永馨先生主编的《特殊教育学》认为特殊教育在经济上能让残疾人从消费者变为生产者；汤盛钦主编的《特殊教育概论》认为特殊教育具有重要的经济效益，同时能促进精神文明建设。中山特

---

① 顾明远.抓住了教育改革的"牛鼻子"［N］.中国教师报，2018-02-07（4）.

校人期望通过特殊教育，让全社会都来关爱残疾儿童、尊重残疾人士；期望通过特殊教育，让残疾儿童自立、自强，为社会贡献自己的价值。

"尊重生命尊严，创造生命价值"，不仅是对纤弱幼苗的关爱与呵护，更是对自我生命的充实与升华。特殊教育的过程，是以生命唤醒生命、以生命教育生命、以生命升华生命的过程，这也是中山特校的精神追求。

4. 每一个生命都值得关注

随着社会的发展，特殊教育得到越来越多人的关注和支持。对于每一个特殊孩子而言，不论他遭受的是什么类型的残疾、不论他的残疾程度多高，他都很重视受教育的机会，很希望得到他人的关注。

学校在刚创办的那几年，受师资及办学条件限制，倾向于招收听障学生和中轻度智障学生。但教师们意识到，不应放弃重度障碍、生活不能自理的孩子，这些孩子也有强烈的上学愿望，他们的上学权利也应该得到保障。于是，从 2007 年起，中山特校的招生有了新的"标准"，即对中轻度障碍、基本能适应普通学校学习生活的孩子，建议其到普通学校随班就读，而不能入读普通学校的孩子就自然成为中山特校招收的对象了。限于学校当时的条件，生活完全不能自理的孩子，需要家长陪读。这样，从那时起，关于中山特校招生就有了这样的说法：中山特校不招收的是能力强的孩子，招收的是能力弱的孩子；招了不一定就对孩子有好处，没招不等于不帮你；中山特校招生也有分数线，是招收分数线下的孩子。

2009 年，省政府参事来中山市调研，问到招生情况，了解到中山特校的做法，他非常吃惊。他说，之前在一个地区调研时，他们是只招收可教育的轻度残疾孩子。虽然当时不知"可教育"的出处，但大家非常肯定，特校都不去帮助特殊孩子，那他们还指望谁呢？

（三）办学定位

中山特校制定了"打造中山特殊教育平台，创建全国一流特教学校"的办学目标。为了实现此办学目标，中山特校提出了学校发展的"四发"目标、教师发展的"四能"目标、学生发展的"四会"目标。

1. 学校发展的"四发"目标

第一，发现人的价值。所谓人的价值，就是人应有的地位、作用与尊严。每一个人都有其应有的尊严，都力求获得其相应的地位，发挥其应有的作用，这是现代教育关于"人"的基本观点。[①] 发现人的价值，不仅是指在学校要高度重视哲学层面上人的本体价值，更要求落实到现实中，让教师发现学生的优点和闪光点，让学生发现自己存在的唯一性和不可替代性，让已经失去信心的家长发现孩子发展的可能性和有效性。

第二，发掘人的潜能。要充分发掘人的潜能，必须提升教育的理念，形成全校学习的氛围，只有这样才有可能使人的潜能被他人发掘、被自己发掘。

第三，发展人的个性。发展个性，就是要在人的共同性的基础上，充分显示出人的差别性，从而使每一个人都具有高度的自主性、独立性与创造性。

---

① 杨璐瑜. 生命哲学视角下的宽容教育研究 [D]. 新乡：河南师范大学，2013.

第四，发挥人的力量。人力即人的体力与心力，只有充分发挥人的力量，现代教育的目的及理想才能得以实现。

2. 教师发展的"四能"目标

第一，能讲课，即能讲好课。对一个教师来说，讲好课是最基本也是最重要的。能讲课确保教师有过硬的教育基本功，有优良的教学质量。

第二，能说理，即能说一套教学理论。教师必须用理论来支持自己的教学才能不断提高自身的教育教学水平。能说理确保教师有深厚的理论功底，有过硬的科研能力。

第三，能谋划。教师要有为学校的发展、学生的发展、自己的发展做长远规划的能力。能谋划确保教师在工作上有目的性，有长远的发展规划。

第四，能创新，即能不断改进教育教学工作。处于特殊教育发展新时期的教师必须有不断改进教育教学工作的能力，才能在改革的大潮中勇立潮头。能创新确保教师紧跟时代的步伐，在特殊教育发展中占得先机。

这样的教师队伍，能够发挥自己的专业特长应对教学、科研、康复、管理等工作要求，能够在满足实践应用要求的同时进行前沿创新，单兵作战游刃有余，团体合作威力大增，使学校工作蒸蒸日上。

3. 学生发展的"四会"目标

第一，会生活。"会生活"是热爱生活的表现，与"生活着"不同，它体现了人对生命价值和意义的认识，对文明幸福的追求，是"乐生"的表现。因此，学生的"会生活"被中山特校人摆在重要的位置，"会生活"包括具有生活必备之能和生活必备之德等素质。

第二，会学习。人的现代性要求人终其一生不断追求完善，仅靠在学校期间的教育无法适应不断变化的社会。现代人必须会学习，关心真理和知识，不断充实自己。残疾孩子同样如此，对于残疾孩子，特别是智障孩子，"会学习"看似目标过于理想化，不切合实际，但正是孩子自身的缺陷，使他们在社会生活中处处碰壁，如何通过自身努力去习得、内化一些社会技能，树立平等参与社会公共生活的信心，需要他们在日常的教育教学活动中积极参与相关的学习和训练，提高自身的学习能力。

第三，会休闲。适应生活是特殊教育尤其是培智教育关注的核心，但生活并不应该停留在生存层面。从"活下去"走向"有意义的生活"和"更高质量的生活"，让学生共享这个社会文明发展的成果，是教师对学生殷切的期盼。随着人类社会的不断发展、进步，现代人对残疾人有了更为充分的了解，这为残疾人充分参与社会生活提供了有利的条件，残疾人作为人类社会的组成部分，有权利平等享受生活。会休闲不仅反映了人类的进步，对残疾人而言更具有独特的意义，残疾人在休闲过程中能得到更好的康复，从而更好地生活和学习，为参与社会工作打下良好的基础。

第四，会工作。在会生活、会学习、会休闲的基础上，让残疾孩子达到生产者、劳动者和工作者的基本要求，"自食其力"，达成"谋生"目的，是残疾人立足于社会的首要目标，也是特殊教育学校学生的发展目标。

学校发展的"四发"目标、教师发展的"四能"目标和学生发展的"四会"目标，为学校发展、师生成长初步勾勒了一幅蓝图，促使教育像阳光雨露那样滋润残疾儿童的生命，帮助他们创造一个幸福的未来。

二、办学特色与成效

学校要发展，课程是关键。在我国提出"落实科学发展观，构建和谐社会"的背景下，和谐成为各行各业前进的信念与追求的方向。秉承中山精神，创设和谐教育氛围，开发特殊教育和谐课程体系，成为发展有中山特色特殊教育的必由之路。中山特校把课程建设作为学校发展的灵魂，以课程建设引领学校内涵式特色发展，开发了一套潜能发展与缺陷补偿并重，文化学习与职业教育结合，生活适应与社会参与接轨，学业进步与道德发展同步，知识、情感、能力目标共融的特殊教育"和谐课程体系"，积累了较为丰富的课程建设经验，打造了一批优秀的课程成果。教师自主编写完成《生活语文》《生活数学》《生活适应》等30余本校本教材在全国出版发行，被兄弟特校广泛参考、借鉴、使用。

（一）和谐课程，铺设生命阶梯

保障特殊儿童的受教育权，让他们接受学校教育，是特殊儿童享受人类发展文明成果、感受生命尊严的基本措施。在他们进入学校后，更重要的是让他们享受高质量的教育教学指导，在潜能挖掘、知识增长、能力提高中实现生命价值的提升。

特殊教育在中国发展缓慢，一个重要原因是长期缺乏科学的、系统的、标准的国家课程体系。在此困境之下，中山特校开始通过"读万卷书""行万里路""请高人指路"等举措，探索校本化的课程体系建设。2007年，在与特殊教育界泰斗朴永馨先生的交流中，先生指出，中山特校课程建设要"走你中山自己的路！结合中山乡土风貌，集众家所长，创自己特色，就是中山特殊教育要发展的方向！"众多专家的讲座、座谈、听评课、课题指导，为中山特校课程建设奠定了坚实基础。2009 年初，在邓猛教授的悉心指导下，学校制定了《中山特殊教育和谐课程研发方案》（由时任教导主任的李园林执笔），创建了具有中山特色的和谐课程体系。①

1. 和谐课程的内容

中山特校的和谐课程在课程结构上分为康复类课程、文化类课程和劳动技术类课程三类。康复类课程重点在于对学生进行康复训练，包括运动治疗（physical therapy，PT）、言语治疗（speech therapy，ST）和作业治疗（occupational therapy，OT）。随着医教结合的推进和"特殊教育提升计划"的实施，学校康复教师队伍得到极大发展，康复器材及设施得到不断改进，康复类课程得到不断开发，教学质量也不断提高。文化类课程包括国家课程标准中设置的相关课程（如生活语文、生活数学、生活适应等），还包括根据中山市地方文化与学生生活需求而开发的一些校本课程（如茶艺、篆刻等）。劳动技术类课程包括学生生活自理与家居生活类课程（如国家课程标准中的生活适应、劳动技能等）和职业发展类课程（如酒店服务、洗车服务等）。

在实施途径上，和谐课程呈现功能性学科课程、发展性教育支持课程及辅助性综合课程三种形式。其中，在功能性学科课程方面，和谐课程表现为始于家庭的和谐（个人自理与家庭适应）、发展于校园的和谐（学校适应与校园文化）、体现于社区的和谐（社区适应与服务社区）、人际平等的和谐（文明礼仪与人际交往）、追求自立的和谐

① 汤剑文. 缺残也能成仙：中山特校发展之路 [M]. 北京：中国轻工业出版社，2015.

（职业技能教育）、健康心理的和谐（趣味运动与健康教育）、情趣高尚的和谐（艺术欣赏与文艺展演）、服务生活的和谐（综合实践主题活动）。①

在发展性教育支持课程方面，根据学生个别化需求建立了四种支持体系：一是班级支持体系，通过班级教师为学生制订教育支持计划，进行个别化的教育支持活动，以满足学生缺陷补偿、特长发展的教育需求；二是学校支持体系，通过挑选具有相关专业技能的教师，以个别训练、小组训练的形式为全校有相关需要的学生实施综合康复训练；三是家庭教育支持体系，组织家长在家校联合制定的目标的指引下，在教师的指导下，充分利用课余时间为学生提供教育和引导，家校合力，帮助学生将所习得的知识与技能迁移到校外环境中；四是社会教育支持体系，即通过开放式办学，让更多的普通人走进来，让学校师生更多地走出去，让关注、关爱特殊教育的力量成为为学生服务的直接力量，形成高效、优质地开展特殊教育工作的良好局面，从而营造良好的社会氛围。

在辅助性综合课程方面，通过开展相关专题、单元活动，整合相关学科知识，巩固学生的知识与技能，提高学生的社会适应性。这些活动主要包括：一是融合活动，通过整合家庭、社区、社会各方面的力量，让学校成为学生、家长、社会各界人士了解特殊教育、关爱特殊儿童的基地，促进特殊儿童与普通人士的交往与互动，帮助特殊儿童更好地适应主流社会生活；二是健康活动，为了让学生日后能"有质量"地生活、"愉快"地工作、"健康"地休闲，学校大力推动"健

_____

① 高正华. 和谐：教育的追求与理想 [M]. 长春：吉林大学出版社，2007.

康课"的课程开发，包括生理健康教育、心理健康教育、卫生健康教育、休闲教育、青春期教育等课程，帮助学生树立"健康生活"理念，提高学生生活品质；三是艺术活动，学校为了发掘学生的艺术潜能，针对每年两次的文艺会演进行课程开发，让学生进行充分的表演，同时设立陶艺室和美术室，让学生体验艺术的五彩斑斓；四是主题实践活动，学校积极组织主题活动，采用带领学生走出课堂、走入社区、走进大自然的方式，帮助学生感受香山风情、识记中山特色、品味身边故事。

2. 和谐课程的课堂

教学的主要实施场所就是课堂，无论怎么实施特殊教育，都需要课堂教学的参与，课堂教学是实施课程的最主要手段。教学模式是指在一定教学思想或教学理论指导下建立起来的较为稳定的教学活动结构框架和活动程序。和谐课程的课堂有没有一种范式？中山特校通过与专家交流、问诊教学、教学调研、交流讨论等方式，反思课堂教学实践问题及其背后的深层原因，追问课堂教学的正确理念，总结提炼出和谐课程"五化"课堂模式。

第一是目标序列化。知识的学习是螺旋上升的，教师的教学应该基于学生情况而内化为一定的逻辑。对于课堂教学而言，教师可以上一节精彩的课，但课与课之间的逻辑关联往往仅仅是依靠经验来建立。目标的序列化，强调教师的教学目标之间的紧密联系，具体而言，就是课与课之间的目标应该是递进关系，每节课与学科目标应该是承接关系，同样课堂目标也应该是包括知识与技能、过程与方法、情感与态度间的三维关系。

第二是教学生活化。教学生活化就是以生活为根基，将教学活动置于现实的生活背景中，让学生从抽象、虚拟的课本中解脱出来，感受自然、社会、事实、事件、人物、过程，将教学的目的、要求转化为学生作为生活主体的内在需要，从而使学生自发地、主动地去获取知识，陶冶情操。①这既是现实需要（社会适应是智障学生的教育重点），也契合智障学生身心特点（从学生的生活经验和已有知识积累出发）。具体从教学目标生活化、教学内容生活化、教学环境生活化、教学方法生活化着手实施。

第三是教学活动化。其主要是指以在教学过程中构建以具有教育性、创造性、实践性、操作性的学生主体活动为主要形式，以鼓励学生主动参与、主动探索、主动思考、主动实践为基本特征，以实现多方面能力综合发展为核心，以促进学生整体素质全面提高为目的的一种教学方式。通过查阅文献及实践，教师们归纳出以下方法：情境再现活动法、角色扮演活动法、游戏竞赛活动法、音像赏析活动法、问题解决活动法、思辨评析活动法、考察感悟活动法、社会服务活动法。

第四是教学个别化。其是指在面向全体学生的基础上，依据个体身心特点的差异和个体身心发展需要，通过系统的教学设计、安排，以求最大限度地实现学校每个学生个性发展的教学活动。②中山特校从变革教学组织、变革学习方式、变革教学方式三个角度引领教师在集体教学中最大化地兼顾差异。在教学组织方面，采用自然分班、异质分组，实施跨班分组制，并辅以班级层面的教育支持来实施；在学

① 钟鸣.浅谈构造培智学校生活化教学模式的影响［J］.文教资料，2017（5）：208-209.

② 盛永进.个别化教学理念的应然追问［J］.中国特殊教育，2005（10）：77-81.

习方式方面，教师注重引导学生自主学习和合作（帮扶）学习；在教学方式方面，从教学目标个别化、教学形式个别化、教学进程个别化、教学方法个别化、教学评价个别化五个方面去实践。

第五是评价多元化。促进学生发展的评价重视学生成长的过程与个体差异，因教育对象的特殊性，培智课堂教学评价应体现出多元，表现为评价内容多元、评价方法多元、评价主体多元。评价内容不仅包括学生的知识与技能的习得情况，还应反馈学生在学习过程中的情绪状态、注意状态、参与状态、交往状态、思维状态、生成状态等。评价方法既可以是数量化方法，也可以是非数量化方法，视评价的目的、内容而定；还可以根据教学活动的进程与要求适当采用诊断性评价、形成性评价和总结性评价。评价主体包括教师、家长，甚至可以是具有能力的学生。[①]

和谐课程的"五化"课堂模式能为特殊儿童提供适合的教育机会，最大化地适应他们的个别需要，但在教学实践中要真正做到每一点并不容易，需要教师明确概念、了解要求，转变思想、端正态度，讲究策略、多样运用，这样方可有效促进培智课堂教学质量的提升。

3. 和谐课程的学段衔接

和谐课程让教师们教学有了抓手、定了心，但具体到各个年级的教学实施，还存在很大的困难。如何落实具体的日常教学呢？在专家的指导下，中山特校大胆提出了"3+3+3"学段衔接教学模式。

前3年：1～3年级实施跨班分组。先对学生在八大领域，即认知、社会交往、语言与沟通、生活自理、感知觉、精细动作、粗大动

---

① 刘全礼，李玉向，汤剑文，等. 特殊教育的课堂教学评价概论［M］. 南昌：江西高校出版社，2011.

作、情绪与行为的发展水平及康复需要进行评估，并根据学生在各个领域的发展水平、优势和不足，制定针对性的训练目标，并对训练目标趋同且能力趋近的学生进行跨班分组，将八大领域整合为沟通、自理、运动三个模块实施单元主题教学，对学生再次评估以调整教学，力求为学生打好进一步学习的基础。[①]

中间3年：4~6年级实行分科教学。经过3年偏重于基础补救的教学后，学生已经能够较好地适应学校的学习和生活，在认知、沟通、运动等基础领域具备了进一步学习的能力，这时候教育教学就会向功能性的学科课程过渡。

后3年：7~9年级侧重职前教育。这一学段的教学重点则过渡到自理技能的提升、劳动技能的培养、劳动品质的塑造上，注重学生的职前教育。

由此可见，前3年侧重于促进学生基础能力水平的发展；中间3年侧重于促进学生生活适应能力的提升；后3年侧重于学生职前与适应能力的发展，帮助学生习得一技之长、提升劳动品质，增强自理自立能力。从发展性课程到功能性课程再到适应性课程，三个学段可谓相互联系、有机融合。

和谐课程体系具有里程碑意义，使中山特校走上了"培养和谐的人""和谐地培养人"的特殊教育本土化、特色化发展之路。2018年，学校成功承办广东省首届特殊教育学校课程建设优秀成果交流活动（主办方为广东省教育厅），并获得2个一等奖。在和谐课程的学习道路上，学生们的知识得到增长，生活能力得到提高，社会适应性得到大幅提升。

---

① 王辉. 特殊儿童教育诊断与评估［M］. 南京：南京大学出版社，2007.

（二）康复教学，释放生命活力

1. 和谐课程的康复观

首先，特殊教育应包含康复，但要高于康复。一方面，特殊教育是一个综合应用领域，特殊教育发展至今，不断汲取医学、心理学、教育学、社会学等学科养分，而医学康复能够很好地满足残疾儿童的个性化特殊需求，是特殊教育工作中不可缺少的重要组成部分。另一方面，特殊教育作为国家教育体系的重要组成部分，对个体的要求要高于康复。为残疾儿童"补偿缺陷"是特殊教育的重要工作，但教育并不止于"补偿缺陷"，为了提高残疾儿童的生活质量、帮助特殊学生更好地融入社会生活，教育工作更重要的是"发展潜能"。因此，特殊教育包含康复工作，但高于康复工作，在特殊教育学校开展康复训练是为了更好地完成教育工作。

其次，综合康复手段能促进特殊教育更好地发展。在我国以随班就读为主体、以特殊教育学校为骨干的特殊教育格局发展过程中，残疾儿童入学率不断提高，自闭症、脑瘫、情绪行为障碍、言语障碍等类型越来越多元的残疾儿童进入学校接受教育服务，单纯文化类课程的传统教学既不能满足残疾儿童的发展需要，也不能产生很好的教学成效。在学校中，有太多因为身心功能障碍而无法很好地参与课堂学习的情况，比如脑瘫的孩子上体育课困难，有言语障碍的孩子在生活语文课学习上进展缓慢等。面对这些情况，利用校内外资源对他们的个性化障碍需求进行专门的康复训练或医学治疗，能够帮助他们更好地发展。

再次，特殊教育要注重教育和康复的有机融合。康复是否必须有医药或者医疗器械辅助？诚然医院的康复训练确实有此便利，但在特殊教育工作中，只要是能够提升或改善学生生理和心理发展水平的活动、促进学生在不同学科领域发展的方法手段，都属于教育康复。因此，康复不仅是一项教育内容，更是一类教育方法和教育理念，特殊教育应带着康复的视角来开展教育工作。在特殊教育中，康复和学科教学相辅相成、相融相生，教学不仅要向学生传授知识和技能，还应该为学生提供康复训练。康复应像道德教育一样，渗入特殊学生的成长环境、成长活动和成长过程。

特殊教育要协调教学与康复的比重，处理好"扬长补短"与"扬长避短"之间的关系。教学与康复训练应该是一种动态协调的关系。例如，学生在刚入学的前几年恰是康复关键期，应侧重康复训练，而后应逐渐侧重与社会生活相适应的文化类功能课程学习和职业技能学习（"3+3+3"学段衔接设计的目的就在这里）。同时，特殊教育在注重补偿缺陷、为学生"补短"的同时，还要注重通过教育教学激发学生潜能、发展学生特长的工作，在"扬长"中找到学生的发展方向。

中山特校和谐课程体系中要发展的康复，是为了更好地教学的康复，是呼应残疾儿童特殊需要的教育康复。要落实和谐课程康复观、完成教育康复目标，还需要通过康复队伍、康复设施、康复课程等方面的建设加以保证。

2. 康复项目：万丈高楼平地起

康复训练的一大特点，是它需要依托一些康复器材设施，尤其是一些康复训练辅具和矫正仪器。为了给康复项目建设奠定坚实基础，中山特校坚持给予康复项目"优先权"：无论这些设施设备需要多少成本、无论建设过程多么复杂，只要该器材、该场地是学生康复训练需要的，学校一定不畏其难将其落实。带着这样的决心，中山特校在紧张的场地中挤出空间兴建了多功能感官室、感觉统合训练室、动作康复训练室、奥尔夫音乐康复室、蒙台梭利训练室等功能场室；在紧张的办学资金中按需挤出资金添置了运动康复器械、感觉统合训练用具、矫正仪、助行器等康复器材。通过这些硬件建设，学校康复项目建设有了基本雏形。

在康复项目建设中，人始终是第一位的，只有具备专业的、高水平的康复专业人才，才能充分发挥昂贵的康复器材、多功能场室的价值，才能给特殊学生提供科学的康复服务。秉承这样的理念，中山特校一方面大力引进医学康复专业人才，从广州中医药大学、广州体育学院等高校招聘了一批医学康复专业、运动康复与健康专业的教师，组建了康复理疗组、言语康复组等教研组；另一方面从现有师资入手，选派一批具有一定理论基础和实践技能、对康复训练有专业兴趣和发展志向的骨干教师，前往香港、上海、重庆等地参加专项学习培训，进一步扩充康复专业人才储备。相关教师经过运动治疗（PT）系统培训，不仅为脑瘫学生带来了科学的、专业的、高水平的康复训练，而且对学校的康复训练做出了长远规划并设计了具体开展方式，影响、带动了一批教师进入该领域，大大增强了学校康复专业队伍的力量。

3. 在康复项目建设中做出自己的特色

在康复项目建设的过程中，中山特校坚持通过多种途径为学生提供康复服务，解决学生的共性需求。首先，为了增强康复训练课程和活动的针对性和科学性，学校设置"运动和保健"课程，将一些基础的功能训练技术融入教学设计中，让学生在活动中训练，在游戏中康复。其次，学校鼓励教师以"医教结合"理念设计学科教学，在课堂教学中渗透康复训练，使学生在视觉、听觉、触觉多方面参与的教学活动中得到最大限度的康复训练。例如，在陶艺课制作陶艺的过程中让学生锻炼手眼协调能力，在职业教育课洗车活动中锻炼学生的肌肉力量，等等。最后，学校积极推行个训课，通过设置"学校–年级–班级"三位一体的康复训练个训课，有针对性地评估每一位学生的现况和发展需要，为每一位学生量身订制训练目标、训练计划、实施内容，定时定量地指导学生完成相应的训练活动，补偿或代偿学生的功能缺陷。学校积极推广家庭康复，邀请家长走入课堂、参与训练，在实际的操作中向家长推广、普及康复的理念和知识，传授一些简单的技术操作方法，让康复走出课堂、融入生活，提高了学生的训练效率，巩固了康复效果。①

学校常规开展一系列课外艺术活动，包括每年一次的文艺会演的日常训练、日常艺术类教育支持课程以及时令性艺术活动等。时令性艺术活动如自闭症宣导日、国际残疾人日、助残日等节日期间的普特融合"共绘一幅画"活动，特殊学生走进普通学校与普通学生同上一节课的融合活动，季节性外出写生综合实践艺术活动等，每年视情况灵活机动安排。学校设立陶笛工作室、沙画工作室、篆刻工作室等，开发陶艺、版画、衍纸画、串珠编织、钻石画、拉丁舞、葫芦丝等特色项目，通过艺术教学，以教师成长带动学生发展，促进特殊学生身心康复。文艺课堂实行"教、学、演"一体化教学模式，将舞台艺

---

① 张伟峰. 医教结合：特殊教育改革的可行途径：理论依据、相关概念的探析 [J]. 中国特殊教育，2014（9）：3-9.

术实践教学与艺术教育有机结合，在真实的舞台上切实提高学生的艺术涵养，激发学生的学习情趣，提高他们对艺术的感受能力及欣赏能力。

为推动职业教育的发展，学校积极探索职业教育课程建设和个别化职业转衔服务工作，注重职业教育与劳动技能课程的有序衔接，以模拟工厂管理制度和代币工资制度为核心，以洗车、茶艺、烹饪、客房等项目为载体，培养特殊学生良好的工作素养。学校争取到中山市政协的支持，携手开启"阳光·生命——市政协机关关爱特殊少年志愿者行动"（该项目被评为"博爱100·公益创投大赛品牌项目"），带领学生走进优质企业进行观摩和跟岗实习，在真实情境中培养学生的工作素养。其间，学校与两家企业签订实习就业基地合作协议，为学生融入社会，享受更幸福、更有尊严的生活打开了更广阔的空间。

学校积极开展教育实验，在科学探索中提高服务水平。重度情绪行为问题儿童康复班的设立和发展是其中的一个典型案例。为了改善一些情绪行为障碍学生的问题行为、给他们提供更有针对性的教育和康复服务，2011 年 9 月，学校抽调了 3 名具有专业特长的教师组建情绪康复班，为 10 名情绪行为问题较严重的学生提供服务。教师们通过营造更适宜的学习环境、设计更有针对性的课程内容、选用更多元的教学方法和采取更紧密的家校合作方式，极其有效地改善了学生的不良情绪和问题行为，帮助学生快速成长。在设立后的一年，情绪康复班取得了良好的成绩，如在学校运动会上获得团体第一名、在广播操比赛中获得第三名、获得班级文化建设一等奖等，班上学生在其他方面的进步也得到其他教师的广泛赞许。

　　为了提高康复训练专业水平、分享优秀的训练经验，学校积极将相关资料整理成册。康复理疗组的教师在借鉴高校学者科研成果的基础上，整理完成了粗大运动、感觉统合和精细协调动作三大板块的教学大纲，并对照罗列出不同学龄段学生应该掌握的动作技能。同时，康复教师们通过分析不同学生的障碍类型特点，结合其障碍程度、能力水平和兴趣爱好，编写康复训练指导手册。例如，针对脑瘫学生的运动功能障碍，编写了《运动训练指导手册》；针对有唐氏综合征的学生精细能力较差的问题，编写了《精细协调动作训练指导手册》；等等。这些康复训练指导手册为班级教师、学生家长在其他时间训练学生提供了活动内容和操作方法。

　　时至今日，中山特校康复训练设施及功能场室设备先进，康复专业人才队伍力量强劲、结构合理，康复训练成效明显，康复项目已经成为学校发展建设的一大亮点。康复项目的发展，不仅丰富了学校育人体系建设，提高了教师专业化水平，而且满足了学生的迫切需求，从根本上促进了学生的发展。通过康复，学生获得了更多的生命活力，提高了快速发展的可能性。

（三）搭建平台，弘扬生命关怀

1.“大特殊教育观”

　　由单一走向多元，由封闭走向开放，特殊教育的存在方式正从旧有模式中抽离，在专业基础上逐渐衍生为兼具社会责任的“大特殊教育”。

　　许家成教授认为，“大特殊教育”是指在中国现实社会生活、文化和经济条件下（以社会生态为背景），与普通教育密切结合的、与社区服务相互配合的、开放的特殊教育。大特殊教育观是在儿童发展权和受教育权日益受到重视的条件下，伴随着全纳教育提出的。[①]中山特校非常认同"大特殊教育观"的理论，在教育实践中通过区域联动，整合区域教育资源，对区域特殊教育践行管理、指导与服务的功能，着力打造中山市特殊教育的平台，推动区域特殊教育的发展。

随着特殊教育学科自身的发展，教育对象的界定更加明晰、准确。特殊教育对象称谓经历了由"特殊儿童"到"有特殊教育需要的儿童"的变迁。"有特殊教育需要的儿童"在充分肯定儿童作为人的本质基础上，强调这些儿童具有某些方面或某种程度的特殊需要。教育对象称谓的变迁引发教育安置和教育方式的变革。特殊教育不仅是社会为特殊儿童提供的一种福利，而且是所有有特殊教育需要的儿童的基本权益，在相应的教育安置上也体现以下特点：在义务教育阶段，基础教育学校实施"零拒绝"方案，让实施基础教育的学校具有接纳全体（包括各类有特殊教育需要）儿童的能力；在对有特殊教育需要的儿童的安置比例上，基本接近常态比例；能够为有特殊教育需要的儿童提供切实有效的教育。

"大特殊教育观"关注每个儿童的个体差异和学习需要，保障了特殊儿童的受教育权，是实现"人人都需要特殊教育、人人都享有特殊教育"的重要前提。在这种教育观念的影响下，中山特校从办学体系和办学格局两方面出发，对未来发展思路进行了重新定位：一是特殊教育办学体系的变化。在中山市委、市政府及市教育和体育局的大

---

① 许家成.试论大特殊教育观［J］.中国特殊教育，1999（2）：3-5.

力支持下，中山特殊教育实现了由单一的义务教育到学前教育、义务教育、高中教育相互衔接的特殊教育体系的转变。2007年，开设了听障学生高中班；2010年，开设了自闭症儿童学前教育实验班；2015年，开设了培智高中班。二是特殊教育办学格局的变化。在办学实践方面，在以往的以特殊教育学校为骨干、随班就读为主体的特殊教育办学格局的基础上，中山特校通过不断探索、创新，逐步完善了以特殊教育学校为资源中心，以随班就读结合资源教室为主体，以送教上门为补充的多元化办学新格局。在招生对象上，特殊教育学校主要招收听障、中重度智障学生，部分重度残疾及多重残疾学生，随班就读主要针对轻度残疾学生，送教上门主要针对无法上学的重度残疾孩子，满足了不同残疾程度特殊儿童教育的需要。

为整合家庭、社区、社会等各方力量，并为特殊儿童营造良好的成长环境，在中山特校的积极倡导下，中山市特殊教育指导中心于2016年成立（附设在中山特校），根据中山市机构编制委员会文件精神，由汤剑文校长任中心主任，全面承担起统筹规划全市特殊教育事业发展及相关工作的重任。

2. 随班就读工作

以往人们对特殊教育的理解比较狭隘，认为特殊教育就是在特殊学校的孩子接受的教育。在特殊学校接受教育的孩子只是特殊教育对象的一部分，实践证明，相当一部分的特殊儿童是可以在普通学校接受教育的，当然，他们需要一些额外的、特定的支持。关注随班就读学生的特殊需要，保障教育质量，使其更好地学习和生活，意义深远。但因普通学校和特殊学校长期处于隔离的状态，这部分在普通学校随班就读的特殊儿童并未全部获得足够的重视和关心，他们往往是"随班就座", 甚至被教师以"我不能因为一个而忽略其他几十个"为由直接忽略掉。

不论是世界范围内还是国家宏观层面, 均倡导特殊教育的延伸。1994 年, 在西班牙萨拉曼卡召开了"世界特殊需要教育大会", 大会首次明确提出了全纳教育的思想, 大会通过的《特殊需要教育行动纲领》规定: "普通学校应该接纳所有的学生, 而不考虑其身体、智力、社会、情感、语言及其他状况; 每个儿童都有独一无二的个人特点、兴趣、能力和学习需要"; 教育"必须认识到和照顾到学生之间的不同需要, 顺应不同的学习类型和学习速度, 通过适宜的课程、组织安排、教学策略、资源利用及社区合作, 确保面向全体学生的教育质量"; "它们的成功有赖于各方的协同努力"。从中可以看到, 全纳教育肯定了所有儿童的受教育权, 促进了教育公平, 充分照顾到了每个学生的需要, 注重多方的协同合作。在这种教育环境下: 学生不再被排斥、被拒绝; 教育适应每个学生的需要, 学生的个性得到充分发展; 学生成长具备了充分的支持保障。全纳教育的出现, 让人们对特殊儿童和特殊教育有了重新的认识及定位。

在各方的努力下, 中山的随班就读工作获得了长足发展, 越来越多的特殊儿童进入普通学校随班就读。2011 年 11 月, 在市教育局的牵头下, 中山市随班就读工作指导中心(以下简称中心)正式挂牌成立, 中心设在中山特校。

在中心成立之初, 根据学校教师的专业知识背景, 结合教师自身的意愿, 中山特校优选了 12 名具有特殊教育背景且具有一定实践经验的骨干教师作为中心成员, 对中山 24 个镇区分片区实施包干, 落实责任分工。中山特校把所有镇区分成 6 个片区, 每个片区由 3 位教师负责，实现了学校与镇区间协作的无缝对接。定期探访、调研、巡回指导活动加深了普通学校随班就读教师对特殊儿童的了解，获取了更多特殊儿童教育、管理的方法和手段，也让中心成员加深了对随班就读的认识和理解，积累了随班就读指导的经验，并且更加明确了随班就读指导工作的重点。在此基础上，中心建立了镇区随班就读通信本和全市随班就读工作群，开通了随班就读工作热线和空中家校特教专栏，加强了省教育厅、市教育局、特校骨干教师、镇区特教专干、随班就读学校各级行政人员与教师间的联系与互动。通过实地调研，甄选出各镇区随班就读中心校，发挥其示范和带动作用，以点带面地开展工作。[①]

影响随班就读教育质量的因素有很多。一方面是物的因素，包括场室、设施、相关教具等；另一方面是人的因素，包括教师的教育理念、教学方法、教学策略等。毋庸置疑，人是最重要的因素。如果爱是教育的基础，那么专业就是保障。没有了爱，专业将无用武之地；没有了专业，爱将变得盲目，没有方向。用爱来推动专业，用专业来引导爱的方式，消除爱中的伤害，在爱中建立规则，促进教育和学生的发展，这才是教育需要的真爱。中心积极邀请相关专家来中山市讲学，也许是被教师们的热情和干劲打动，他们不计报酬，远道而来送知识、点迷津，为随班就读工作指明道路。到目前为止，中山特校先后邀请了台湾特殊教育专家林宝贵，北京师范大学肖非、邓猛，南京特殊教育师范学院谢明、盛永进、王辉，台北市西区特教资源中心罗心美等知名专家、学者，先后在南京、肇庆、中山，以及香港、澳门

---

① 朱楠，王雁. 融合教育背景下特殊教育学校职能的转变［J］. 中国特殊教育，2011（12）：3-8.

等地，开展了全市随班就读管理干部培训、全市随班就读骨干教师培训、全市随班就读骨干教师智障康复教育资格认证培训、特殊儿童教育评估专题培训、中山市随班就读教师特殊教育业务培训等师资培训工作。一系列培训为教师们开启了一扇窗，通过这扇窗，教师们看到了特殊孩子教育教学的方向和路径，在原发式的教育中生发出专业的眼光，对面对的问题、解决的方法、可能的成效有了初步认识。

除此之外，中心还带领中山特校的市教育系统师德宣讲团成员赴随班就读学校开展师德宣讲活动，让奋战在一线的随班就读教师从优秀教师的先进事迹中体悟与特殊孩子们相处及教育、训练他们的方法。宣讲团成员还深入课堂，指导随班就读学生所在班级结合"修身行动"和"学雷锋"等活动开展主题班队会活动。普通学生们在宣导活动中都表示要尊重、帮助随班就读学生，为他们能够参与更多的学校、班级活动而贡献自己的小小力量。随班就读教师们则表示，要将和随班就读学生快乐共处、共同进步作为班级德育工作的重要方面，为学生提供更鲜活的修身教育、公民教育。

"教育资源共享"对改善区域特殊教育状况、提升教育质量有重要作用。面对随班就读教育的困境，中心抱着"开放""共享"的态度，接纳需要言语训练、运动干预、情绪行为调节、社会交往引导等专门服务的随班就读学生到学校，优选专业骨干教师为他们进行有针对性的教育康复训练。

如果随班就读学生处于一个不被了解和理解支持的环境，其障碍程度就会提高；反之则会降低。学校和社会要做的，就是不断去减少他们受限制的因素。学校按照学生自身功能异常的程度去提供相应的支持服务，去协调好教育教学各要素，促进随班就读学生取得最大限度的发展，获取更高品质的生活。①

在加强上门指导的同时，中心编写了"认识与帮助特殊儿童"系列丛书、随班就读文集，作为随班就读学习材料；组织撰写随班就读教育信息简报，协调各随班就读学校的经验推广；开展各随班就读学校间的主题班会及学科教学、教育故事等研讨、评比活动；组织建设中山市特殊教育和随班就读资源库，以推动随班就读工作的优质发展。

随班就读工作任重道远，在实践层面推动的同时，中心联合中山市火炬开发区第一小学、古镇镇古一小学开展"中山市随班就读学生学校适应状况的调查与对策研究"课题研究，旨在为全市学校推进随班就读工作提供样本和经验，该课题被批准为广东省教育科研"十二五"规划 2012 年度"强师工程"研究项目；2015 年，"特殊教育多元化办学格局改革"课题获得广东省教育体制综合改革专项资金试点项目立项（资助金额 25 万元）；2017 年，中山市特殊教育指导中心与北京师范大学教育学部融合教育研究中心合作开展为期 3 年的中山市融合教育发展研究课题，进一步提升中山市融合教育工作质量。

3. 送教上门工作

作为中山市唯一的一所公办特殊教育学校，中山特校每年都会接受大量的招生咨询。在招生过程中，一贯的原则是轻度智力障碍儿童建议随班就读，中重度智力障碍儿童则入特殊学校就读。近几年来，在招生过程中，极重度及多重残疾的儿童越来越多。而且整个中山市的残疾儿童对公办特殊教育的需求量庞大，导致学校招生压力骤增。现在学校所有培智班级的班额都超出了国家的办学标准，教师的日常

---

① 邓猛. 融合教育与随班就读：理想与现实之间 [M].武汉：华中师范大学出版社，2009.

教育教学工作压力很大。因为现有资源及条件的限制，学校希望这部分极重度及多重残疾的孩子的家长能够陪读，但部分家长却由于种种原因无法陪读而放弃了孩子的入学机会。

2013 年初，当时的市教育局基教科委托学校制定全市的送教服务工作实施意见。从 3 月到 8 月，市教育局、残联、民政局、财政局等各部门也多次就送教服务工作的各方面进行商议。学校草拟的方案历经十余稿，终于下发全市。向全体教师发出征集送教上门工作志愿服务倡议后，教师们积极踊跃，报名人数远远超过预计人数。学校从报名教师中确定了 42 位教师作为送教上门工作的主力。这些教师不仅承担了市福利院百余位（约占全市送教服务学生的一半）极重度及多重残疾学生的送教服务工作，还为全市各镇区的送教服务提供指导。8 年间，中山特校人用责任、专业与爱扛起了送教工作，抒写了一曲曲感人至深的奉献之歌。

2014 年 1 月，由教育部、发展改革委、民政部、财政部、人力资源和社会保障部、卫生计生委、中国残联联合制定的《特殊教育提升计划（2014—2016 年）》明确提出"为确实不能到校就读的重度残疾儿童少年提供送教上门服务，将其纳入学籍管理"，这也是国家层面首次将送教上门作为和随班就读、特校就读并行的一种特殊教育安置方式。这一计划的出台，是对送教工作最大的肯定和鼓励。可以说，中山市的送教上门工作走在了国家政策的前面。

4. 特殊教育社区化

学校是教育康复的基地，在学校，特殊学生的生活自理能力、社会交往能力、劳动技能等都会得到不同程度的提高。特殊学生在学校的学习生活时间为 9 ~ 12 年。在这些时间里，他们还是有相当一部分时间在各自的社区生活。因此，只有在生活上搭建起平台、在思想上搭建起桥梁、在情感上系好纽带，特殊学生才算是真正地融入社会生活。

工作中，中山特校开展了一系列的特殊教育社区化的社区融合活动。

一是定期开展与友好单位的共建活动。比如与市青年企业家协会、建设银行、广东药学院、边防支队、武警支队、消防大队等单位定期开展各种交流活动。以中山市城区消防一中队为例，他们不仅义务为中山特校进行节前的消防安全检查和消防器材的维护与保养，定期为师生开展消防培训和消防演练，提高师生的消防意识和消防防范能力，还接纳中山特校师生参观军营、体验军营生活；中山特校则充分利用自身教育资源，为该队提供警员训练的平台；同时，还通过党团联谊活动，结合建党节、青年节开展党团互访和联欢活动，加深双方感情。

二是开展融合活动。特殊教育的区域协作、开放办学有助于整合优势资源、吸收先进经验、形成发展合力，有利于推动特殊教育均衡发展、优质发展。在办学实践的探索中，学校不断加强与区域内协作单位的互动与交流，通过"请进来""走出去"等形式，请基层随班就读学校师生来校参观、参加融合活动，改变观念、提高认识水平、增强情感。学校与普通学校建立了紧密联系，中山市华侨中学、石岐中学、石岐一小、沙溪龙瑞小学等学校每年都会参加中山特校举办的残健融合运动会；通过"特奥欢乐嘉年华"、欢度元旦游园、慈善万人行义演义卖等活动，让特殊学生走进普通学生的生活，与普通学生"手拉手、心连心"，相互了解、相互学习、共同进步。学校师生则走进社区、普通学校开展特殊教育宣导活动，促进区域随班就读文化氛围的营造，保障随班就读学生接受适宜的教育服务，享受悦纳的教育氛围。大学生义工队伍让特殊孩子们感受到了社会的关爱，也让大学生们在参与过程中了解了特殊孩子，思想得到教育与升华。学校联合市政协举办"阳光·生命——市政协机关关爱特殊少年志愿者行动"，充分利用市政协的资源优势，让孩子们感受优秀的企业文化，拓宽视野，同时也让企业加深对特殊学校学生的了解与认识，营造了良好的社会氛围，该项目被评为"第五届博爱100·公益创投大赛品牌项目"。

三是立足资源优势，充分发挥资源辐射带动效应。学校创编发行了中山市第一份特殊教育刊物《中山特殊教育》，每年出版两期，免费赠送给兄弟单位和有需要的社会人士，进一步宣传和普及特殊教育知识，营造尊重和支持残疾人的社会氛围；学校也成为广东省特殊教育实验基地以及华中师范大学、广东理工学院、广州体育学院等高校的实习基地，并接收清远、北海、台山、陆丰等省内外地区兄弟学校教师分批到校跟岗轮训；学校与英国德比郡斯达宾伍德特殊教育学校结为友好学校，签订了互访协议；教师心怀大爱，始终活跃在扶贫支教、爱心慈善、志愿服务、扶困助残事业的舞台上，他们将良好的师德师风、先进的教育理念、严谨的工作态度、无私奉献的精神带到山区，给农村教育和发展增添了生机和活力；青年教师长期利用业余时间为电视台、法院、民政局等机构做手语翻译工作，以专业服务社会；发起成立"珠三角地区特殊教育学校体育联盟"，把学校多年来发展体育运动的成功经验与兄弟学校分享，形成"优势互补、资源共享、联合攻关、携手共进"的区域性发展氛围；成立家长互助会，筹集 200 余万元善款，在物质上和精神上帮助困难家庭；成功举办由林炽宏同学主演的"携手圆梦"关爱特殊儿童新年公益音乐会，筹集善款 20 余万元，用来帮助困难家庭；协助中山市智力残疾人及亲友协会（简称"中山智协"）举行"爱的传递·步步高"2018 中山智协嘉年华暨吕文成 120 周年诞辰活动，筹集善款 20 余万元，用于支持中山市特困智力残疾人及智力残疾人支持性就业发展；学校师生、家长本色出演中山市首部展现残疾人自强自立精神的公益微电影《天使·钢琴·梦》，获得第三届亚洲微电影艺术节"金海棠奖"。

三、问题与展望

近年来，中山特校发展步伐不断加快，建立了完善的办学理念体系，配置了扎实的办学基础设施，打造了科学合理的教师梯队，营造了励志育人的校园环境，形成了广受好评的办学影响力，为学校发展提供了巨大推动力和有力保障。

（一）学校发展面临的问题

随着社会环境的变化和教育要求的提高，中山特校在不断发展前进的同时也面临着新的问题与挑战，主要包括以下几个方面。

1. 办学质量的挑战

随着我国经济和社会的不断发展，特殊儿童的康复训练和教育养护需求越来越受到关注。自第一期、第二期特殊教育提升计划出台以来，各地特殊教育发展迅猛，本地区相关特殊教育机构的投入不断加大，教育质量不断提升，这些机构不断发展的同时，客观上对中山特校的专业性和培养质量也提出了更高要求。

2. 教师发展的挑战

特殊教育教师是特殊教育对象的权益维护者和知识的传播者，是基本社会能力的培养者和身心健康的呵护者。其承担的教育任务重，社会角色多样，工作的全面性、繁杂性、重复性高于普通教育工作，发展前景受限，容易陷入职业倦怠。保持特殊教育教师旺盛的工作活力，不断提高教师的学习能力，使教师的职业价值得到充分体现、长远发展得到切实保证，建设德才兼备的高素质专业化的教师团队，将成为中山特校重要而又紧迫的工作。

3. 学位供需的挑战

根据《特殊教育学校建设标准》，中山特校现有学生数已远远超出规定标准。学校办学场地有限、学生超额，造成康复训练、职业教育等方面的功能场室缺乏，不能很好地满足特殊学生的教育需求，对开展教学活动、开发教育项目、完善康复训练也都产生了影响，在一定程度上制约了学校的进一步发展。特殊教育公办学位供需矛盾日益突显，如果没有有效的解决措施，该矛盾还将进一步加大。

（二）未来规划

紧紧围绕"打造中山特殊教育平台，创建全国一流特教学校"的办学目标，立足融合理念，完善支持途径，深化内涵发展，将中山特校办成育人理念一流、育人环境一流、育人队伍一流、育人体系一流、育人成效一流的现代化优质特教名校。

1. 育人理念一流

根据时代需求和特殊教育发展需求，结合学校发展实际，不断丰富和完善学校的育人理念，凝练和深化校长的办学思想，发掘和提升教师的教育智慧，促进学校的可持续发展。

2. 育人环境一流

加强校园基础设施建设，按照《特殊教育学校建设标准》规范学校建设，配齐配足学校功能场室与设施设备，兼顾功能性与人文关怀，更好地发挥环境育人功能；推动社会文化环境良性发展，进一步发挥中山特殊教育平台作用，促进本地区形成更高层次的扶残助残氛围。

3. 育人队伍一流

建设德高业精的教师团队、高效和谐的管理团队、自助助人的家长团队、阳光专业的义工团队、协作共建的社会助学团队五大团队，确保学校可持续发展。

4. 育人体系一流

形成高质量的课程体系、教学体系、学生成长评价体系和科研体系，建立科学高效的现代化特殊教育学校管理机制，不断提高教育教学质量。

5. 育人成效一流

形成高效优质的教学常规，形成既符合特殊教育发展规律又符合中山市地域特点的办学特色，形成教育学生、教育家长、影响社会的教育平台。

一直以来，中山特校人秉承初心，砥砺奋进，务实进取，埋头苦干，用辛勤与努力换来了可喜的成绩。展望未来，学校将充分调动各方力量，充分整合各方资源，不断发挥全体教职工的积极性与创造性，用初心与智慧为特殊教育现代化发展助力，以实干和担当推动学校办学更上一层楼！

案例六　广州市越秀区启智学校：
潜能开发，康复支持

广州市越秀区启智学校是一所为智障、脑瘫、自闭症和多重残疾学生提供教育、康复和职业训练的综合性特殊教育学校，是全国首批医教结合实验基地之一，是广州市特殊学校中最早实施个别化教育、最早实行融合幼儿园探索模式、最早成立职业高中部、最早成立辅具适配中心、最早实行普特共融模式的学校。经过多年的改革与实践，广州市越秀区启智学校逐渐形成以"个别化教育"为主体，"潜能开发"和"康复支持"并驾齐驱的"一体两翼"办学模式。

一、办学背景和理念

广州市越秀区启智学校在30余年的办学历程中，努力建设成为一所高质量且有温度的特殊教育学校，为越秀区的特殊孩子提供15年无缝衔接的优质教育和康复支持。同时对标"国内一流水平、国际知名"的特殊教育学校要求，进一步优化资源，创新发展思路，以积极开放、共赢发展的方式，打造越秀特教品牌，为促进区域特殊教育质量提升而努力。

（一）办学历程

1. 开创期（1985—2004 年）

广州市越秀区启智学校是广州市最早成立的智力障碍特殊教育学校，1985 年开办第一个智碍班，1990 年正式挂牌为九年一贯制的公立智力障碍学校。2004 年 12 月前，学校位于广州市越秀区文德南路海傍街福安里 6 号。当时的办学条件极差，设备设施严重不足，学生人数仅为 106 人。

2. 腾飞期（2004 年至今）

2004 年 12 月，广州市越秀区启智学校搬迁至白云路。为适应教育教学的需求，逐步配齐教室、各类功能场室、康复训练室、信息化设备设施。2020 年 7 月，越秀区委、区政府经研究，同意将广州市越秀区培智学校整体并入广州市越秀区启智学校，名称为广州市越秀区启智学校。重新整合的广州市越秀区启智学校在原启智学校（现白云路校区）、原培智学校（现大德路校区）的基础上，还接管了原贸易职中校区（现五常里校区），形成一校三区的办学规模。现广州市越秀区启智学校总占地面积 6605 平方米，总建筑面积 9851 平方米，拥有学前、小学、初中、职高 15 年特殊教育完整办学体制。

全校共有 33 个教学班，学生共 396 人。学校教职工共 184 人，其中在编教师 130 人，临聘教师 54 人。现拥有广东省特殊教育名校长工作室主持人 1 名、广东省南粤优秀教师 1 名、广东省师德先进个人 1 名、广州市名教师工作室主持人 2 名、广州市特殊教育骨干教师 7 名、广州市中小学名班主任 1 名、越秀区名教师 5 名、越秀区骨干教师 12 名、教坛新秀 12 名、越秀区骨干班主任 1 名。这批骨干教师对学校教育教学、科研工作、专业化发展都发挥了引领与辐射作用。

为了更好地提升越秀区特殊教育教学质量，最大限度地满足有特殊教育需要的儿童及青少年获得优质教育的需求，越秀区教育局在广州市越秀区启智学校下设越秀区特殊教育指导中心，其中包含五大中心：随班就读指导中心、智力检测中心、积极行为支持中心、辅具适配中心和转介安置中心。这五大中心肩负着指导功能、专业支持功能、服务功能，为区内有特殊需要的学生提供筛查、检测、教育诊断、审核、建档等服务；为特殊教育教师、随班就读教师、家长等提供各级专题培训服务，进一步推动越秀区特殊教育的发展。

（二）背景分析

1. 区域对特殊教育的需求

（1）社会的呼唤。

特殊教育的发展状况是一个国家教育水平的反映，也是检验一个国家文化发展程度的重要标尺。近年来，国家不断出台关于特殊教育的政策法规，持续增加对特殊教育的投入，稳步提升有特殊教育需要的儿童及青少年的义务教育普及水平，积极推进融合教育。在习近平新时代中国特色社会主义思想指引下，紧紧围绕全面建成小康社会的目标，不断完善残疾人权益保障的体制机制，不断健全残疾人社会保障制度和服务体系，持续提升残疾人的获得感、幸福感、安全感。由此可见，特殊教育的目的从有针对性地进行缺陷补偿逐步过渡为关注残障人士的实际需求，让残障人士全面发展。

（2）教育的需要。

① 特殊教育。越秀区是广东省首批教育强区之一，拥有深厚的教

育及文化底蕴。在"办好特殊教育"的大背景下，越秀区特殊教育高质量发展与转型发展齐头并进，引领教师专业成长、学生综合发展，成为名校林立的越秀区发展的一张亮丽的新名片。

②融合教育。随着融合教育工作的持续推进，近年来，融合教育开展情况已经成为评价区域特殊教育发展水平的重要因素。首先，表现为入学方式的转变，特殊教育催生了普通教育方式优先的原则，按照"将近就便""全覆盖、零拒绝"的要求，优先安排中轻度残疾学生进入普通学校就学。其次，促进了特殊教育学校的转型发展，其逐渐成为融合教育区域的推进中心。特殊教育学校的招生对象发生了明显的变化，越来越多重度残疾学生和多重残障学生进入特殊教育学校接受教育康复服务，这对特殊学生个性化服务提出了越来越高的要求。

为逐步改善特殊教育服务体系，优化配置区内特殊教育资源，促进特殊教育师资队伍专业发展，提升15年特殊教育教学质量，由越秀区教育局牵头成立了越秀区特殊教育联盟。广州市越秀区启智学校作为越秀区特殊教育联盟的龙头单位，采用全方位、立体式、多元化的融合支持模式，建立多层次互动的教康结合专业服务机制，为各类特殊学生提供合适的教育、康复服务，为区域内特殊儿童提供个性化特殊教育服务。学校以"全纳教育视野下特殊教育支持团队"的辐射为着力点，为学生提供多样化特殊教育课程，创新课程内容与实施方式，实现有教无类、因材施教。

2. 学校基本发展分析

（1）优势分析。

广州市越秀区启智学校拥有成熟的"个别化教育"课程体系，并以此为主体，结合潜能开发和康复支持，形成"一体两翼"的办学模式。在多年的办学过程中，成功塑造了医教结合、特奥体育、美术康复等多个亮点特色品牌。

（2）劣势分析。

广州市越秀区启智学校劣势如下：地处广州市老城区，位置不佳、设备设施陈旧落后、场室建设未具规模；课程欠缺特色、统整性；品牌的特色并不鲜明；信息化发展较慢；特殊教育专业背景师资少，全靠职后培训；区内支持个案需求与校内师资配备不成比例，难以有效支持区内随班就读工作。

（三）顶层设计

1. 办学宗旨

让每一个学生成为最好的自己。经过多年的探索，广州市越秀区启智学校形成了"让每一个学生成为最好的自己"的办学宗旨，学校一切工作都以学生的发展为中心，以实现学生的全面发展为目标，通过个别化教育来促进学生的健康成长。

2. 办学理念

在区委、区政府和区教育局的关怀下，新时期的广州市越秀区启智学校扬帆启航，致力于建设成为一所高质量且有温度的特殊教育学校。广州市越秀区启智学校为每一个越秀区有特殊需要的青少年提供15年无缝对接的个性化且适宜的教育、康复支持及服务；努力打造一支高素质、专业化、创新性的新型特殊教育教师团队。在这里，学生可以自信地展现自我，逐步融入主流社会；在这里，教师可以享受专业成长的乐趣；在这里，家长们可以拥有心灵休憩的花园。

3. 教育追求

广州市越秀区启智学校秉承以提升学生的生活品质为目标的教育追求。其中"生活品质"的含义包括独立性、社会融合、生产力三个方面。由于个人特质及资源的不同，智障学生有不同的生活功能，其生活品质分化为不同层级。围绕生活品质的含义，可赋予不同层级的生活品质"四好"定位，即好公民、好帮手、好家人、好照顾。

好公民：同普通人一样的生活模式。期待他们可独立居住，自主生活，只需要重点支持；居住于社区中，一切衣食住行和娱乐皆同普通人一样在社区解决，参与普通人的社区活动，被平等对待；有自给自足的工作，能管理自己的财务。

好帮手：是家中的得力助手。期待他们可和家人同住，帮忙做大部分家务，是家庭的好帮手。若要独立居住，需要有限支持；在有限支持下，可应用社区资源，解决日常生活所需，是一个受欢迎的邻居；有例行的工作，并有成果，以获得少许的报酬，能管理少量的财务，以满足成就感的需要。

好家人：是家中稳定的一分子。期待他们能和家人一同居住，情绪稳定，行为不过激，家人可放心其短暂外出，不至于有饥饿或安全顾虑；在广泛支持下使用大部分社区设施，和他人互动，独立使用少数特定的社区资源，和熟人自然相处，是社区中被接纳的一分子；完成大部分自身自理工作，以及应急的家务工作，有一样别人交付的固定的简单劳务，以得到奖励，能管理一次性购物的金钱。

好照顾：需要全面支持，但照顾者不费力。他们生活实现自理，需要得到广泛支持，但会尊重其个体选择，使其生理功能维持在最佳状态，并会配合别人的协助，使照顾者更容易提供帮助。可能需要全面住宿服务；在全面支持下参与某些社区活动，身心稳定，是社区中被优待的一分子；照顾者能为他们创造生活的重心，使他们对自己的生活有所期待。

4. 育人目标

广州市越秀区启智学校的校训是自尊、自信、自强、自立，这也是其育人目标。

在教师的专业和爱心呵护下，学生能有尊严地生活。犹如向日葵一般，只要拥有阳光，就能自强向上；只要拥有雨露，就能自信成长；只要拥有土壤，就能自立生根。在学校快乐、健康地学习，成为最好的自己。

5. 教育策略

培养具有工匠精神和创新精神的新型特殊教育教师。教师熟悉个别化教育流程和各种康复训练方法，从而严谨地操作，并能不断根据学生个体特质，制定与之匹配的个别化教育教学策略。在此过程中，不断提升自我，追求卓越，精益求精，从而形成高效能的教师团队。

（四）基本建设

广州市越秀区启智学校实行以九年制义务教育为主，适当向学前、职高两头延伸的办学模式，推动学前至职高 15 年学段的无缝对接。根据各校区特殊孩子的发展需求和实际情况进行整体规划和重新布局，其中白云路校区为校本部，占地面积 3517 平方米，负责中、高年部（四至九年级），同时承担 5 大中心的职能；大德路校区占地面积 1488 平方米，为学前和低年部（一至三年级）；五常里校区占地面积 1600 平方米，为职高部。

广州市越秀区启智学校功能场室配备齐全，现有课室 33 个，功能场室 37 个，教室与教学辅助室的比例达到了 89.2%，包括知动训练场室、动作康复训练场室、情绪行为训练场室、语言训练场室、作业治疗场室等。在教学设备方面，学校现有教学一体机、笔记本电脑、台式机等信息化设备。除此之外，还配备完善的康复训练器材和各式各类教具、玩具。

广州市越秀区启智学校还为学生建设了无障碍设施，包括无障碍通道、无障碍洗手间、电梯以及各种安全防护装置；3 个校区均实现了网络全覆盖，监控无死角；各楼层均配备直饮水。不同校区根据学生的年龄特点在校园建设上也有所侧重，大德路校区更偏重童趣化，功能上更注重各训练场室的配备；校本部兼顾了各中心的指导、评估的功能和中、高年级学生的康复训练和生活化训练需求；五常里校区将在 3~5 年内建成职业评估安置中心及多个模拟实景化职业训练场室。

广州市越秀区启智学校通过重新整体规划和布局调整，推动各类基础建设在完备中不断发展，努力为特殊孩子提供适宜教育的优良校园环境。

（五）办学人员

1. 基本构成

广州市越秀区启智学校目前共有教职工 184 人，其中专任教师 174 人，有高级职称教师 14 人，约占专任教师总数的 8%，中级职称教师 65 人，约占专任教师总数的 37%，初级职称教师 57 人，约占专任教师总数的 33%；具有研究生学历的教师 5 人，约占专任教师总数的 3%，具有大学学历的教师 169 人，约占专任教师总数的 97%；教师年龄分布在 45 岁以下的有 149 人，约占专任教师总数的 86%，45 岁以上的有 25 人，约占专任教师总数的 14%，平均年龄 37 岁。

广州市越秀区启智学校根据学校发展需要建立起较完善的管理架构，包括教育管理岗 16 人、专业教师岗 174 人（其中班级教师 112 人、康复科教师 37 人、艺能科教师 24 人、社工 1 人）、生活助理岗 5 人（见图 1）。

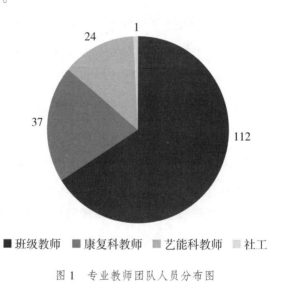

■ 班级教师　■ 康复科教师　▨ 艺能科教师　▨ 社工

图 1　专业教师团队人员分布图

2. 师资架构

多年来，广州市越秀区启智学校一直坚持以新的视野审视特殊教育的发展，以新的标准制订教师的培养规划，以新的举措实施教师队伍专业化工程，力求打造一支师德高尚、团结协作、业务精良、一专多能的教师团队，各类教师在目标明确的职责管理下开展教学工作，其具体职责见图 2。

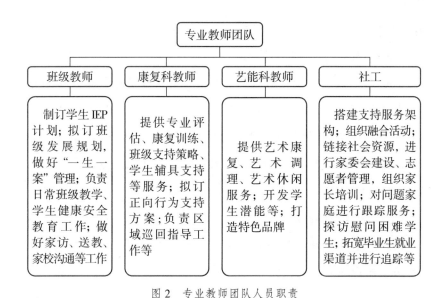

图 2　专业教师团队人员职责

二、办学特色

广州市越秀区启智学校一直将课程建设放在学校发展的重要位置。在各领域专家的指导下，学校深入探索个别化教育理念下医教结合运作模式，不断总结经验、提炼成果，形成有不同侧重点的跨专业整合课程，为学生提供优质服务和保障。同时以特奥融合运动和非遗艺术创作为抓手，构建学校特色品牌，促进特殊孩子与社会融合，为特殊孩子搭建了展现潜能的社会融合大舞台。

（一）以生活适应为核心的课程

1. 课程理念

（1）陶行知生活教育理论。

陶行知先生提出了"生活即教育""社会即学校""教学做合一"

的生活教育理论，尤其是"教学做合一"的实践论，也证实了这是一套以"行"为主的教育哲学体系。

2007年《培智学校义务教育课程设置实验方案》明确提出要把学生培养为具有基本的文化科学知识和适应生活、社会以及自我服务技能"的人，中重度智障学生未来要过什么生活便要受什么教育，如何生活就该如何开展教育，也就是在生活中教育，用生活来教育——"教学做合一。①

（2）全人教育理论。

全人教育的最早提出者是日本教育学家小原国芳。② 全人教育就是塑造"完善的人"的教育，也是多方面和谐发展的教育。所谓全人，并不是把所有领域的内容都要加诸学生身上，而是在不同的发展阶段调节课程内容比重，优化出学生的最佳学习方案。

（3）最近发展区理论。

维果斯基的最近发展区理论认为，学生的发展有两种水平：一种是学生的现有水平，指独立活动时所能达到的解决问题的水平；另一种是学生可能的发展水平，也就是通过教学所获得的潜力。两者之间的差异就是最近发展区。

智力障碍学生的感知速度缓慢，容量较小；缺乏主动性；识记速度缓慢，记忆不牢固；记忆的目的性差，选择功能薄弱；抽象概括水平低，思维刻板。所以在制定学生的个别化教育目标时，应找准学生的起点能力及最近发展区，长短期目标则落在最近发展区的范围内。

---

① 刘大伟. 教育要回到生活培养真人［J］. 教育文摘，2019（1）：38-40.
② 张文京. 特殊教育课程理论与实践［M］. 重庆：重庆出版社，2014.

（4）个别化教育理论。

个别化教育理论，是一种以适应并发展学生的差异性和个别性为主旨的教育策略与设计。它要求在教学过程中，教师根据学生的能力、需要、兴趣、身体状况等设计不同的教学计划或方案，采用不同的教学资源、不同的教学方法和不同的教育评价手段进行教学，从而使班级中每一个学生都能得到合适的教育，并取得最大限度的进步。[①] 特殊学生个体间有显著差异，运用个别化教育对特殊学生进行干预已是国际主流教学理论。

综合前人的智慧和指引，我们认为生活适应能力是智力障碍学生培养的主要内容，而广州市越秀区启智学校围绕学生的实际生活需要开发生活教育课程，使学生学会生活、融入社会。学校的生活教育课程内容涵盖了生活的不同领域，课程实施时充分考虑了不同学生在生活各个方面的需要，是一套个别化教育理念指导下的生活适应教育的课程体系。通过科学、系统的学习，每一个学生都能成为最好的自己，拥有出彩人生。

2. 课程目标

《中华人民共和国培智学校义务教育课程标准（2016 年版）》明确提出总目标：使智力残疾学生享有《中华人民共和国义务教育法》赋予所有适龄儿童少年的受教育权利，尊重其个别差异，发掘其潜能，康复其功能，促进其智能发展，推进其社会化进程，提升其生活实践能力，最终将他们培养成自立自强，适应生活，服务社会的公民。广州市越秀区启智学校早已从 2004 年春季开始，就全面启动了以个别化

---

① 肖非，王雁. 智力落后教育通论 [M]. 北京：华夏出版社，2000.

教育为核心的课程改革：以"为了学生的生存与发展"为一切工作的出发点，力争高起点、高目标、加速度地发展，全面实施个别化教育计划。为此，广州市越秀区启智学校尊重和保障每一个孩子的生存权和发展权，以生活为核心，以具体、完整的生活活动为教学内容体系，以个别化教育为理论指导，贯彻因材施教的原则，使每一个孩子都得到最适宜的教育。

广州市越秀区启智学校全面贯彻国家课程意志，落实国家课程标准，结合全人发展的教育观念，立足于学生当前及未来生活需求，围绕学生个人生活、家庭生活、学校生活与社会生活构建课程体系。为适应不同学段学生的成长与发展需求，将教育阶段按"好照顾""好家人""好帮手""好公民"的四级培养目标逐级递进，设有分阶段教育重点和相应的培养目标，形成无缝衔接、平滑过渡的广州市越秀区启智学校个别化教育核心课程（见表1），最终使学生成为具有积极生活态度、良好个性品质、较高生活品质的出彩社会人。

表1　广州市越秀区启智学校个别化教育核心课程

年段	培养目标	核心课程
学前	学前部依据教康结合、早期干预、潜能开发的办学定位，在遵循幼儿身心发展规律的同时，把握好学前段康复的黄金期，利用科学的康复手段最大限度地缩小特殊孩子与普通孩子的差距，使其顺利进入小学阶段	医教结合理念下的以康复为核心的五大领域课程
低年部（一至三年级）	通过生活核心的主题式教学，结合跨专业整合的康复手段，把学生培养成为自我认识、配合他人及有基本学习适应能力的"好照顾"	基于新课标的以提升能力为基础的学习适应课程

（续表）

年段	培养目标	核心课程
中年部 （四至六年级）	通过生活核心的主题式教学，运用康复支持性手段，把学生培养成为掌握生活适应的基本知识和简单生活技能的"好家人"	基于新课标的以生活为核心的功能性课程
高年部 （七至九年级）	通过生活核心的主题式教学，结合购物与服务、烹饪与家政、休闲与整理等核心板块训练，把学生培养成独立自处，并能参与一般社区活动的"好帮手""好公民"	基于新课标的以生活为核心的社区生态适应课程
职高部 （职一、职二、职三）	通过不同的职业样本实操，培养职业人格，训练基础技能，把智障青年培训成能在支持下独立工作，并能自己生活及参与社区互动的成年人	以融入职场、融入社会为核心的职业陶冶课程

3. 运作与实施

为了让每个有特殊需求的学生都能享受适宜的教育，让每个入读广州市越秀区启智学校的学生都有所进步、学有所得，广州市越秀区启智学校制定了规范的以个别化教育为核心的课程运作模式，以保证为每一个学生提供有针对性、高效能的教育服务。

（1）个别化教育实施步骤。

个别化教育计划（individualized educational plan，IEP）是特殊教育的重要环节，由专业团队依据严谨的运作流程拟定与实施，包括收集基本资料、评量、评量结果分析、依评量结果初拟 IEP 目标、召开 IEP 会议、教学实施和评价七个主要步骤。具体流程见图 3。

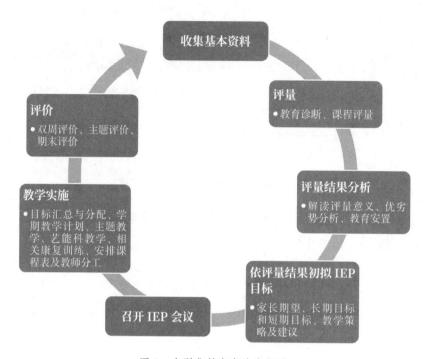

图 3 个别化教育实施流程图

（2）个别化教育运作。

① 收集基本资料。通常是针对一年级新生或者插班生（统称新生），包括个人信息、发育史、家庭教养、接受教育训练情况及效果、目前的基本能力等。班级教师根据了解到的信息，有目的地组织相关人员家访。

② 评量。新生评量包括教育诊断与课程评量两部分。教育诊断主要是针对学习态度、认知特点以及强化物的情况。课程评量则是以各年段选用的课程为准，学生的评估由评估小组完成，小组成员包括班级教师及感知觉、动作、语言、情绪等康复训练专业的教师。

③ 评量结果分析。在分析课程评量结果时，要考虑家长的期望，并能根据学生的评量结果分析出学生的优劣势，确定优先发展领域，以及长期目标和短期目标，并完成综合研判报告书。

④ 依评量结果初拟 IEP 目标。拟定 IEP 目标时，首先要考虑目标能否促进学生能力的提升、参与量变多、适应力变好，促进其身心健康和有助于情绪的稳定，从而能够提升其生活品质。然后考虑达成这些目标要在什么情境中实施，在教育训练的过程中要使用哪些教学策略和支持策略，最终形成一份完整的 IEP。

⑤ 召开 IEP 会议。各专业教师（班级教师、康复科教师、艺能科教师）分别从本专业角度来评估学生的能力现状、下一阶段的目标，并分析讨论出目前学生急需达成的目标，确定安置方式及提出有效的教学策略。

⑥ 教学实施。目标汇总与分配：将全班学生的 IEP 目标按领域、长期目标和短期目标进行汇总，然后把目标分配到例行活动、艺能科（绘画与手工、唱游与律动、运动与保健）、康复科（情绪、语言、动作、感知觉）和主题活动中执行。如果有个别学生的目标在以上教学活动中未能达成，则安排补救性教学。

班级教学计划：根据全班学生的 IEP 合理安排班级的教学活动，除常规活动外，还需确定班级学期教学计划及每个主题的教学周计划，使教学活动有序开展，让个别化教育目标得到落实。班级教学计划包括班级目标汇总与分配表、班级学期教学计划、主题树、主题教学周计划、教学活动设计等内容。

安排课程表及教师分工：各班根据班级教学计划形成班级课程表和学生个人课表，然后有计划地开展教学活动。班级课程表是对集体学习、小组学习和个别训练进行合理安排，同时对班级教师的工作和职责进行合理分配。

⑦ 评价。在教学实施中，做好教学的过程性评价及学生学习评价，主题结束后对目标达成情况做阶段性评鉴，反思主题内容的设计、教学策略的运用、教学资源的协调统合，以及检讨学生个别化教育计划的适用性。

4. 校本课程的开发与管理

（1）校本课程的开发。

广州市越秀区启智学校对标国家课标，积极开发出各年段的校本核心课程，实现校本课程实施从学前到义务教育阶段再到职高的 15 年无缝衔接。此外，学校还基于学生全面发展的需求，结合学校的办学特色，开发了一系列的校本特色课程，如劳动教育课程、美术康复课程、特奥融合课程等，在国内特殊教育同类学校中具有较高的知名度和影响力。

（2）校本课程的管理。

广州市越秀区启智学校对校本课程的管理，主要围绕"课程理念的前瞻性""课程设置的科学性""课程管理的规范性""课程实施的有效性"这四个维度展开，通过具有前瞻性的课程理念顶层设计，设置出科学、系统的课程体系，通过规范化的管理，确保校本课程的有效性，达成校本课程的培养目标，从而成就学生的精彩人生。

① 课程管理的维度一：课程理念的前瞻性。定期邀请国内知名的课程专家为学校课程和发展指明方向，做好校本课程的顶层设计、前瞻布局。

② 课程管理的维度二：课程设置的科学性。通过积极利用各种资

源和搭建平台，与多所高校建立紧密合作关系，开阔视野，拓展课程设置思路。在高校专家的引领下，根据学生未来发展需求设置课程，并不断进行优化和调整，确保科学性。

③课程管理的维度三：课程管理的规范性。组建课程开发攻坚组，对校本课程的实施做好过程性的管理，确保校本课程管理的规范性。

④课程管理的维度四：课程实施的有效性。借助广东省聂永平名校长工作室的平台，举办科研课题、论文、案例、说课、赛课等评比交流活动，广泛汲取校外同行的优秀资源和经验，并通过学校发展规划的"优才计划""菁英计划"，有针对性地进行教师专业化培训，做好学校课程优化实施的人才储备工作，确保校本课程的有效性。

（二）医教结合跨专业康复运作模式

1. 医教结合的背景以及理念

随着教育对象的障碍程度严重化、障碍类型多样化，如中重度智障儿童、脑瘫儿童、自闭症儿童、生长发育迟缓儿童、多重残疾儿童增多①，广州市越秀区启智学校自闭症学生占比为40%，多重障碍学生占比为24%，以致原有传统、单纯的教育手段难以奏效，势必引起特殊教育模式的改变，如将医学手段引入教学体系中。广州市越秀区启智学校各障碍类型人数一览见图4。

---

① 杜晓新，王和平，黄昭鸣.试论我国培智学校课程框架的构建［J］.中国特殊教育，2007（5）：13-18.

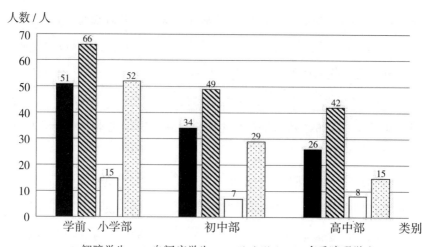

图 4　广州市越秀区启智学校各障碍类型人数一览

　　针对中重度、多重障碍学生，部分国家将康复治疗以特殊教育相关服务的形式纳入特殊教育学校，为教育教学提供保障和支撑。而我国康复治疗服务主要由医院承担，特殊教育学校的相关服务体系尚未完全建立，导致学生很难同时兼顾学习与康复，康复治疗不能有效为教学服务。[①] 医教结合是我国特殊教育改革的可行途径。[②] 国家相关政策也给予其肯定与支持。教育部等七部委共同制定、颁发的第一期、第二期特殊教育提升计划，均很重视医教结合在特殊教育学校的实施。

　　特殊教育医教结合是指与特殊儿童相关的医学领域和特殊教育的全面结合。其中相关医学领域学科包括儿科、其他临床科、康复科、

---

　　① 沈晓明. 我为什么提出特殊教育"医教结合"的理念 [J]. 上海教育，2012 （31）：8-9.
　　② 张伟锋. 医教结合：特殊教育改革的可行途径：实施背景、内涵与积极作用的探析 [J]. 中国特殊教育，2013（11）：19-24.

保健科、护理科等，这些学科的内容涉及特殊儿童的筛查、诊断、临床医疗、康复治疗、护理保健、建档、转介、综合干预等工作。而特殊儿童的教育教学只有与这些工作良好衔接，才能共同构成完整的特殊教育服务体系。[①]

2. 医教结合之探索

（1）建团队、打基础。

广州市越秀区启智学校于 2004 年成立语言训练组，并派教师到医院语言康复科跟岗学习。其后陆续成立动作康复组、感知觉动作训练组、积极行为训练组、辅具适配组，医教结合的队伍初步建成。学校通过"请进来、派出去"，为教师提供丰富的学习平台；通过"在实践中践行理论"，确保学以致用；通过"高位引领、重点突破"，攻克难关，提炼总结经验。十几年来，康复团队影响力渐增，部分教师更是被华南师范大学特殊教育学院、广州体育学院等聘为授课讲师，多名教师先后承担了广东省、浙江省特殊教育培训的讲师工作，对多所学校进行长期的专业辐射。

（2）勤思考、多探索。

广州市越秀区启智学校探索教育和康复的结合点、构建保障体系、提高康复训练比例和有效性。陆续探索小组评估专业整合、学校与医院合作构建模式、按类型开展跨领域训练；实行低年段跨专业整合模式等。学校在医教结合方面成绩辉煌：2010 年被教育部授予第一批"全国医教结合实验基地"的称号，同时参与制订了 2016 年颁布实

---

① 马珍珍，陈车珍，蔡蓓瑛，等．上海市特殊教育医教结合工作情况的现状调研［J］．中国特殊教育，2012（4）：21–26.

施的《培智学校义务教育课程标准（2016 年版）》中的《康复训练课程标准》。

（3）建模式、常合作。

广州市越秀区启智学校逐步搭建起跨专业整合模式的基本架构（见图 5）。在医教结合的理念下，以学生的 IEP 为抓手，在家庭、学校、社区中实施康复训练，提升学生的教育训练效果，进而为其适应社会、过上有品质的生活奠定基础。

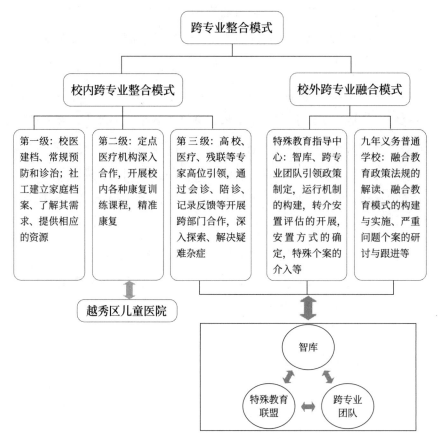

图 5 跨专业整合模式的基本架构图

3. 校内跨专业整合模式运作体系

校内跨专业整合模式的三级运作体系见图6。三级体系彼此之间进行沟通和联系。当对于某些学生难以用教育手段达成目标时，如严重的情绪行为问题，需要医生提供药物支持，待其情绪稳定后，教育的介入才会更有效。所以，需要在教育教学过程中，及时发现问题，从支持体系中寻求帮助。

广州市越秀区启智学校通过图6所示的路径来运作校内跨专业整合。

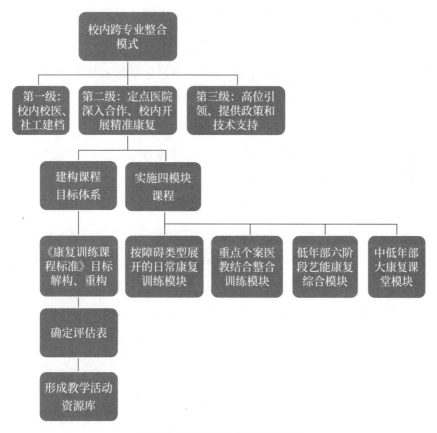

图6 校内跨专业整合模式路径图

4. 校内跨专业整合模式中的康复课程训练目标

校内跨专业整合模式依据《培智学校义务教育课程标准（2016年版）》中《康复训练课程标准》的目标体系进行整理，形成学校康复运作训练目标体系。下面以"沟通与交往领域"的一个目标为例进行说明。

首先，将《康复训练课程标准》的目标进行分解，之后将目标系列进行整理，编制出各领域目标序列。例如，将其中的"听懂常用词语和词组"分解为"听懂名词、人称词、形容词、并列词组、动宾词组、主谓词组、偏正词组、介宾词组等"。

其次，将目标进行组合，设计评估活动。同一个评估活动可以设计评估多个目标。例如，通过指认图片的活动评估学生对名词的理解，通过"做一做"活动评估学生对动词的理解等。

最后，依据目标训练，设计教学活动卡，并拍摄录像，形成教学资源包，为教育和训练提供大量素材，更好地指引教师开展教学。

5. 校内跨专业整合模式中的康复训练模块

（1）按障碍类型展开的日常康复训练模块。

广州市越秀区启智学校整理出三大常见障碍类别的训练重点以及训练策略，依据每个障碍类型的核心障碍以及特征，整理出训练内容以及目标序列，形成训练模块。例如，针对智力障碍学生提高感受能力、活动能力以及协调能力的训练目标，通过增加感知活动和肌肉活动，促进大脑机能的修复和补偿。智力障碍学生的康复训练主要包括六个领域：感知、运动、认知、语言、生活自理、社会适应。以认知领域为例，认知能力包括注意、记忆、理解、判断、推理等高级的思维活动能力。依目标设计训练课程，此课程包括基础准备、初阶技能训练、高阶技能训练。

（2）重点个案医教结合整合训练模块。

与医院建立长期合作，医院为广州市越秀区启智学校提供教师和家长培训服务，包括各种障碍类型学生的诊断、评量和常用策略、疾病预防和药品使用等。同时，学校选取重点个案开展共同评估、制定IEP，并在医生的指导下落实教学、开展研讨，使医学手段与教育手段充分融合（见图7）。

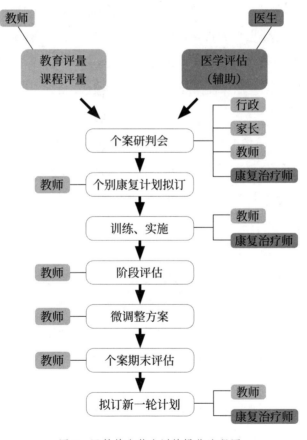

图7　医教结合整合训练操作流程图

（3）低年部六阶段艺能康复综合模块。

基于跨专业整合康复训练目标体系，依据英国教育部 2017 年修订的《特殊需要学生 P Scales 学业表现目标》、凯伯的学习发展阶段与动作 - 知觉发展理论、《培智学校义务教育课程标准（2016 年版）》中的《艺能科课程标准》，总结出六阶段总目标及训练重点。通过评估将低年部学生分为六阶段，每周 4 课时开展小组康复训练，重点探索极低能力学生的康复训练途径。

①总目标规划。第一阶段总目标为以提升学生参与活动的意愿为主要目标。训练重点为将动作、感知觉活动和美术、音乐、体育活动相结合，参照艺术调理、音乐调理等手段，加入代币制的概念。第四至第六阶段以《艺能课程标准》中的目标为主要目标，开展有主题的、有结构的艺能课。

②以第一阶段为例介绍具体运作。首先，确定本阶段学生情况：对环境中大部分刺激无明显反应；动作能力发展限制其参与活动；暂未能关注活动中的人、物品及事件。然后，确定总目标、各领域目标，同时结合 IEP，制定本阶段该学生的训练目标，如学生 A 在课堂上能保持安静、不哭泣 10 分钟。

依据多感官介入和表达性治疗架构的理念，将动作、感知觉活动和美术、音乐、体育活动相结合，参照艺术调理、音乐调理等手段，设计和开展活动。在教学策略方面，主要使用以应用行为分析为导向以及其他综合干预的策略，如提示策略、增强策略、随机教学法等。

当学生能主动参与超过 50% 的课堂活动并且达成第一阶段的目标时，就可以进入第二阶段课程。

（4）中、低年部大康复课堂模块。

基于中、低年部学生在视知觉、手眼协调、本体觉、前庭觉及整合性这四方面的发展需求，广州市越秀区启智学校每周两课时开展四模块康复大课堂，以提升学生知觉动作能力为核心，融合认知、语言、社会性等方面的集体康复训练，设计各障碍类型训练重点和内容，扩展了康复训练覆盖面，同时提升了康复训练的有效性。

设计了四模块课程内容和活动资源库。依能力对全校低、中年部学生进行分组，教师经初步评估确定训练目标和活动，通过每周2个课时，每组每月开展一个模块的训练，4个月为一个周期，实施该课程。

（三）特奥融合促发展

1. 特奥潜能发展理念

特奥的口号是"勇敢尝试，争取胜利"。特奥运动的理念和使命是"共同参与、分享快乐、交流技艺、增进友谊"。"平等、参与、融合、快乐"表达了所有特奥运动员的共同心声。为特殊人士搭建特奥平台能鼓励他们走出家门、融入社会，促进残健融合。

2. 特奥潜能发展目标

招收特殊儿童、青少年的广州市越秀区启智学校一直以来努力搭建特奥平台，通过体能、康复训练提升特殊学生的身体素质，并培养他们顽强拼搏、自信乐观的阳光心态。学校以特奥为契机，通过不同的活动形式来激发学生的运动兴趣，吸引更多的学生加入特奥运动，感受运动带来的成功与快乐。

3. 运作模式

（1）组建学校特奥攻坚小组，在全校选拔特奥运动员。

特奥攻坚小组教师经常参加各种与特奥有关的理论、实践培训，切实提高教练水平。广州市越秀区启智学校在全校选拔了特奥运动员，并将具有一定能力的特奥运动员组建成特奥后备队，真正把特奥发扬光大，增强学生的荣誉感。

（2）以点带面，促进群体性体育活动的开展。

广州市越秀区启智学校除了成立特奥运动队之外，还重视群体性体育活动的探索，认真落实每天一小时的体育运动的大课间活动。在体育教师的指导下，各班会根据本班学生的实际情况设计具有本班特色与符合本班学生情况的活动。学校每学年还会组织大型户外体育竞技运动会、体育嘉年华活动等来提升学生的身体素质，以运动健身，以活动育人。

（3）组建特奥融合足球队，搭建帮助他们成功的社会融合活动平台。

近几年来，在省、市、区政府及领导的关怀与大力支持下，广州市越秀区启智学校创建了特奥融合的特色项目，于 2015 年与广州体育学院一起加入融合学校行列，组建了特奥融合足球队。

（四）非遗艺术显潜能

1. 非遗潜能发展理念

为了响应习近平总书记"五育并举"的号召，广州市越秀区启智学校落实美育工作，以非遗艺术创作活动为抓手，将本地的非物质文化遗产融入学校教育和学生生活，通过多元的艺术教育教学方式，对学生进行康复补偿与潜能开发。

2. 非遗潜能发展目标

非遗艺术项目进校园，让学校成为充满文化气息的育人场所，通过让学生全方位、多角度地参与，培养他们的民族自豪感和文化认同感，在创作实践中既可以实现康复补偿，也可以实现潜能开发，使他们具有一技之长，让他们在社会实践展示的过程中感受成功的喜悦，逐步走出校门，融入社会。

3. 运作模式

（1）组建多个非遗社团。

将非遗融入学校拓展课程，邀请专家、非遗传承人到校授课，将版画、年画、广彩、泥塑、剪纸等项目作为潜能开发课程、社团课程在学校广泛开展，让学生在拓展课程中近距离接触多种非遗、学习非遗。

（2）分层级教学、康教结合，推进非遗规范化（广泛性）传播。

根据学生的 IEP 计划、学生的康复需求、学生特点，分层级推进教学，使学生有针对性地学习，掌握非遗知识技巧，了解非遗项目，感受非遗，推进非遗规范化（广泛性）传播。

（3）特色创新，非遗融入新元素。

要让非遗"青春永驻"，要让非遗"在特教扎根"，在普及传统非遗的同时，还要与时俱进，融合新鲜元素。它可以是将戏剧、舞蹈、表演等融入非遗之中，更可以是改造非遗相关创作的工具和表现形式，让非遗更适合在校园中传播，在特教中传播。

（4）整合多方资源，学校社区联动，探索校外活动体验。

一方面要强化校内普及和传播，另一方面要探索校外活动体验，让学生走出校园，走进非遗。通过与社区联动，营造非遗传播良好氛围。整合非遗资源，增强校外活动体验，让师生走进非遗项目单位，开展"非遗融合活动"，使"融合"和"非遗"无缝衔接。

（五）搭建全方位服务支持体系

1. 支持体系理念

以完善特殊教育机制为基础，以提升教育质量为核心，以增进特殊人群福祉为目标，以各部门联动为保障，构建普特结合、学段完整、普职融通的特殊教育全方位服务支持体系。

2. 支持体系目标

全方位服务支持体系的总目标是让每一个孩子享受公平、适合的服务，让每一个家庭享受有品质的生活，让每一个教师享受有效的课堂、成就最好的自己。

3. 学校系统服务支持体系构建

以特殊教育联盟为保障，联动民政部门、残联部门、教育部门、医疗部门等，为特殊需求学生、家庭、教师提供全方位服务支持体系。针对学生、家庭、教师三方的不同需求，提供不同的支持内容。例如，联动各方面社会力量，为学生提供缺陷补偿、潜能开发服务，为其成为"好照顾""好家人""好帮手""好公民"而努力。为特殊需求家庭提供保障服务，提升家庭功能、构建和谐家庭等。具体见图8。

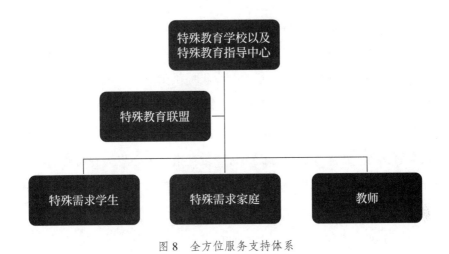

图 8　全方位服务支持体系

4. 校外支持体系构建

校外支持体系的构建以区特殊教育联盟为保障，采用 DOT［D —— Diversification（多元化），O —— Omnibearing（全方位），T —— Three-dimensional（立体式）］融合教育模式，将各部门、各专业人员进行统整，以学生的需求为核心，铺开支持网络，支持学校构建融合教育环境，赋予教师特殊教育能力，给学生提供多元化的课程。DOT 是学校构建的融合教育新模式，包括三元素。

（1）课程的创新 —— 多元化（D）。

由于特殊需求学生个性化差异较大，需要构建以"五育并举"、综合育人为目标，既面向全体学生又注重个别差异的多元化课程，包括学科课程、适应性课程以及康复补偿课程。同时需要提供个性化且多元化的教学方法、策略资源。在课程、文化、活动当中创造多元化机会，增加学生与同伴交流、与社会外界互动的机会，提升学生的社交交往能力，增强学生的自信，促进其全人发展。

（2）支持模式的创新——全方位（O）。

融合教育的模式全方位覆盖学前教育、义务教育和职业教育阶段，为有特殊教育需求的儿童、青少年提供无缝对接的教学服务。服务对象也将全方位覆盖，为普通学校特殊学生提供个性化的教育支持服务。同时在策略、方法方面，给学生、教师以及家长、环境建构提供全面支持。在服务内容方面，特殊教育指导中心将为有需要的个案提供转介安置、智力检测、学习指导、积极行为支持以及辅具适配等多项个性化服务。

（3）架构的创新——立体式（T）。

DOT 融合教育模式重视立体式的运作，强调模式运作需要教育行政部门、特殊教育指导中心、跨专业团队以及智库专家们等的共同参与，各部门各司其职，打破局限性，发挥强大的功能作用。

DOT 融合教育模式为普通学校的教师、家长提供大量支持，包括理论培训和实操指导，以及其他资源的支持（见图 9）。

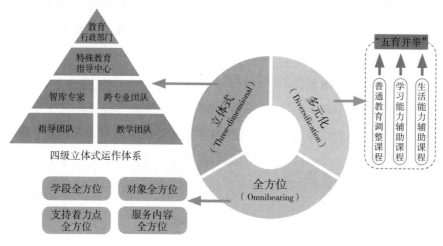

图 9　本土化的融合教育新模式——区域性 DOT 融合教育模式

5. 区域支持体系构建

根据《广州市越秀区第二期特殊教育提升计划（2018—2020年）》的部署，越秀区特殊教育联盟于2019年成立，越秀区教育行政部门负责其行政管理，越秀区教育发展中心提供教科培支持，广州市越秀区启智学校为龙头，区内普校、智库、跨专业团队作为联盟体。联盟的成立，不仅提供了普校和特校、专家和一线教师、行政部门和残疾人联合会以及特殊教育学校等沟通和合作的平台，使融合教育从评估安置、转介、鉴定到指导等流程更加顺畅，而且提升了管理架构的清晰度，促进了区域内融合教育支持系统的建设，为提升区域内整体融合教育的质量奠定了基础。

广州市越秀区启智学校作为省内最早一批九年一贯制特殊教育学校之一，为区内特殊教育发展做出了重要贡献，得到了省、市教育部门的高度认可。2004年，广东省教育厅授予广州市越秀区启智学校"广东省特殊儿童随班就读指导中心"称号。之后，广州市越秀区启智学校在市、区内融合教育方面不断努力探索，扩展服务内容，提供更加有力的专业保障，相继被授予"智力检测中心""积极行为支持中心"等称号。自各中心成立之后，为市、区内普校提供了师资培训、个案辅导、环境建构、智力检测、资格认定等服务。例如，为普校4206名学生提供智力检测服务，为普校提供约339课时的特殊教育宣导服务，为40多名普校学生提供1000多课时的积极行为训练服务，设计并制作了1000多件辅具，为近百名学生提供转介安置服务。

（六）培养整合型人才，名师基地辐射引领

1. 统筹规划

（1）背景分析。

越秀区教育局高度重视特殊教育,《广州市越秀区第二期特殊教育提升计划(2018—2020 年)》明确指出要加大力度培养特殊教育专业人才,培养一批多专多能的整合型特殊教师。随着融合教育的迅速发展,特殊学校招收的学生障碍程度越来越严重,多重障碍类型学生以及有严重行为问题学生人数越来越多,意味着教师在教学上所面临的挑战越来越大。

(2)持续专业化发展。

广州市越秀区启智学校多年来坚持邀请国内外知名专家来校开展讲座,开展持久的、系统的专业培训,为师资发展打下坚实的基础。教师把工匠精神、创新精神作为专业追求。近年来,学校已经从以前的输血式培训过渡到造血式培训。从新教师、青年教师、骨干教师到名教师,层层打造,为进一步打造整合型人才,整体提升教师的专业素养而不断努力。

2. 创新模式

(1)"优才计划"为人才培养保驾护航。

"优才计划"为 5 年整体规划,面向全体教师,分层次、分梯队,循序渐进,充分发挥广州市越秀区启智学校名教师、骨干教师的带领作用,着力把教师们从单一专业教师培养成跨专业型人才。

(2)"菁英计划"助力青年教师成长。

"菁英计划"是广州市越秀区启智学校为助力青年教师专业成长而搭建的平台。由全校的名教师、骨干教师组成的菁英导师团队,通过开展任务驱动型的带教活动,充分发挥名教师、骨干教师的引导作用,让青年教师在师德修养、班级工作管理以及教育教学实践等方面多管齐下,向成为区骨干教师的目标努力。

3. 制度保障

（1）考核评价多渠道激励。

为确保教师专业成长的成效，广州市越秀区启智学校实行多元评价机制以及多渠道的激励。其中，学校骨干教师对外辐射成为常态。近年来，由广东省教育厅、广州市教育局主办，高校组织的特殊教育教师培训班都邀请广州市越秀区启智学校骨干教师作为教师校本培训工作坊的带教导师与同行们分享交流，同时广州市越秀区启智学校也作为跟岗实践基地给同行们提供交流和学习的平台。多所省内外、市内特校、特教中心约30多个单位邀请广州市越秀区启智学校骨干教师到校进行带教指导。

（2）以赛促能。

每学期工作重点为策划校内教学比赛，内容包括案例评比、说课比赛等，促进教师们专业成长。除此之外，成立攻坚小组积极组织并辅导教师参加上级部门组织的各项比赛。

（七）数字化信息资源开发

1. 基础设施建设

为了以教育信息化促进教育改革与学校发展，广州市越秀区启智学校制订教育信息化规划，开展教育信息化项目，以教育信息化基础设施和人才队伍的培养为基础，以校园信息网络建设和教育信息资源开发应用为重点，加速实现学校教育信息化、智能化、现代化，使学校在教育信息化硬件配备、师资培训、德育管理、云平台建设、新媒体开发及应用、教学研究等方面都取得了显著成效。

2. 常态化运作

（1）基于学校重视，赢在管理到位。

广州市越秀区启智学校建立了以校长为组长、覆盖各学科骨干和所有学科的信息化工作小组，制订落实信息化的发展规划，采取普及型和提高型相结合的方法，提高广大教师的信息技术运用能力。学校更是搭建平台以赛促能，鼓励和推荐教师参加各级信息类评比活动，近三学年累计获国家级奖项 15 个、省级奖项 18 个、市级奖项 24 个、区级奖项 44 个，可谓硕果累累。

（2）紧跟时代步伐，建新媒体平台。

早在 2015 年，广州市越秀区启智学校已搭建广州市越秀区启智学校网站平台，随着科学技术的发展，为适应时代的需要，学校搭建起微信公众号平台，以更好地宣传、推广学校，更好地服务于社会和家长，成为德育、教学宣传阵地，成为"五育并举"课程资源宣导的平台，为学校、教师、学生提供多方位舞台。

（3）建智慧特校，迈进大数据时代。

未来 5 年，广州市越秀区启智学校将全力打造智慧特校，基于"以教学、评估和管理为核心突破，逐步推进智慧校园建设"的需求和当前校园软硬件基础，根据"中心突破、以点带面"的智慧校园建设策略，制订智慧校园平台分阶段推进规划，最终通过信息技术的手段和大数据来全面辅助提升教学质量和改善信息环境，为特殊学生提供最科学、最适宜的教育。

3. 探索信息技术与学科整合的有效途径

广州市越秀区启智学校将信息技术运用于课堂教学和教育科研。借助课题研究，积极提升信息技术的研究水平，探索信息技术与学科课程的整合，使课题研究水平和教师业务素质同步提高。学校已在国家级、省级、市级信息技术赛事中荣获奖项百余个。

三、办学成效

本部分主要从课程建设、教师发展、学生发展、社会影响四大方面逐一分析广州市越秀区启智学校的办学成效。

（一）课程建设

国家课程最优化实施的唯一途径就是国家课程校本化。[①] 在多年的课程建设与改革过程中，广州市越秀区启智学校在结合学生能力与需求、师资构成、办学资源和发展目标的基础上，精益求精、传承与创新，持续推进校本课程的开发与完善，构建了"学前—低年段—中年段—高年段—职高部"的阶梯式课程，教育成效得到多方高度认可。

1. 落实"一生一案"

特殊教育作为教育的"兜底工程"，可以让所有区域内中重度智力障碍适龄儿童都能接受义务教育。广州市越秀区启智学校教育对象残障程度严重，以中重度为主，且残障类型多样化，因此，学校于2004年全面实施个别化教育，落实"一生一案"。

2. 校本课程创新

（1）课程结构方面的创新。

课程紧紧围绕学生日常生活需求开展，包括个人自理、家庭生活、学校生活、社会生活等。由于不同年龄学生的生活需求有差异，

---

① 张志勇.课程改革的本质就是课程民主［N］.中国教育报，2014-02-12（4）.

广州市越秀区启智学校创新性地提出了阶梯式课程的观点，根据不同年龄段学生在"独立性""社会融合""生产力"等方面的发展需求，为他们设计适宜的生活教育课程内容。在实施过程中，还加入了以改善功能为宗旨的康复课程。对于年龄小的学生，以补救性康复训练为主；对于年龄较大的学生，则以支持性康复服务为主。

（2）课程运作方面的创新。

根据《培智学校义务教育课程设置实验方案》的要求，广州市越秀区启智学校结合智障学生的特点，整合生活语文、生活数学、生活适应、劳动技能等学科与生活教育课程，开设生活主题课、生活实践课、例行活动等综合课程。广州市越秀区启智学校的生活教育课程打破了传统学科教学，全面实施以主题教学为特色的运作模式。这种课程运作模式有利于引入各种生活情境和活动，使智力障碍学生在真实的情境中边做边学，提升学习效果。

（3）课程管理方面的创新。

广州市越秀区启智学校始终坚持以学生为中心，在个别化教育理念的指导下，形成一套课程管理模式。与一般学校的教学管理不同的是，广州市越秀区启智学校的教学是从评估入手，通过对不同项目的评估，全面了解学生的能力基础和发展需求，为每一个学生制定 IEP，然后根据每个个体的不同需要，制订适合的课程内容。

3. 管理与评价

（1）对学校课程的整体自我评价。

①广州市越秀区启智学校课程的教育理念先进，教师达成共识，具有引领性。学校课程的教育理念是通过科学、系统的学习，让每一个学生成为最好的自己，享有出彩人生。该教学理念吸取了国内外的

先进教育理念，教师们都很认同这个教育理念。

②广州市越秀区启智学校课程的教育目标清晰，符合国家的教育目标，具有前瞻性。课程的教育"总目标"是使每一个孩子都最终成为具有积极生活态度、良好个性品质、较高生活品质的出彩社会人。学校课程的教育目标顾及学生全人、全生涯的发展。

③广州市越秀区启智学校课程的教育内容体现广州市越秀区的地域特色，充实丰富，具有功能性。生活教育课程的教育内容包括个人生活、家庭生活、学校生活与社会生活。康复训练课程的教育内容包括语言训练、动作训练、感知觉训练与情绪行为管理。

④广州市越秀区启智学校课程的教学组织形式多样，具有统整性。生活教育课程的主要实施形式是主题活动。康复训练课程的实施包括抽离式训练和班级支持服务，形式包括个别训练或小组训练等。

⑤广州市越秀区启智学校课程的教学活动设计科学有序，具有序列性。广州市越秀区启智学校按照课程的主要基本环节设计教学活动，包括学生生活环境和作息时间等方面的调查、课程评估、教学方案制订、教材编写、教学实施和结果评鉴等。

⑥广州市越秀区启智学校课程的教学评量以课程为导向，具有全面性。课程的教学评量包括学习过程评价（课后）和整体发展水平评价（期末）两部分。教学评量涵盖了学生个人基本技能（包括个人生活自理、健康安全、沟通、自我管理、基本数理常识），以及家庭、学校和社区生活适应技能，充分利用家庭、学校和周边社区的各种环境和人力资源，强调家长的配合和参与。

（2）对学校课程的微观评价。

广州市越秀区启智学校每学期都会结合学校的发展、课程改革和教师专业成长的需要，开展形式多样的教师岗位练兵课研讨活动，通过对教师具体的课堂教学进行评价，引导教师教育理念的全面落实，促进教学效能的提高。

（3）多元化的评价。

广州市越秀区启智学校会充分结合各级各类研讨交流活动，通过兄弟学校的跟岗交流、学校的家长开放日、各级主管部门的调研考察、专题培训、专家指导等渠道和平台，多维度、多方面地展示学校的各项工作，落实多元化的评价，促进学校的发展。

4. 实施成效

广州市越秀区启智学校自 2004 年迈开课程改革的步伐以来，通过不断实践、不断学习、不断成长，构建起了"学前—低年段—中年段—高年段—职高部"的阶梯式课程，并把在此过程中积累的较为成熟的经验整理成书。学校于 2010 年出版了一系列经验型丛书，并继续努力研究探索，2015 年出版了启智学校课程发展的"太阳花系列丛书"，既有理论层面的阐述，也有实践经验的介绍。同时召开了课程改革成果论证会，来自全国各地的 100 多所特殊教育学校、机构参加了这个会议，来自北京师范大学、华东师范大学、华中师范大学等多所国内知名大学的 28 位特殊教育专家经深入系统论证后，一致认可广州市越秀区启智学校在课程上的鲜明特色，并做出以下几方面的评价。

办学理念方面：经过多年的探索，广州市越秀区启智学校形成了"让每一个学生成为最好的自己"的办学宗旨，学校一切工作都以学生的发展为中心，以实现学生的全面发展为目标，通过个别化教育来促进学生的健康成长。

因应学生的变化，全面规划学校的课程，对生活主题课、常规课、艺能和信息课、社团活动课和潜能开发课以及康复服务进行了整合，课程理念先进，符合学校的实际和学生的特点。在课程改革的基础上，广州市越秀区启智学校对教学进行了相应的改革，全面推进个别化教学，打破了传统的分科教学，这样的改革符合课程与教学改革的方向，也符合特殊需要儿童的实际需要。

广州市越秀区启智学校的管理充分发挥教师的自觉性、主动性、积极性，通过建章立制，充分发挥人、财、物的效益，达到了"无为而治"的良好效果。

总而言之，经过30多年的办学实践，广州市越秀区启智学校已经形成15年无缝对接的以个别化、生活化教育为核心的成熟的办学思想和模式，在全国培智类学校中产生了显著的影响，已成为国内成功实施个别化教育模式的标志性学校之一。

（二）教师发展

1. 名校长、名教师辐射引领

广州市越秀区启智学校依托省级名校长工作室及市级名教师工作室两大平台，为教师提供多方位的培训机会，搭建多元教学展示平台。通过组织工作室成员到同行学校进行参观学习、听课交流，送教下乡研修活动等形式，工作室各校长共同研讨出具有学校特色的发展规划。工作室邀请专家王雁教授到校对新课标及新时期特殊教育教师的准入要求进行深入解读，对工作室的发展及广东省特殊教育的情况作了精准的分析并给出具体建议。期待未来以工作室平台辐射省内特殊学校，推动新课标下的课程改革和教师专业化发展。

2. 师资力量整体提升

经过前期大量的专业培训，广州市越秀区启智学校为人才储备做足了功课，目前已成长起一大批专业骨干教师。约有 12 名教师在广州市教研院的特殊教育中心分别担任多个组别的教研组组长以及成员，成为广州市特殊教育教研的中坚力量。约有 10 名教师受聘于华南师范大学、广州体育学院、广东省外语艺术职业学院等高校，成为特殊教育各专业课程的讲师。

3. 教师教研能力强

（1）课题级别不断提高。

教师在日常教学中注重个案研讨、教学思维碰撞，在不断积累过程中，获得累累硕果。其中，课题从市级小课题，到省级小课题，到省级一般课题，再到省级重点课题，级别在不断提高，这表明教师们的科研能力在稳步提升。

（2）各类比赛获奖丰富。

在教学比赛方面，无论是信息化教学比赛、优课比赛、教具比赛，还是论文比赛、IEP 教学成果比赛等，教师们囊括中央、省级、市级和区级的奖项。从 2010 年至今，广州市越秀区启智学校教师个人业绩获得部级奖共 106 人次、省级奖共 214 人次、市级奖共 286 人次、区级奖共 333 人次。每一个奖项，都见证着教师的努力与成长。

（3）学术活动影响好。

广州市越秀区启智学校曾经举办的学术活动：2010 年协办全国"启智杯"新课程研讨会；2012 年举办全省智障教育美术学科现场教学观摩研讨活动；2015 年召开成果发布会，推广个别化教育模式；2017 年举办区融合教育教学研讨会。广州市越秀区启智学校以生活适应为核心、跨专业整合的课程与运作模式，获得一致好评。

（4）教学成果丰富。

广州市越秀区启智学校对多年的教学经验与成果进行总结、整理、汇编，出版了一套10本的"太阳花系列丛书"、《医教结合教育成果论文集》、《特殊儿童支持性游戏训练手册》、《培智学校医教结合探索之路》等书籍；康复实验研究向美术科辐射，创新特殊学校美术课堂模式，编写了一套适用于低、中、高年级学生的美术康复教材。广州市越秀区启智学校将成功的教学经验推广到同行学校，供其借鉴、参考。

（三）学生发展

1. 体育

广州市越秀区启智学校的特奥运动员多次参加世界级、国家级的特奥会比赛，在全国甚至世界特奥会的足球、篮球、轮滑、游泳、滚球等项目比赛中取得过辉煌的成绩。迄今为止，共获得约金牌160枚、银牌114枚、铜牌92枚，合计366枚。广州市越秀区启智学校的特奥运动员被推选为2010年广州亚残会的火炬手，以及中华人民共和国第九届残疾人运动会暨第六届特殊奥林匹克运动会的火炬手。2019年，广州市越秀区启智学校融合足球队代表中国参加第十五届世界夏季特殊奥林匹克运动会，获得了融合足球比赛项目的第四名。

历年来，广州市越秀区启智学校特奥运动项目获得的成绩斐然，在多项特奥运动项目中获得了世界级、国家级及省级、市级、区级的优异成绩，其成绩汇总见图10。

为了让学校的特奥品牌项目更蓬勃地发展，广州市越秀区启智学校努力构建了特奥项目的支持网络体系，见图11。

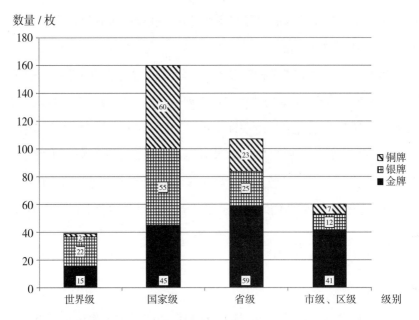

图 10　广州市越秀区启智学校特奥运动项目获奖情况一览表

图 11　广州市越秀区启智学校特奥项目支持网络体系

　　省、市、区政府、教育局、残联都对广州市越秀区启智学校给予了高度重视与关怀，在落实与特奥运动发展相关的政策时给予了更多的关注，为广州市越秀区启智学校的学生提供了很多特奥活动机会。东亚区特奥会努力为广州市越秀区启智学校的学生搭建了不同的社会融合活动平台，让更多的特殊孩子得以走出校门，走向社会，开阔了眼界，增长了见识。在他们的大力推动下，社会上的很多运动团体也来到了广州市越秀区启智学校，如中超联赛广州富力足球俱乐部（现更名为"广州城足球俱乐部"）走进了校园，世界羽联举办的特奥融合羽毛球活动及中国男篮集训活动都邀请了广州市越秀区启智学校的特奥运动员参加，在此过程中，开阔了孩子们的眼界，增强了孩子们的自尊心、自信心，也使孩子们收获了友谊与快乐。

　　特奥联盟体以广州市越秀区启智学校为核心，联动五城特殊学校，发挥广州市越秀区启智学校的引领示范作用，扩大特奥运动影响力及对社会的辐射作用。在开展特奥融合活动过程中，广州市越秀区启智学校与融合学校牵手，缔结姐妹学校，融合伙伴带领特奥队员取得辉煌成绩。在日常的训练中，学校特奥攻坚组的教练们为特奥运动员提供全方位的技术指导与生活照顾，让孩子们综合能力不断提高，不断创下佳绩。广州市越秀区启智学校的特奥项目能有今天的辉煌还离不开社会爱心企业团体的关爱与支持，他们为特奥队员提供训练、参赛的运动装备，助力他们参加竞技比赛。

　　今后，广州市越秀区启智学校还会不断完善、健全特奥项目支持网络体系，不遗余力地为增强学生体质、提高他们的个人生活品质搭建各种平台，使特奥惠及每个学生，让特殊孩子在特奥运动的滋养下阳光自信地成长。

2. 艺术之苗勤栽培

广州市越秀区启智学校积极营造潜能发掘教育的氛围,力图开发学生的潜能。2012 年,特邀"通草画"非遗传承人苏昕老师驻点学校,这一举措更是开创了"非遗传承在特教"的先河。学校教师根据学生的情况和基础组建分层组别,循序渐进地为学生提供潜能开发和个性展示的空间。近几年来,学校努力为学生搭建展示艺术创作成果的平台,把他们的优秀作品分别投送到不同的展示或比赛平台,均获得一致好评。广州市越秀区启智学校美术比赛获奖情况见表 2。

表 2 广州市越秀区启智学校美术比赛获奖情况一览表

序号	级别	获奖名次	获奖数量	总计
1	国家级	特等奖	1	8
		一等奖	1	
		二等奖	3	
		三等奖	2	
		优秀奖	1	
2	省级	特等奖	1	38
		一等奖	12	
		二等奖	14	
		三等奖	11	
		优秀奖	0	

（续表）

序号	级别	获奖名次	获奖数量	总计
3	市级	特等奖	1	92
		一等奖	25	
		二等奖	30	
		三等奖	25	
		优秀奖	11	
4	区级	特等奖	0	43
		一等奖	14	
		二等奖	14	
		三等奖	15	
		优秀奖	0	
5	民间	特等奖	1	40
		一等奖	8	
		二等奖	7	
		三等奖	4	
		优秀奖	20	

　　未来，学校将会和市少年宫特教部携手结为融合艺术教育合作伙伴，着力打造综合素质高的艺术教师队伍，构建融合艺术教育社会支持网络，为特殊孩子搭建更多、更广阔的自我展现平台，成就他们的艺术梦想。

（四）社会影响

1. 社会团体助力特教、特奥发展

省、市、区领导多次到广州市越秀区启智学校调研、慰问，关注越秀区特殊教育事业的发展，关心特殊教育工作者，关爱特殊孩子的成长。领导们一致肯定了学校"医教结合，精准康复"的办学定位；对学校的个别化课程、特色品牌、教师专业化发展等都给予了高度评价。广州市越秀区启智学校的发展除了得益于政府、教育行政部门的大力支持，还离不开社会各界多年来的关爱。

（1）社会团体雪中送炭，为启智师生保驾护航。

在突如其来的新冠肺炎疫情下，很多爱心企业心系广州市越秀区启智学校的疫情防控工作，在学校各项防疫物资紧缺的情况下，他们纷纷为学校送来了珍贵的抗疫物资，为学校顺利开学、师生的人身安全提供了强有力的支持。

（2）定期志愿服务，助力学校稳定发展。

社会各界向广州市越秀区启智学校提供了丰富的教育教学资源和志愿服务，广州市越秀区启智学校也为爱心企业、团体志愿者搭建了普特融合的活动平台。有的常年提供教育教学资源支持，有的近 10 年坚持每月为师生们义剪，不少知名企业、社会公益队伍、事业单位等结合学校的大型活动提供志愿服务、活动物资支持，为困难家庭提供专项资金支持、免费教育教学资源等多项公益服务。社会的关爱让特殊孩子得到更多融合的机会与自我展现的活动平台，让广州市越秀区启智学校师生倍感温暖。

（3）搭建平台，促进普特融合。

广州市越秀区启智学校还与区内 20 多所学校（如广州市第四十中学、广州市第十中学、清水濠小学、朝天路小学等）签订手拉手共建协议，定期开展师生间的交流活动，让普通学校的学生们切身感受特殊孩子成长的艰辛，感受他们顽强、阳光的心态，学习与特殊孩子交流和沟通的方式。手拉手共建活动提供了普特融合的平台，通过共融教育，帮助那些能力较强的特殊孩子逐渐适应普通学校的生活，为其回归主流社会打下基础，共同促进融合教育的发展。

（4）加强宣传，推动融入社会。

广州市越秀区启智学校每年开展的不同的活动均受到媒体的青睐，尤其是艺术节和融合体育节活动，多次登上电视、网络和纸质媒体等，引起社会的广泛关注。这同时也让社会进一步了解特殊教育、接纳特殊教育，为学生日后融入社会、融入社区打下基础。

2. 跟岗交流促成长

基于广州市越秀区启智学校成熟的课程管理体系，教学效果明显；在业界享有一定的知名度和影响力，广州市越秀区启智学校吸引了全国各地特殊学校前来跟岗学习与交流。

（1）同行学校跟岗交流，共促成长。

近年来，广州市越秀区启智学校接待全国（包括香港、澳门、台湾）各个地区特殊学校到校跟岗交流 203 批次共 3031 人次。通过开展各校之间的交流互动，学校将成功的经验推广到全国各地，同时也从其他学校的分享中汲取成功的经验、扬长避短。

（2）为特殊教育师资队伍培养接班人。

广州市越秀区启智学校是特殊教育专业协同育人联盟基地——应

用型人才培养基地、"现代特殊教育"培智学校课程改革实验基地，并先后成为华南师范大学特殊教育学院实践教学基地，广州体育学院特殊教育系双师培训基地，广东第二师范学院、滨州医学院、星海音乐学院音乐学系等高校和院系的实习基地，近年来共培养22批次300多名高校学生，承担起高校学生的理论与实践的指导工作，为他们日后从事特殊教育工作打下坚实的基础。

四、问题与有待完善之处

广州市越秀区启智学校贯彻党中央、国务院关于"办好特殊教育"的要求，以国家两期特殊教育提升计划为基本遵循，进一步改善办学条件，进一步增强师资力量。广州市越秀区启智学校将立足新起点，进一步凝聚特殊教育发展共识，明确目标任务，逐步实现"国内一流水平、国际知名"目标。

（一）办学模式还需实践探索

目前，广州市越秀区启智学校在全力办好九年义务教育的基础上，积极向学前和职业高中两头延伸，但是未能覆盖区域内所有学段学生需求，如未能充分满足普通幼儿园和学校的需求。由于资源教室及其配备不足，同时欠缺专职巡回指导教师，学校未能为随班就读学生和残疾幼儿提供充分服务。

（二）区特殊教育指导中心缺少政策支持

设置在广州市越秀区启智学校的越秀区特殊教育指导中心缺少政策支持。越秀区特殊教育指导中心下设的转介安置中心、智力检测中心、随班就读指导中心、积极行为支持中心、辅具适配中心五大中心虽已挂牌，但至今没有人员编制和财政投入的政策支持，现时工作人员暂由广州市越秀区启智学校教师兼任，兼任教师工作量繁重，无法更有效地提供服务。

（三）学前、职业高中及教育体系有待完善

广州市越秀区启智学校的学前班采用混龄的小班分班模式进行教学，该班是阶段性的实验研究项目，定位是为学龄前特殊孩子进入普通幼儿园和小学提供过渡性的支持和服务。目前需要突破的瓶颈问题：一是教师如何跨专业合作，使特殊孩子得到最优的康复支持，争取康复利益最大化；二是学前课程需要架构，从无到有，从有到优，从优到精，需要较长时间的整合，并需要得到家长支持。

职业高中班开设目的在于为学生提供职业技能训练服务，以便他们满足工作岗位需求。越秀区教育局出台的《广州市越秀区第二期特殊教育提升计划（2018—2020年）》提出"在启智学校建立越秀区特殊教育职业训练中心"，该中心在区教育局、区人社局和区残联的支持下，联合探索毕业生职业技能等级认定方式和职高"政校企多方合作"模式。由政府相关部门牵头，如何为职高毕业生提供就业机会，需要更多探索。

案例七　佛山市顺德区启智学校：让学生成为在社会中有尊严活着的人

1978年以后，我国各项教育事业飞速发展。由于特殊教育是社会文明程度提升的重要展示窗口之一，许多特殊教育学校也如雨后春笋般拔地而起。为了实施智力障碍和听力障碍儿童义务教育，1999年，顺德市（现佛山市顺德区）政府建立了顺德启智学校。至2021年，顺德启智学校已走过了22个年头，在王志超教授的指导下，学校坚持走有中国特色的特殊教育专业化之路，以"教育人性化，生活教育化"为教育模式，以"让学生成为在社会中有尊严活着的人"为培养目标，设计了一系列针对中重度智力障碍儿童的人性化课程。学校秉承中国特色社会主义理论体系，坚持马克思主义哲学指导思想，并依据马克思主义对人的全面发展学说，针对中重度智力障碍儿童身心发展特点及需求，将特殊教育专业发展与马克思主义理论相结合，构建了一整套完善的特殊教育课程体系。

一、办学背景和理念

个体是通过社会化过程，从自然人发展为社会人的。佛山市顺德区启智学校（以下简称顺德区启智学校）根据马克思关于"人"的思考，通过探讨中重度智力障碍儿童的本质、人的本质、教育的本质以及特殊教育的本质等特殊教育问题，致力于创建有中国特色的特殊教育专业化学校，走改革发展之路。

（一）办学背景

1. 历史沿革

十一届三中全会以来，我国进入改革开放的新时期，政治、经济、文化飞速发展，特殊教育作为社会文明程度的重要体现，也越来越受到党和国家的重视。1989年，大良镇在新路小学创办了第一个智爱班，由于当时全国并没有统一而规范的培智课程与教材，因此沿用的是普通学校一年级教材，根据学生发展水平进行内容删减。在此基础上，为了满足顺德听障儿童受教育需求，1992年，顺德市又增办了一个聋儿语训班。到1994年，《残疾人教育条例》作为我国第一部有关残疾人的专项行政法规应运而生，使发展中的特殊教育事业和学科的前进有法可依、有规可循。[①] 此时的顺德市在教育上已经实现了九年义务教育的普及，如何在普教、幼教、职教齐头并进的趋势下，将特殊教育纳入其中，满足全市特殊儿童的受教育需要，成为顺德市教育局的一项重要任务。1999年，由顺德市政府牵头，投资3800万元，

---

① 杨舜尧. 论特殊教育法制保障的完善［D］. 武汉：华中师范大学，2005.

建立了一所设施现代化的"顺德启智学校"。

建校初期，由于国家并没有完善的培智教育课程，听力障碍方面的课程也过于陈旧，无法紧跟时代发展要求，不能满足特殊学生的教育需要。顺德启智人在这种有硬件设施、没有课程与教材的困境下没有退缩，抱着"一切为了特殊儿童成长"的信念，以"敢为天下先"的精神踏上了求真、求实的特殊教育专业化探索之路。为了寻求优质办学经验，学校将目光投向了已在特殊教育领域有一定发展的特教同行，到北京、江浙、珠三角、港澳台等地区的起步早、发展快的特殊教育学校汲取经验，了解其课程设置、教学模式等。顺德启智人通过走访发现，虽然内地（大陆）培智教育正如火如荼地开展，但没有一套经过科学研究并被实践证明了的适合中重度智力障碍儿童的教学模式与课程体系。而我国港澳台地区实行的以目标为本的主题教学、IEP教育模式虽然在教育理念上较内地（大陆）先进，但并未形成完备的课程体系，且在实践和实际操作中也与普通教育别无二致。

在经过多方考察、汲取经验后，顺德启智人坚定了要走科学发展之路。在王志超教授的带领下，顺德启智人通过对特殊教育的特殊性进行深入剖析，从特殊儿童身心发展特点出发，以马克思主义哲学对人和教育的理解为基础，本着将学生所学应用到社会生活中、达到令人满意的课堂效果为目标，提出了人性化教育理念，开发并建立了包含教育理论、教育目标、教育原则、教育方法及教育评估在内的完整的课程体系，以"培养学生成为在社会中有尊严活着的人"为目标，构建了一套人性化课程，掀开了课程改革的新篇章。

2. 已有成就

经过 20 多年的专业探索，学校已取得了阶段性的成果，实现了专业从无到有的过程。第一，探索出一条特色鲜明的专业之路。学校开发了一套系统的"人性化"课程，将教育人性化、生活教育化贯彻学生教育的始终，建立学校生活教育训练模式，搭建家庭生活专业训练模式，创设社区生活实践训练模式，全方位构建"一个人的教育"全程体验培养模式。第二，培养出一支专业的教师队伍。学校现有教职工 177 人，在编教职工 67 人，其中特级教师 1 人，高级教师 18 人，区级以上骨干教师和学科带头人 10 余人。专任教师涵盖特教、幼教、心理学等十几个专业，生活教师主要由师范、医护专业毕业生担任。学校教师先后获得全国模范教师、2019 年全国十大最美教师、广东"特支计划"教学名师等荣誉称号。第三，搭建起一张互联互通的专业辐射网。作为顺德区的特殊教育支援服务中心，学校积极为全区的特殊孩子提供专业支持和指导。学校课程在广东、湖南、四川、海南等地的50 多家特殊教育学校推广实践。2019 年 12 月 19 日，区教育局与来自广西、四川、陕西等七地的教育部门签订区域共建协议，学校与来自肇庆、云浮等地的七所特殊教育学校签订校际共建协议。学校的专业发展正惠及越来越多的学校和区域，让更多的特殊孩子接受合适的教育。

（二）办学理念

1. 指导思想

马克思指出：人的本质不是单个人固有的抽象物，在其现实性上，它是一切社会关系的总和。[①] 马克思主义人学认为，人的需要是

---

① 中共中央马克思恩格斯列宁斯大林著作编译局. 马克思恩格斯选集：第一卷 [M]. 2 版. 北京：人民出版社，1995.

指人为了实现生存和发展，基于自身生命存在的稀缺性而形成的对外部世界的摄取状态。人的需要即人的本性，在人性结构中居于重要地位。人主要有三重需要：一是以人的自然性为基础，以人的肉体存在对外部摄取而形成的自然需要；二是以人的社会性为基础，在人的社会实践中生成和发展起来的社会需要；三是以人的精神性为基础，以人对文化和价值的诉求为表现的精神文化需要。[①] 个体需要经历社会化，习得并遵守社会规范才能成为人。人类社会是在拥有生产以及以生产为基础的生产关系之后产生的。在人类社会中构建的社会关系使得人类持续不断地向前发展，社会文明程度不断提升。顺德区启智学校即是以马克思主义理论为指导思想，从马克思主义人学出发，将马克思主义原理同特殊教育特点相结合，立足于特殊儿童价值需要，让特殊儿童成为有尊严活着的、具有社会规范意识的社会人。

我国作为一个发展中国家，受政治制度、经济发展水平、社会文明程度等条件制约，与发达国家存在一定的差距，因此西方已有的特殊教育发展模式并不能与我国特殊教育发展现状相匹配，探索出适合我国的有中国特色的特殊教育发展模式，成为学校发展面临的重要挑战。

中国共产党坚持和发展马克思主义，把马克思主义基本原理和原则作为思想和行动的根本出发点，是中国特色社会主义最本质的特征。中国特色社会主义指导思想即从马克思主义理论出发，使马克思主义中国化，以马克思主义理论体系为指导，坚持实事求是的指导思想。顺德区启智学校基于马克思主义哲学对人的本质的认识探索特殊教育专业化道路，从国情、国家和地区特殊教育发展现状以及特殊儿童发

---

① 张九童. 马克思主义人学视野中的特殊教育价值探析 [J]. 现代特殊教育，2017（10）：9-15.

展需要出发，努力实践，探索出了一整套适合中重度智力障碍儿童的"人性化"课程，奋力成为具有中国特色的特殊教育专业化学校。

2. 发展理念

顺德区启智学校构建了以培养"一个人"为核心理念的全程体验培养模式。所谓"一个人"的教育，就是在个性化教育思想指导下，以建立和发展中度智力障碍儿童的人性为目标，通过对与学生生活相关的人、物、时间和空间进行专门的、课程化的整体设计，促使其能够在生活中获得全程的学习与成长体验，并通过参加丰富多彩的活动使学习效果得到巩固与提升。在王志超教授的指导下，学校把中重度智力障碍教育的实质界定为广义教育内容的狭义教育化，即将智障儿童在日常生活中未习得的教育内容、目标转移到课堂教学中，运用专门的方法建立和发展儿童的人性，逐步使其社会化，使之进入社会，成为合格的"社会人"。

英国人类学家泰勒认为文化是一个复杂的整体，它包括知识、信仰、艺术、道德、法律、风俗，以及作为社会成员的人所获得的任何能力与习惯等。[1]文化作为价值观念的载体，在集体活动中产生，又引导着群体活动，校园文化在全校学生和教职工的学习、工作、生活过程中形成，使其拥有共同的价值观，并在具体化后成为学校课程的一部分，潜移默化地影响着学生与教职工。学校发展"求真、向善、热爱人性之美"的理念，以求真为基础，向善为核心，热爱人性之美为实际目标，这也是启智文化的最高层。一方面，力求使学生在受教育的过程中建立"人性"；另一方面，使教师在教育实践中体验到工

---

① 齐宏伟. 启示与更新［M］. 北京：华夏出版社，2016.

作的价值，不断创新专业，追求卓越、幸福、健康。学校秉承"以教师专业发展促学生人性发展"的办学理念及"办专业化特殊教育学校"的办学目标，致力于促进教师专业发展，为每一位特殊学生提供适切的教育，培养特殊儿童成为在社会中有尊严活着的人，力图成为具有中国特色的特殊教育专业化学校，形成中国特色的特殊教育学校治理体系和治理能力，构建高质量发展特殊教育专业体系。

二、办学历史和成效

自 2002 年以来，顺德区启智学校在王志超教授的指导下，借鉴国内外先进办学经验，通过理论探索及课程实践，逐步构建了以马克思关于人的本质学说为基础的人性化课程体系。人性化课程体系的建立为顺德区启智学校提供了前进的道路，在实事求是的基础上发挥了学生潜力，促进学生向"社会人"进步。在人性化思想的基础上，学校又针对中重度智力障碍儿童创立了一种针对性的培养模式，即"一个人"的教育模式，对培智教育的本质加深了理解。除发展和创新了一套具有时代特色和地方特色的课程体系外，顺德区启智学校在学校管理、教师专业化发展、学校文化创建等方面卓有成效，并致力于建设以全程体验模式为主的培养模式，充分发挥学生有限的学习资源，提高教师的专业化水平，建设具有中国特色的特殊教育专业化学校。

（一）办学历史

1. 人性化课程阶段

顺德区启智学校的发展，大致经历了模仿、再造和创造三个阶段，其中再造和创造阶段都离不开马克思主义哲学思想的指导。

　　顺德区启智学校在兴建之初，同其他大多数特殊教育学校一样，采取"补偿缺陷，康教结合"①的教育模式，提出"以一切为了孩子的健康和发展为宗旨，以立人为教育理念，向特殊教育要质量；融康复、教育、职教于一体，帮助残疾少儿自强自立于社会"的办学方向和"全程教育康复发展"的办学思路，励志打造安全有序的卫生学校。在课程方面，学校使用 1992 年版的全日制培智学校教科书，以乐学为突破口，倡导活动教学法，借鉴香港目标本位的主题教学，引入 IEP 的教育教学思想，以主题形式统合其他领域的教育内容，从实用语数、生活适应和缺陷补偿三个方面开展教育康复工作，并建立起以知识学习和能力应用为主的教学内容体系。经过两年的教学实践和校园建设，学生在日常行为规范、生活知识、实用技能及艺术文化等方面都有了显著进步，部分孩子还获得了一技之长，拥有了更加丰富的童年。在教师方面，学校通过组织外出培训、教学基本功比赛及教学研讨等方式提升教师的业务素质，提高学校的教育教学质量。在硬件设备方面，学校投资配置了安全设施设备、建立了听力语言康复中心，每间教室还配备了"三机一仪"等现代化设备，实现了现代化的教学方式。

　　多方面的进步并未使顺德区启智学校失去进一步提升的决心，教育质量要求仍是顺德启智人最高的追求。但通过对建校两年多来的实践经验进行总结，对教育效果进行评估发现，学校的教育教学效果并未达到理想水平，智力障碍学生学习到的知识仅仅停留在表面，他们难以深入理解，更难以凭借所学知识真正进入社会，实现自立。面对不理想的教育教学效果，学校陷入迷茫和徘徊，并随即

---

　　① 石明玉."康教结合"理念下的智障儿童教学探索［J］. 小学科学（教师版），2016（4）：126.

开始了新一轮的课程探索。

2007年教育部颁布的《培智学校义务教育课程设置实验方案》规定，我国对于中重度智力障碍儿童的教育目标是通过教育使中重度智力障碍儿童在思想情感、公德意识、法制观念、科学文化知识、社会认知、生活和行为习惯等诸方面获得最大限度的发展，以使他们最终成为能够适应社会发展的现代公民。但如何实现中重度智力障碍儿童的社会化，并使其成为合格的现代公民，中重度智力障碍教育的本质又是什么，这两个根本性问题始终没有得到被广泛认可的解答。学校对智力障碍儿童的教育陷入困境，无意义的知识教学使得培智学校成为"托管班"，学生可以成为学校的"好学生"，但无法成为社会的"好公民"。因此，对中重度智力障碍儿童的本质性问题探究成为亟待解决的难题。

2001年，恰逢华南师范大学王志超教授来校调研，引发了关于中重度智力障碍儿童究竟"特"在哪里的讨论。王志超教授通过对国内外学科流派的收集，论证分析了智障儿童的本质特点，在基于马克思关于人的本质的论证基础上提出：中重度智力障碍儿童教育的培养目标应是"建立智障儿童的人性，让他们进入社会，成为在社会中有尊严活着的人"。根据以上培养目标，智障教育的任务应是培养学生成为一个被社会接受、认可的人，这个人是一个有尊严的人，一个有道德规范的人，一个有礼貌的人，一个懂得服从的人，一个能与他人互动的人。王志超教授认为智障教育的核心应是在学生低水平的智力状态下，发展其生活自理的能力、与人交往的能力、适应社会生活的能力和自食其力的能力，使其在现有的环境中作为一个"人"生存下去，建立其"人性"。智力障碍儿童虽然由于生理原因难以完成社会化，但其具备少量的生理基础和学习资源，因此智障教育应当以"生物人"为出发点，将"社会人"作为智障教育的目标。当智障学生学会生活自理、懂得一定社会规范、有一定自我意识时，就说明他不再只是一个"生物体"，而是"真正意义上的人"。基于以上理论基础，顺德区启智学校总结得出培智教育课程的实质：以智障儿童自我意识的建立为核心，将广义教育内容狭义化，注重学生的真实体验，注重强化手段在学生行为形成中的作用，注重家长对课程实施的评估。人性化课程实质指出了人性化课程的主要方向，而如何实施课程则需要更加详细的课程系统，因此，顺德区启智学校开始了人性化的课程改革。经过近 3 年的实验、评估和教研探索，学校开发了一套人性化课程体系，主要包含社会化课程、体能课、图形操作课、情绪分化训课、言语课和绘画课 6 类课程。

（1）社会化课程。

社会化课程的目标是建立中重度智力障碍学生的基本人性，使其进入社会。基于智障儿童不同的发展水平，可为智障儿童教育提出 3 个层次的目标，每个层次 3 年：①生存。在他人提供生活资料或帮助的条件下，可以生存下来。课程主要包含服从、互动、感知、防范和生理需求表达 5 个领域。②自立。进入社会，通过劳动获取生活资料，生存下来。课程目的是自我意识的扩展。③发展。融入社会，通过劳动获取生活资料，提高自身的生活质量，主要为劳动意识领域的培养。这 3 个目标的根本是生存，他们何时能够学会最简单的生存、生活自理、遵守社会规范、与周围的人沟通，那么他们何时就是真正意义上的人了。在此基础上还能自食其力，精神上有一定追求，则是更高层次意义上的生存了。

（2）体能课。

体能课主要用于发展智力障碍儿童的身体潜能，帮助其形成强健体魄，让其具有能够维持社会生活水平的基本身体素质。课程把健康体能、生产劳动技术、家务作业程序、运动技术等有效地结合起来，贯穿于智障学生受义务教育的九年。体能课分为生活化体能、形体训练和竞赛体育3个层次。生活化体能是指按照人参与社会活动复杂程度对体能的要求，在生活化的任务中训练学生相应的体能，使学生形成能进行基本社会生活的运动能力，分为粗大动作和精细动作两个领域。形体训练是指按照人体矫正的规律，通过训练提高学生对自己身体控制的能力和意识，从而提高美感意识。竞赛体育主要是训练学生掌握日常体育项目的基本技能，使其能参与竞技性体育比赛，有竞争和合作的意识。

（3）图形操作课。

图形操作课以皮亚杰的动作思维理论为依据，通过操作电脑触摸屏学习大量的图片知识，实现操作性条件反射及反馈机制，发展中重度智障儿童的智力，增加其社会生活知识，促进其思维的发展。依据由远及近（生活范围）、由实词到虚词的原则，共分为个人整洁卫生、认识自己、表情与情绪、衣物、食物、家庭、学校生活、休闲娱乐、电器、我们的社区、交通、天气、特殊的日子、能源的应用、动物植物、度量、数字等17个领域。图形操作课要求学生首先通过社会化课程中生存阶段的服从和互动领域课程，一般从第二年开始。

（4）情绪分化课。

情绪分化课主要通过情绪表达的方式、方法，结合生活化的表情训练，使智障学生能根据情境做出相应的情绪反应，让智障学生更好地进入社会，被人接纳。情绪分化课从节奏学习入手，进行粗大动作的模仿和表现，过渡到面部表情变化，精细动作、呼吸、心跳、语气的训练，学生受训后能习得表达情绪的方式与方法，在日常生活中能根据情境及自己的情绪体验表达出来。课程按照人类情绪表达的方式，分为节奏、粗大动作、面部表情、呼吸、心跳、语气等9个领域。情绪分化课开始于第三年，要求学生首先通过社会化课程中生存阶段的服从和互动领域课程，并且接受过一年的图形操作训练，具有一定的注意力、记忆力和观察力。

（5）言语课。

言语课通过语言素材的不断输入，使智障学生习得语言，并最终实现思维的发展。课程结合生活实际，编排了符合学生水平的符号记录系统，让学生不断学习精心设计的符号系统。言语课从第二年开始，按照语言学习规律、智障学生内心感受以及语言生成要素3个维度编排课程内容。

（6）绘画课。

绘画课通过基础元素，如点、线、面的输入，引导学生逐步认识、表达图形，并通过图形间的排列组合指导学生完成再造想象，在此过程中发展学生的智力。课程结合生活内容，培养学生认识和表达外界事物。绘画课属于高年级课程，要求具有一定的注意力和观察力。

中重度智力障碍儿童需要真实体验，才能建立起各种社会刺激与人进入社会被认同的反应之间的联系，因此，要根据儿童的需求系统，利用强化手段，以活动结果引导儿童成为学习的主动者，并通过变式练习，使儿童习得进入人类社会的各种规范。而"代币制"作为被证明能矫正儿童不良行为的有效手段[1][2]，不仅可以用于塑造和矫治学生行为，而且可以很好地培养学生的自我意识，因此顺德区启智学校大力推行"代币制"，培养学生的初级学习能力，促进学生自我意识的形成和交换意识的出现，进而整体塑造学生的人性。在"润物无声"的教风下，学校教师将生活融入课堂，将课堂化为生活，利用每一个生活场景，潜移默化地为学生搭建真实的教育场景并提供充足的学习资源。

历经几个春秋，在不断的实践和思考下，人性化课程逐渐完善，为顺德特殊孩子能够享有优质、均衡的教育提供了可能，让特殊教育的专业化发展迈出了坚实的一步。人性化课程的广泛开展，使得学校教师教有所依，学生也能够学有所得。除人性化课程外，顺德区启智学校在教学评估方面也打破传统的课堂测试评估模式，将教学目标具体化，分解成可被观察的社会事实，实现了教学与评估的一体化人性建设。在职业教育方面，顺德区启智学校注重学生的劳动意识培养，在金榜塑料包装有限公司等建立了学生职业教育基地，每年组织召开民政企业的供需见面会，通过安排学生到基地实见习、实习以及召开供需见面会，为毕业生提供就业机会。

2."一个人"教育阶段

经过人性化教育阶段的课程建设，顺德区启智学校已基本建成一套系统的人性化课程，将教育人性化、生活教育化贯彻于学生教育的

---

① 陈利鲜，潘清泉.运用代币制矫正儿童不良行为的尝试［J］.柳州师专学报，2000（1）：119-120.

② 杜卫华，周晖.代币制增进注意缺陷多动障碍学童注意力的个案研究［J］.中国健康心理学杂志，2008（5）：583-585.

始终。随着教育实践的不断深入开展，在课程不断完善、成熟的同时，顺德启智人也发现，要进一步推动顺德区启智学校特殊教育的改革，就必须对所面临的教育目标和教育任务进行科学的分析，厘清其核心概念，以及各个概念之间的相互关系，在此基础上通过组建工作队伍，明晰各自的任务，完善人才培养模式，将教育工作的革新落到实处。人性化课程的建设不应仅仅停留在课程上，还要进一步探讨如何将狭义的教育运用于广义的社会空间，如何把对学生产生影响的人、环境和资源整合为一个稳定的、有序的、个别化的和有机的学生培养系统，如何检验中重度智力障碍儿童社会化的教育效果，使学校教育教学工作实现可持续化发展，以及如何运用人性化课程统领学校教育工作等，这些已成为亟待解决的问题。

依据王志超教授关于中重度智力障碍儿童教育本质的探讨，顺应国际流行的个别化教育趋势，并结合中重度智力障碍儿童身心特点及相关研究成果，顺德区启智学校在人性化教育思想基础上提出了一项专门针对中度智障儿童的培养模式，即以培养"一个人"为核心教育理念的全程体验培养模式。其中"一"代表学校教育价值追求——一个都不能少，只要是享有受教育权利的儿童，都应该成为学校的教育对象，经过专业的培养达成教育目标。特殊学生所受到的多样化的影响之间应该具有一致性，无论是课上还是课下、学校还是社区、家庭还是社会，所有这些情境中对智障学生有影响的人（教育者）或物（环境），虽有各自不同的功能，但最终都应指向智障教育的总目标，需要依据人性化课程的教育理念来统一规划。"个"代表着教育的过程，指的是要把对学生的培养所设计的所有因素，即教育理念和内容、教师专业化以及教育环境支持等诸多方面的因素，整合成一个有机整体来支撑每一个学生的学习和成长。教育要把每个学生独特的个性特点以及社会人共性的结合作为特殊儿童的发展和教育目标，每一个儿童都有独一无二的认知特点、兴趣爱好、能力和学习需要，教育体系的设计和教育方案的实施应充分考虑这些特征的广泛差异。"人"代表着建立和发展人性，指的是要把每一个特殊儿童都培养成在社会中有尊严的人，这是教育目标。"一个人"的教育正是体现在建立中度智力障碍儿童教育理念和完成课程建设之后。

对"人"的强调是指所有教育的立足点都应该指向建立和发展人性这一根本目标。智障学生受教育的过程也是其人性建立和发展的过程。我们在培养学生能力的基础上，更要注重作为"人"的意识的建立和发展。立足于"一个人"教育，顺德区启智学校对全程体验培养模式的框架进行了完善。

其一，探究环境在教育中所起的作用，对学生的学习、生活空间进行分析，将影响学生发展的相关环境因素纳入教育培养模式的设计中，开发出实践体验课程。

其二，探究人在教育活动中所受到的影响，将影响学生的学习和生活任务完成的因素纳入教育培养模式的设计中，以真实关系为线索，融合进以环境为核心的体验课程中。

其三，探究人与环境所组成的有机整体对教育所起的作用，将对学生产生影响的各个环境、人员统整起来，通过各种枢纽沟通机制的建设，统一各种教育因素，使其互相之间能够进行合作或协作。立足于学生学习任务和教育任务的保证，设计出一系列制度机制。

其四，探究教育对个体发展的个别化影响，建立学生的多元发展序列，明确各发展阶段的标准，对学生的能力和发展趋势进行评估；

依据中重度智力障碍儿童多样性发展需要，设计多种具体安置方式和康复计划方案等，并依托个性化教育服务部的建设来落实。

"一个人"的教育模式仍以人性化课程为基础，但将"教育生活化，生活教育化"的教育模式进行了拓展，以学生为主题设计其教育影响活动，并形成了"体验是智障学生的主要学习方式，丰富而稳定的活动是学生学习的载体，人的发展要贯穿学生教育的始终"的基本观点，加强了课程的统整化效果。

3. 具有中国特色的特殊教育专业化学校阶段

经过20多年的专业化发展之路探索，顺德区启智学校取得了阶段性的发展成果，在课程、文化、教师成长等方面实现了从无到有。但顺德区启智学校并未墨守成规，停滞不前，而是紧跟时代步伐，面对新使命、新方向和新要求勇敢承担新责任，立志成为专业特色鲜明的具有中国特色的特殊教育专业化学校，争做中国特殊教育专业化发展坚定的实践者、推动者和引领者。学校制订新一轮的五年计划，以学生发展为中心，坚持系统性原则和协调性原则，致力于推动学校教育质量、发展机制和学校地位三大领域的突破，全面提升办学质量，努力推动特殊教育的高质量发展。为建成具有中国特色的特殊教育专业化学校，顺德区启智学校拟采用以下策略。

（1）文化引领。

以马克思关于人的本质学说为基础，构建人性化课程是顺德区启智学校的主要前进方向。以马克思关于人的本质学说为基础代表着顺德区启智学校相信马克思主义关于人的本质及其社会化的学说，遵循事物的发展规律，遵循人的全面发展观，坚决维护科学发展观，实事求是地发展智障儿童的能力。

（2）课程突破。

面对教育现代化的要求及学生不断变化的发展需求，顺德区启智学校结合信息技术手段，探索新教育理念和新教育模式，进一步贯彻落实新课标课程，构建学校研究项目新蓝图，重点构建一套更具针对性、更系统、更有效的课程体系，为学生建立电子成长档案，全面推动教育质量跨越式发展。学校实施"四新一体"的专业提质工程，促进教育教学改革与课程创新。

（3）全方位改革。

除课程及理念革新外，顺德区启智学校全校教职工为建设特殊教育现代化学校勠力同心，组建专业化教师队伍，健全学校管理体系，建设育人环境，改善学校的治人环境，全方位、多方面地推进学校改革建设。

（二）办学成效

1. 构建系列课程，促进学生发展

多年奋力发展，勇于创新的专业化课程建设，为顺德区启智学校带来了翻天覆地的变化，从人性化课程到学生活动和生活育人环境，无一不彰显着顺德区启智学校的课程改革成绩，体现着"人性化"的魅力与成效。

（1）人性化课程建设为学生发展提供保证，得到了业界的一致好评。

人性化课程体系自建设完成以来，在顺德区启智学校得到广泛应用，基于人性化的课程为智障学生行为能力和情绪改善提供了条件，得到了学校教师的一致认同和好评，也得到了业内的认可，并逐渐在

广东乃至全国推广开来。从 2005 年人性化课程初步成形至今，共有包括北京平谷特殊教育学校、海南海口特殊教育学校、湖南浏阳特殊教育学校在内的 30 多所特殊教育学校，部分或全面采用人性化课程；十几年来共有 400 多人次的特教同行到顺德区启智学校，进行了一天以上的跟班学习；此外，顺德区启智学校也先后外派 30 多名教师到四川汶川、湖南益阳等地的 10 多所特殊教育学校开展课程实践指导工作。从实践过程的效果来看，人性化课程的构建为特殊教育的改革带来了生机。

（2）稳定而丰富的学生活动为学生发展提供空间。

人的发展就是人的社会化过程，也就是个体对社会规范的习得过程，即个体个性品质的形成过程。这一社会化要完成两个任务：第一，使个体知道社会或群体对他有哪些期待，规定了哪些行为规范；第二，使个体逐步具备实现这些期待的条件，自觉地以社会或群体的行为规范来指导和约束自己的行为。这两个任务需要儿童在与环境的持续互动中，不断将环境中隐含的规范进行内化才能完成。考虑智障学生在学习和认知上的缺陷，一个稳定的教育环境的建设是非常重要的，通常智障儿童需要比正常儿童更多的重复练习才能形成规范中所蕴含的各种人与人、人与物的链接，从而积累经验，建立概念。这就要求在一段时间，甚至是几年内学生的活动安排保持不变，才有利于学生的规律概念的形成。

顺德区启智学校大部分为寄宿制，学生的主要活动区域为宿舍社区，生活节律相对稳定，在固定的时间段有固定的活动内容。这种稳定的活动内容课程为学生建立稳固概念，形成解决实际问题的生活经验提供了优质教育资源。此外，顺德区启智学校还根据广义教育的特点，把握丰富多样的生活形式中所蕴含的统一生活规范。丰富是指具体的某一个活动所具有的灵活性，目的是通过刺激的变式来巩固概念的形成。比如用餐、活动和节日庆祝的时间等是稳定的，但是在吃喝的时候具体内容是可以变化的，学校也正是通过这种不断的变化让学生建立了吃饭要吃好的生活观念。所以在保持相对固定的学习活动的同时，学校还要把握住宿舍中人与人、人与环境之间的众多具体关系，在设计上循序渐进并以规范的统一性为基础，提供相应具体实现的变式，在变与不变的过程中让学生在生活中建立稳固的观念体系。这就需要学校在每个生活事件中对学生要把握的关系及其复杂度、深刻度进行分析，按照发展规律进行排列，建立序列性教育目标体系。

围绕"培养学生融入社会生活，主动参与社会生活"的教育目标，顺德区启智学校一直将文化艺术教育作为开启学生心智、康复其机体的一个重要手段，通过教学生跳舞、表演戏剧，让学生参加各类画展和竞赛活动来树立学生的自信心，增强学生成功的体验。定期组织与普通儿童的手拉手活动，到敬老院献爱心，在实践生活中发展智障儿童的人性。

（3）巩固和创新的生活育人方式为智障学生发展提供环境。

顺德区启智学校倡导"润物无声"的教风，把广义教育内容融入狭义化的课堂中来，将人性化课程融入智障儿童的生活中去。这是对中度智障教育的一大突破，转变并加速了智障儿童社会化进程。作为在社会中生活着的人，智障儿童很多时间是生活在广义教育环境中的，包括校园生活、家庭生活和社区生活等。生活是一切教学现象发生的场所，是一切素材的来源，是知识和能力运用的广大空间[1]，是直接作

---

① 吴春艳 . 论培智学校教学生活化 [J]. 中国特殊教育，2012（3）：28-32.

用于人的感官、具有一定生物学意义和社会意义的具体环境，人在生活中从事的各种各样的活动本身就包含着丰富多样的、变化着的规范和规则。教学生活化以生活为根基，将教学活动置于现实的生活背景之下，将学生从抽象、虚拟的课本中解脱出来，让学生感受自然、社会、事实、事件、人物、过程，使学生在与现实世界的撞击、交流中产生对世界、对生活的爱，激发学生作为生活主体参与教学活动的强烈愿望，将教学的目的、要求转化为学生作为生活主体的内在需要，从而使学生自发地、主动地去获取知识，陶冶情操。[①]那么，是否可以将狭义的教育内容放回广义的生活中来教，建设一套立足学生的真实生活的实践课程呢？

为此，顺德启智人做出如下思考：首先，人性化课程中的课堂教学目标、内容本身来源于真实生活，并以真实生活为基础进行了抽象化、概括化和目标化的提炼。如果能对真实生活进行课堂教学式的设计，降低日常生活活动所具有的随机性，把人性化课程的内容放回到智障儿童真实生活中去学习，这样会更符合生活逻辑，也让儿童所内化的概念更具完整性；此外，人性化课程的最终目标就是培养学生在生活中解决真实的生活问题，经过设计的真实生活给了学生在真实生活中学习，直接面对具体问题的机会，从而避免由于迁移能力不足而出现的无效教育。其次，智障儿童参与解决真实生活问题，直接接收真实结果的反馈，可以产生更为真实和强烈的主体情绪体验，从而使学习更为有效。最后，智障儿童个体每天都要不断重复各类自理活动，这些生活活动具有特定性和规律性，这为教育提供了一个有效的载体，

---

① 相薇. 聋校小学语文生活化教学研究［D］. 长春：东北师范大学，2010.

能非常方便地给予专业设计以教育干预。

由此，应该充分利用起智障儿童的生活活动资源，以课程概念来对学生的生活进行设计和安排，让学生在不断重复的生活中巩固和提升课堂上建立的概念，即建设生活实践课程，让中度智障儿童在生活中历练。依据生活原型活动和生活塑造活动，顺德区启智学校从以下四个方面来培养学生的生活能力：基本的吃的能力，能够按照不同环境要求来吃；完成基本生活所必需的情节和整理能力；进行一些需要体力的休闲活动的能力；进行休闲活动和人际交往的能力。

依据以上四个方面，顺德区启智学校建设了四大类十二小类生活课程。

① 用餐课，包括围餐课、套餐课和自助餐课。

② 清洁课，包括洗漱课、清洗课和整理课。

③ 运动课，包括早晚动课、早晚操课和早晚练课。

④ 活动课，包括零食课、游戏课和早晚练课。

通过以上生活课程，挖掘和利用真实生活环境中的资源，采用一些专门的方法巩固和发展中度智力障碍儿童的人性，使其更好地在社会中生存，更好地融入社会。

2. 教师队伍建设与发展

（1）对教师队伍建设的认识。

教师队伍的建设是特殊教育学校建设的几大方面之一，而特殊教育教师专业化发展水平则是特殊教育教师队伍建设的重要方面，它直接关系特殊儿童的受教育权利获得和学校教育质量。[①] 教师队伍的专业化建设是顺德区启智学校一直以来的追求，学校在不断提高教育质量的同时，形成了以教师专业化发展促进学生人性发展的办学理念，提出了"求真，向善，热爱人性之美"的校训，并将这一校训渗透到日常工作中，通过制度建设、文化建设、环境建设等途径，使教师的教育行为能按照这个教育理念来发展。课程体系的建立使教师的专业化教学有了标准，能促进教师专业素质的提高。在教改过程中，学校通过课程建设过程来进行教师专业素质的培养，让教师参与课程理念的大讨论、教材编写等活动，使教师形成了初步的职业行为。但由于特殊教育对象的特殊性，教育效果不明显，教师工作的效能感很低，所以长时间从事特殊教育很可能会使教师失去探究问题和改进工作的动力，甚至出现职业倦怠等心理方面的问题。因此，能否使特殊教育教师具备稳固的职业品质，将教师职业的外在要求转化成教师内在的需求，形成良好的职业品质，便成了基层学校在教师队伍建设中必须面对的重要问题。

特殊教育教师的职业品质与其职业行为密切相关。职业行为是指人完成某一职业活动时所表现出来的具体行为，包括职业道德和职业能力，职业行为的完善和规范有利于职业的专业化发展。[②] 但到目前为止，仍未出台一套被广泛认可的特殊教育教师标准体系，在广泛意义上的职业道德和教师能力评价水平上，特殊教育教师的表现也均不

---

① 包文婷. 论特殊教育教师专业化发展 [J]. 当代教育理论与实践，2011，3（10）：13-15.

② 耿文侠，冯春明. 中小学教师职业态度与职业行为的调查与思考 [J]. 教育研究，2000（7）：51-54.

如人意。因此，要形成特殊教育教师的职业行为，首先要对特殊教育对象的本质进行讨论，教师要了解特殊儿童的生理和心理特点，了解人类发展规律和教育的规律。此外，教师还要重视特殊教育课程建设，明晰特殊教育课程概念和目的，在实现教学质量的同时体会教育的成功感，提升自我价值。特殊教育教师的发展不仅仅依赖于爱心，还要促进教师职业行为的专业化发展，让爱心成为特殊教育教师职业行为的基础，专业化发展成为特殊教育教师职业行为的依托，并将教师的专业成长化为实现特殊教育教师职业行为的保证。

（2）教师专业化发展的方式和成果。

面对教师专业化发展现状，顺德区启智学校提出要通过以文化塑造教师人格和以课程建设促进教师发展的方式提升教师专业化水平，并利用双因素理论激励教师的发展，优化教师评价机制。

第一，以文化塑造教师人格。

教师专业化发展不仅要依靠完善的制度管理，还要以文化引领教师培养良好人格，凝聚团队力量，追求人的发展和素质提升。顺德区启智学校一直以来致力于启智文化的打造，努力创建适合于本校发展目标的价值体系，提出了"探索特殊教育专业化之路"的发展方向，对教师提出"做专业特教人"的号召及"学生利益高于一切"的原则，并且倡导"团结、合作、欣赏"的启智家庭氛围，用精神来鼓舞、指引教师，形成启智文化，构建起共同的价值观。除价值观外，学校也通过鼓励教师发展各领域能力和参与学校新课程建设等方式，转变教师观念，让教师由教书匠向专业化教师转变，并定期开展展示活动，常规分享、欣赏及辅导教师撰写论文等，用教育实效激励人、发展人。此外，制度仍是维护集体秩序的标准。针对特殊教育教学工作对象特殊、难评价的问题，学校建立了双因素评价体系，以合理的制度来约束人、评价人。

第二，以课程建设促进教师发展。

顺德区启智学校在开发人性化课程的过程中鼓励校内教师参与课程开发，锻炼教师的教育教学能力。人性化课程开发的过程，是一个动态化的过程，在课程开发的过程中通过组织集体讨论及小组编写等方式，建立教师的专业意识；在课程实施中通过系统培训构建教师专业知识体系，构建教师专业理念，通过目标达成提高教师的专业教学技能，开展课题研究、提高教师研究能力，并逐渐在实践中提高教师的反思能力；在课程评估中巩固教师的专业品质，以开展课程实验、外派教师推广课程的方式，在换位、比较中提升教师专业信念。建立课程联盟，形成专业交流常态机制，在专业问题的研讨中，巩固教师的专业品质；在课程完善中，依托课程建立教师专业发展阶梯，将教师工作的要求具体化、系统化，让教师成长变得具体和自主，并建立教师专业发展的反馈机制，探索教师专业管理的内涵和方式，探索专业化管理之路。

第三，以双因素理论激励教师发展。

因为教育对象的特殊性，特殊教育教师通常比普通教师更难以得到合理评价，顺德区启智学校依据双因素理论，从保健因素和激励因素两方面建立评价机制。保健因素主要要求员工完成基本工作，采取只扣不奖的措施进行评价，将评分与教师升职、聘任和工作机会相挂钩。激励因素则通过对不同工作岗位的行政人员、教师个人能力水平的检验，突出优质工作、合作和进取的工作态度，从而促进员工综合素质的提升。

三、办学问题与展望

虽然顺德区启智学校已在探索人性化教育模式的道路上走过了20余个春秋，但在当前特殊儿童障碍类型多样、特殊教育质量亟待提升的大背景下，仍然面对诸多机遇与挑战。如何使学校自身发展与国家政治、经济、文化发展速度相适应，符合时代需求，满足特殊儿童、家长、社会的期待将是学校发展的突破口。

（一）发展困境

党的十九大提出"办好特殊教育"，这对新时代特殊教育专业发展提出了新使命。佛山市依托粤港澳大湾区，结合大湾区未来发展定位，构建开放型经济新体制，形成以创新为主要支撑的经济体系和发展模式，不仅经济实力将大幅跃升，社会文明程度也将达到新高度。教育发展水平是衡量一个地区和国家社会文明程度的重要指标，而特殊教育的发展水平是教育高质量发展的一个重要体现，是促进社会公平、建设现代文明社会的重要标志。这对顺德区启智学校在走具有中国特色的特殊教育学校专业之路时如何向着高质量迈进提出了新要求。

第一，教育对象的变化。随着社会文明程度的不断提高，人们对特殊群体的关注度逐步提高，了解逐步加深，特殊教育专业人员面临的社会需求越来越多。据美国国家卫生统计中心（The National Center for Health Statistics，NCHS）2017年发布的统计数据，美国自闭症儿童的发病率由 2014 年的 2.24% 逐年上升至 2017 年的 2.76%，即约每 36 个儿童中就有 1 个是自闭症儿童。在学生残疾程度不断加重、残疾类型愈加复杂、自闭症儿童数量逐渐增多的现状下，学生教育需求逐渐多样、难度不断加大，这对特殊教育的专业针对性提出了更大挑战。第二，教育质量需求提升。随着社会不断发展进步，家长受教育程度不断提升，家长及社会对特殊教育给予了更多的期待，在希望儿童健康成长的同时希望其有所学，提高生活自理能力，分担家庭责任，成为一个真正的"社会人"。而学校受教师数量、课程、硬件设施等限制，无法完全满足家长及社会的期许，形成了当前社会及家长对特殊教育质量的需求与学校目前发展状况不平衡的局面，因此特殊教育教师及学校必须丰盈自身羽翼，提高教育教学质量。第三，支援服务中心功能亟待完善。出于区域特殊教育专业辐射需要，学校应承担起全区特殊儿童家长培训、融合教育、送教上门等各项相关工作。当前，学校在全区特殊教育专业指导任务的承担以及专业辐射力度、社会影响力方面存在不足，且在提升全区特殊教育教育教学效果中起到的作用尚未凸显。

（二）未来发展思路与举措

1. 未来发展思路

中国特色社会主义进入新时代，已然成为我国发展新的历史方位[1]。在新时代的大背景下，我国特殊教育深化发展和转型迎来了新契

---

[1]　刘云山. 深入学习贯彻习近平新时代中国特色社会主义思想 [N]. 人民日报，2017-11-06（2）.

机，对全体特教人而言也是一次严峻考验。当前，我国特殊教育存在着实现所有残疾人全面小康与特殊教育发展水平的矛盾、社会治理转型与特殊教育管理体制的矛盾、国际融合教育理念与传统特殊教育观念的矛盾、粗放式发展与满足残疾人人本化教育需求的矛盾等[①]，虽然国家层面积极出台政策，但一线特殊教育学校对政策的解读不够深入，其实施路径仍有待继续丰富和完善。作为特殊教育的前沿阵地，顺德区启智学校应结合当下实际，展望特教未来，对时代和残疾人的呼声做出回应。

未来顺德区启智学校将努力成为专业特色鲜明、成果丰硕的具有中国特色的特殊教育专业化学校，争做中国特殊教育专业化发展坚定的实践者、推动者和引领者。坚持以学生发展为中心，促进学校全面协调可持续发展，努力实现三大突破。

第一，教育质量的突破。通过改善育人环境、课程、教材、师资、管理体系等各教育要素，实现教育质量跨越式提升。以学生的发展实现教育投放最大产值，达成理论上的教育效果最大化。第二，发展机制的突破。建立可确保学校持续发展的动机机制和高效发展的保障机制，实现学校管理向学校治理转变，形成良性循环动力系统，打造学校内部变革与国家级区域改革之间、学校内部环境与区域外部环境之间的良性互动机制，促进学校持续高效发展。第三，学校地位的突破。着力讲好启智故事，让更多人走近特殊孩子，走近特殊教育，关注并支持特殊教育发展，认识到特殊教育工作者的价值，让学校成

---

① 王培峰，朱传耿.中国特殊教育政策演进：阶段特征、政策伦理、任务与挑战［J］.现代特殊教育，2017（6）：3-10.

为一个有效的杠杆，激起社会对特殊教育工作者的再认识，让启智学校、启智人都能获得教育者、专业工作者应有的尊严。

2. 具体措施

顺德区启智学校未来五年发展要通过建设五大工程提升教育质量，成为让国家肯定、社会认同、家长满意、同行赞赏的具有中国特色的特殊教育专业化学校。具体措施如下。

第一，优化育人环境，搭建教育生态圈。根据学生的变化，逐步改造教育空间和资源配置，改善学校硬件设施条件，丰富启智文化环境的内涵，形成学生有进步、教师爱思考的启智氛围，实现学校育人环境在物理环境、人际环境和文化环境三个维度上的明显优化；搭建以学校为核心、家庭为基础、社会为依托的"三位一体"教育生态圈，打破学校围墙界限，充分发挥学校教育的优势，构筑学校、家庭、社会和谐的教育机制，促进学校、家庭和社会教育功能的整合及相互作用，共同营造有利于学生健康成长和全面发展的良好环境。通过不断的实践、创新、融合，形成凝聚社会主义核心价值观和顺德精神，形成以"科学、理性、民主、法治"为底色的"扎根一线、勇于创新、服务社会"的新启智文化，营造积极求真、充满活力的良好校园氛围。

第二，创新已有课程，提升教学质量。实施专业提质工程，促进教育教学改革与课程创新。未来，学校将结合信息技术手段及学生发展需求，探索新教育理念和新教育模式，进一步贯彻落实新课标课程，构建学校研究项目新蓝图，将大数据、人工智能等现代先进技术引入课堂教学与教育研究，破解教育瓶颈问题，提高教育教学质量，完善以"人性化课程"为核心的示范课程，开发以自闭症课程及重度课程为未来竞争力、突破点的特色课程，创新课间育人、生活育人课程。将现有教学班分为自闭症部、中度部、重度部，实现按类别开展教育，对自闭症学生和重度障碍学生采取以生活为载体的新教育模式——"24小时教育模式"。重点构建一套更具针对性、更系统、更有效的课程体系，全面推动教育质量跨越式提升。

第三，实施强师工程，优化教师队伍。以专业发展为核心，以师德师风建设为基础，对内采取专家引领模式，构建和实施专业成长课程，实现教育科研一体化；对外建设专门的校际交流课程，加强与共建学校、粤港澳大湾区、校外学校、区域资源服务中心等的合作与交流，通过这种内外结合的方式筑构"同心圆"强师体系，促进教师队伍专业发展。

第四，健全管理体系，改革机制体制。运用信息化技术手段，形成一套高效的体制促发展的良性循环动力系统，实现学校治理现代化，加强学校法治建设，增强制度约束力，实现教职工权责一致、自我管理。构建学校信息化、现代化治理体系，推动学校法制建设。运用软件管理平台、资源管理体系等先进信息技术手段，实现学校信息化一体建设，以促进教育教学质量的提升为目的，提高各个部门决策与信息传送的时效性。完善学校议事规则，逐步形成学校治理现代化体系，推动法治建设，让学校发展更加透明、公开、民主，提高工作效率；完善学校考评机制体制，建立教职工认同的制度，强化管理层与教学教师的合作关系。

第五，拓展专业辐射范围，拓宽专业发展路径。采取"内强素质，外塑形象"的发展战略，对内不断加强专业建设，提升科研能力，将实践成果物化，创造新核心竞争力。对外加强合作与交流，展示学校专业力量，树立学校专业形象。顺德区启智学校与高校、科研机构等搭建多学科合作平台，采取专家引领模式，实现教育科研一体化；拓展校外资源，整合社会资源体系，深度挖掘校外教育资源，为教育教学服务，为特殊教育高质量发展创建更为积极的发展环境。

下一步，顺德区启智学校将逐步实现教育质量、发展机制、学校地位"三大突破"，彰显学校专业特色，夯实发展基础，积极探索特殊教育改革与发展的新机制，努力成为中国特殊教育专业化发展的坚定实践者、推动者和引领者。新时代的顺德启智人，将不忘初心，牢记使命，传承和发扬"求真，向善，热爱人性之美"的启智精神，同心协力，厚积薄发，开启新征程，描绘新蓝图。

案例八　广州市康纳学校：
以人为本，因材施教

　　广州市康纳学校（其前身为广州儿童孤独症康复研究中心，以下简称康纳学校）从 2005 年开始作为一个项目试运行，它是我国除港澳台地区以外的第一家专门招收孤独症儿童的公立孤独症研究中心、第一所专门招收孤独症儿童的公立特殊教育学校。在一片争议声中成立的康纳学校是特殊教育行业的新生力量，不仅拓展了特殊教育的服务类别（专门为孤独症儿童提供康复教育），还丰富了特殊教育学校的类型（传统特殊教育学校主要服务视障儿童、听障儿童和智障儿童三类特殊儿童）。

　　自创办以来，康纳学校坚持高起点、严要求，学习并借鉴先进国家和地区的成熟经验，结合本地与学校实际情况，不断探索适合孤独症儿童的特殊教育新模式。在横向上，为不同年龄和不同障碍程度的孤独症个体提供分层次、分阶段的综合性干预模式；在纵向上，从学前康复到义务教育，同时开展职业前训练和提供融合支持。康纳学校逐步形成目前国内最为完善的孤独症儿童康复教育干预模式和体系，康复教育效果显著。

一、办学背景

从 2000 年左右开始，孤独症谱系障碍（autism spectrum disorder，简称 ASD，又称自闭症，本文统一使用 ASD）在国内医学界逐渐引起关注，被确诊的 ASD 儿童数量不断增加，而为其提供专业服务的机构却极其匮乏。自闭症及发育障碍监察网［Autism and Developmental Disabilities Monitoring（ADDM）Network］显示 8 岁儿童 ASD 的患病率是 1.46%[1]。ASD 人均终生花费在美国估计高达 240 万美元[2]，在英国估计高达 150 万英镑[3]，国内调查则显示 72.9% 的家庭认为 ASD 康复费用占家庭总收入的 81.02%。与此同时，由于相关专业人员与干预方法的匮乏，普通学校（包括幼儿园）无法为 ASD 儿童提供适合的教育服务，以智力障碍儿童为主要教育对象的特殊学校对于 ASD 儿童也缺乏有效的干预方法与手段。

鉴于此，广州市残疾人联合会于 2005 年筹建了广州儿童孤独症康复研究中心，主要为学龄前 ASD 儿童提供早期干预服务。因其起点高，干预效果良好，得到业界和家长的认同和赞誉。2008 年 12 月经广州市政府批准正式成立广州市康纳学校（与广州儿童孤独症康复

① MAENNER M J, SHAW K A, BAIO J, et al. Prevalence of autism spectrum disorder among children aged 8 years: autism and developmental disabilities monitoring network［J］. MMWR. Surveillance Summaries: Morbidity and Mortality Weekly Report. Surveillance Summaries / CDC, 2016, 69（4）: 1–12.

② BUESCHER A V, CIDAV Z, KNAPP M, et al. Costs of autism spectrum disorders in the United Kingdom and the United States［J］. JAMA Pediatr, 2014, 168（8）: 721–728.

③ KNAPP M, ROMEO R, BEECHAM J. Economic cost of autism in the UK［J］. Autism: The International Journal of Research and Practice, 2014, 13（3）: 317–333.

研究中心合署办公），将服务范畴从学龄前阶段延伸至义务教育阶段。ASD 儿童个体间和个体内发展差异极大，至今病因未明，导致其康复教育难度大大超过其他类别的障碍儿童。目前，国际上有 100 多种 ASD 干预方法，没有哪一种方法对所有 ASD 儿童有效。在这样的背景下，康纳学校成为国内第一所以科研引领教学康复工作为核心，探索适合中国文化背景的 ASD 教育康复模式的学校。

（一）内部优势

1. 科研引领

为发挥科研引领 ASD 康复教学的作用，康纳学校创造性地设立了培训与科研部（以下简称科研部）。科研部现有全职科研人员 7 人，建有国际先进水平的神经电生理实验室、眼动实验室、经颅磁刺激实验室和行为观察室，拥有 128 导脑电事件相关电位分析系统、动态脑电图、眼动仪、经颅磁刺激等先进的科研设备。人员和实验室的配置保证了科研部具有较强的科研综合能力。科研部成立至今，已独立或合作申请科研课题 15 项，其中国家级 2 项、省部级 11 项、市级 2 项。在国内外核心期刊发表论文 40 余篇，其中国外 SCI 和 SSCI 收录 15 篇，研究领域涉及 ASD 病因病理探究、ASD 教学干预研究、ASD 融合教育相关研究等，为促进对 ASD 的理解，选用适应 ASD 特点的有效干预方式，建立本土化的 ASD 的综合干预模式等提供了理论和实践支持。

2. 重视培训

和西方国家相比，国内 ASD 康复教育起步晚，专业人才无论是数量还是质量都严重不足。2005—2015 年是中国 ASD 康复教育事业快速发展期，也是康纳学校从成立到发展壮大的时期。作为专门针对 ASD

儿童的公立康复教育机构，面对极为严重的专业人才短缺问题，康纳学校通过"送出去、引进来"等方式学习和整合境内外主流的干预方法与模式，通过高强度的内部培训快速提升校内专业人员的专业水平，并不断探索适合学校实际情况的发展模式。同时，本着高度的社会责任感，康纳学校在建校伊始就定位为 ASD 康复教育人才培养基地，积极、无私地分享专业资源，通过举办培训班、工作坊，提供实习、进修机会等渠道向省内外 ASD 康复教育机构推广主流的、有循证研究支持的干预方法与理念，扩大专业人才培养的受益面。此外，还通过与多所高校开展联合育人项目，从源头推动 ASD 康复教育人才的培养。

（二）内在不足

1. 缺乏借鉴和模仿

康纳学校在办学之初遇到诸多挑战。首先，在办学模式上缺乏可借鉴的相关经验。其次，国内没有培养跨专业团队所需要的专业人员。再次，教学所需要的资源十分匮乏。在这样的背景下，康纳学校探索构建了以科研引领教学康复工作为核心的办学模式。

2. 搭建跨学科专业团队存在困难

ASD 存在发展史、智力、共病和严重程度的异质性，因此需要多学科整合的专业团队。康纳学校从创办起就参考美国《身心障碍者教育法案》、中国台湾《身心障碍教育专业团队设置与实施办法》，设置多专业团队架构，设计以教师为主的服务模式，希望打造出一支包含医学（含康复）、教育学（含特殊教育）、心理学、社会工作等学科背景的多专业团队，为 ASD 儿童及其家庭提供多维度的干预与支持。然而在当时不同范畴的专业治疗师——如 BCBA（行为分析师）、ST（言语治疗师）等——的培养，我国除港澳台地区以外尚不存在，只有康复治疗专业，只培养康复治疗专业的学生。因此，对新教师的在职培训成为学校工作重点之一。图 1 所示是 ASD 和特殊教育教师所需要的多学科整合团队。

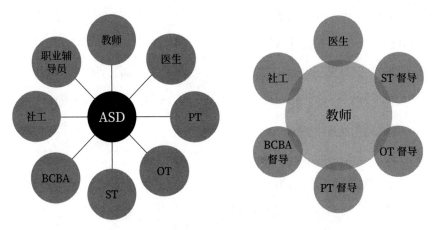

图 1　ASD 和特殊教育教师所需要的多学科整合团队
（注：PT，物理治疗师；OT，职能治疗师。）

（三）外部挑战

1. 未知的病理病因

迄今为止，关于儿童 ASD 的病因仍然未知，研究大多数支持 ASD 是一种由外部环境因素作用于具有 ASD 遗传易感性的个体所致的神经精神发育综合征，即 ASD 的发生是遗传和环境因素共同作用的结果。①

---

① 谭晶晶，高雪屏，苏林雁. 儿童孤独症病因学研究进展［J］. 中国实用儿科杂志，2013，28（2）：143-146.

在基因系列没有发生改变的情况下，受外界环境因素的调控，基因表达也可以发生遗传性的变化，即在一定遗传易感性的基础上，环境因素可通过改变表观遗传信息（如基因组甲基化模式）而影响特定基因表达，进而影响神经元的发育与联系，导致 ASD 的发生。因此，环境因素对于 ASD 的发生也发挥了重要的作用。影响 ASD 的环境因素主要可以归纳为生物环境因素、化学环境因素以及物理环境因素三个层面。[①]

（1）生物环境因素。

与 ASD 关系比较密切的生物环境因素主要包括父母的生育年龄、母亲的健康状况、母亲用药史等。父母高龄（尤其是父亲高龄）是 ASD 发病最重要的独立危险因素之一。[②] 母亲孕期健康状况不良，存在一些身体疾病，如妊娠期糖尿病、出血和感染会增加后代 ASD 发生风险。[③] 再如母亲孕期服用抗抑郁药物可能使后代 ASD 发生风险大大增加。儿童 ASD 可发生在任何社会阶层家庭，与父母职业、文化程度等无关。

（2）化学环境因素。

大量研究表明，化学物质暴露与 ASD 的发生有关，与 ASD 密切相关的化学环境因素主要包括汞、铅、铜、镉等重金属，杀虫剂、氯化物、苯等有机溶剂，食品添加剂以及防腐剂等。

（3）物理环境因素。

异常的温度、湿度、光照、噪声、气压、电磁波以及各种射线、

---

① 夏宝妹，陈畅. 孤独症谱系障碍发病原因研究进展［J］. 精神医学杂志，2019，32（5）：383–387.

② 魏亚敏，姜志梅，郭岚敏，等. 环境因素与孤独症谱系障碍关系的研究进展［J］. 中国儿童保健杂志，2018，26（4）：392–395.

③ 杨娇，廖章伊，任锦丽，等. 环境对自闭症影响的研究进展［J］. 中国生育健康杂志，2019，30（2）：183–185.

环境颗粒和其他污染物等都是不利的物理环境因素，可能也是诱发 ASD 的潜在危险因素。研究显示，母亲孕期日常使用微波炉可能也是儿童 ASD 的环境危险因素之一，不过这些研究还有待进一步验证。由于研究技术的限制，还未能获得与 ASD 发病相关的暴露时长等具体客观指标。

2. 干预研究现状

在对 ASD 的干预上，目前缺乏特效的干预手段和治疗药物。长期的教育干预被认为是 ASD 干预最行之有效的方式。对 ASD 的教育干预主要包括两种形式：使用定向干预方法进行干预和运用综合干预模式进行干预。据统计，当前针对 ASD 的教育干预方法有 100 多种，ASD 患者和他们的家人、教师及相关专业人员，在选择干预方法时，往往缺乏参考依据，具有随机性，不利于 ASD 的治疗与康复。面对这种情况，部分研究者展开了对 ASD 教育干预方法的有效性验证和总结的工作，旨在确定对 ASD 治疗具有充分研究证据支持的干预方法，即循证支持的干预。

目前，全世界六个大型研究团队对 ASD 非医学干预方法的效果进行了分析，包括 2009 年美国 ASD 研究与治疗的权威机构 ASD 国家中心（The National Autism Center）发布的《基于证据的 ASD 谱系障碍的干预实践指南》；美国医疗保险与医疗救助服务中心（Centers for Medicare and Medicaid Services，CMS）于 2010 年发表的《ASD 服务与环境筛查总结报告》；美国医疗保健研究与质量局（The Agency for Healthcare Research and Quality，AHRQ）于 2011 年发表的《ASD 儿童的干预治疗》；斯坦福 ASD 研究团队于 2011 年发表的《ASD 儿童的症状管理：药理学和补充替代药物治疗》；美国全国专业发展中心（The

National Professional Development Center，NPDC）在 2009 年版本基础上修改并于 2014 年发表的《ASD 儿童及青年的循证干预方法》；北卡罗来纳大学儿童发展中心于 2010 年发表的《ASD 综合干预模式的评估》。在报告中确定出的具有循证支持的干预方法需满足以下条件：包含由两个不同团队进行的两项标准实验设计或准实验设计研究结果支持；或由三个不同团队进行的五项标准单一被试设计研究结果支持，这些单一被试设计研究被试数量不少于 20 人；或由一个团队以上的研究者进行的一个标准实验设计 / 准实验设计、三个高质量的单一被试设计研究结果支持。[①]

目前，国际上对综合干预模式的研究还远远少于定向干预方法。在我国，综合干预模式的运用也正处于起步阶段，大部分机构通常还停留于使用单一定向干预方法或者零散拼凑各种定向干预方法对 ASD 进行干预。北卡罗来纳大学儿童发展中心在《ASD 综合干预模式的评估》中对综合干预模式的有效性进行了分析。结果显示，在大约 30 个综合干预模式中，虽然一些模式获得了来自单一被试研究的证据支持，但大多数模式还没有得到随机对照组实验（random-control experiments，RCTs）的验证。少部分的干预模式，如早期高强度行为干预模式（early intensive behavioural interventions，EIBI）和早期丹佛模式（early start denver model，ESDM）是其中得到较充分循证支持的综合干预模式。[②]有研究者综述了 1987—2013 年间的 25 篇关于 EIBI 疗

---

① 黄丹. 孤独症谱系障碍的预后现状评述［J］. 心理学进展，2019，9（6）：1110–1117.

② WARREN Z, MCPHEETERS M L, SATHE N, et al. A systematic review of early intensive intervention for autism spectrum disorders［J］. Pediatrics, 2011, 127（5）：1303–1311.

效的研究，发现该模式能显著改善 ASD 的核心症状。[①] 有研究者则发现经过 ESDM 训练的 ASD 儿童，在语言理解、语言表达以及适应能力上可以得到显著的提高。[②] 有研究者通过神经电生理研究发现经过 ESDM 训练的儿童，大脑脑电波（electroencephalogram，EEG）活动发生了良性的改变，从而间接验证了该干预模式对 ASD 干预的有效性。[③]

二、办学理念

在过去 16 年的摸索中，康纳学校逐渐形成了"以人为本，因材施教"的 ASD 教育理念。ASD 在语言、社交、行为上的障碍给 ASD 学生的学习和社会交往造成了极大的影响，学校因此将培养全面发展的"社会人"作为办学目标，通过促进学生各方面能力的整体提高，帮助学生顺利融入社会生活，成为一名和谐的社会公民（成为一名社会建设者）。我们以 ASD 儿童为中心，关注儿童生态系统整体的需求与支持，扬长补短，注重儿童优势能力发展，强调教学的功能性与实用性，提升其社会适应能力，以独立生活和终身发展为目标，让每个儿童的生命都焕发应有的光彩。

---

① FEIN D, BARTON M, EIGSTI I, et al. Optimal outcome in individuals with a history of autism [J]. Journal of Child Psychology and Psychiatry, 2013, 54 (2): 195–205.

② DAWSON G, ROGERS S, MUNSON J, et al. Randomized, controlled trial of an intervention for toddlers with autism: the early start denver model [J]. Pediatrics, 2010, 125 (1): 17–23.

③ DAWSON G, JONES E J H, MERKLE K, et al. Early behavioral intervention is associated with normalized brain activity in young children with autism [J]. Journal of the American Academy of Child & Adolescent Psychiatry, 2012, 51 (11): 1150–1159.

1. 基本理念：以人为本，因材施教

具体来说，该基本理念是指通过对 ASD 儿童进行生活自理能力的训练、认知及学业能力的培养、自我意识的启蒙、社交行为及准则的教导、日常常规的培养等教育与康复训练，增加其适应性行为的发生频次与种类，能够较好地缓解他们在情绪调控、社交沟通等方面存在的障碍，提高其整体的社会适应水平，为其逐步地融入家庭，融入班集体、学校集体，回归社区夯实基础。

ASD 个体间及个体内巨大的差异性，给康复和教育带来极大难度。以《国际功能，残疾和健康分类》(ICF)、生态系统、最近发展区等理论体系为依据，依托科研部提供的循证研究结果，康纳学校初步建立了以前因分析法（antecedent package）/ 行为疗法（behavioral package）、视频示范法（video modeling）、自然情景干预法（naturalistic intervention）、图片交换沟通训练系统（picture exchange communication system）、关键反应训练（pivotal response training）、自我管理（self-management）、社交故事（social narratives）、社交技能训练法（social skills training）等 13 种循证支持的干预方法为基础的综合干预模式，开展了基于生态化评估的水平、垂直、分层等多种形式的教学，以满足不同儿童的需求，尝试从校园、社区到社会的生态化教学，逐步将既往以个体缺陷为中心进行的补偿教育变为以个体与环境的关系为中心进行的全生涯教育。

2. 实施原则

（1）生态化原则。

生态化评估工具包括学生基本资料收集表、学生生活环境调查表、上课日一日流程记录表、学生生活图（见图 2）、发展评估表、学生发展图。

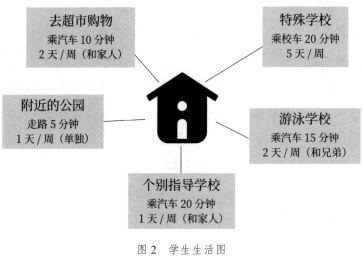

图 2　学生生活图

（2）个别化原则。

个别干预计划包括个别化教育计划（individualized educational plan，IEP）、个别化支持计划（individualized support plan，ISP）、个别化转衔计划（individualized transfer plan，ITP）、个别化家庭支持计划（individualized family support plan，IFSP）。康纳学校以生态系统、最近发展区等理论体系为依据，依托学校科研部提供的循证研究结果，初步开展了基于生态化评估的水平、垂直、分层等多种形式的教学，以满足不同儿童的需求。尝试从校园、社区到社会的生态化教学，逐步将既往以个体缺陷为中心进行的补偿教育变为以个体与环境的关系为中心进行的全生涯教育。

（3）循证原则。

干预方法的选择基于循证支持的结果。目前国际上对 ASD 人群的干预有两种模式：一种是综合模式，另一种是重点干预模式。综合模式是为了对 ASD 的核心特征进行学习和发展的广泛干预，如应用行为分析（ABA）、结构化教育（TEECCH）等；而重点干预模式则针对一名 ASD 学生的单一技能进行干预，这些实践方式有其操作性定义、聚焦于具体的学习领域，干预时间也短于综合治疗模式，如图片交换沟通系统（PECS）、社交故事等。

（4）基于发展原则。

康纳学校康复教育方法的选择原则是针对不同的孩子，在不同的阶段，按照不同的目标，选择不同的方法组合。并且康纳学校只应用和推广经循证研究证明有效且安全的干预方法，如以行为学为基础的 ABA 模式；以结构化教学、视觉策略为主的 TEECCH 模式；基于个体差异发展的地板时光模式（DIR/Floortime）、人际关系发展干预疗法（RDI）等；针对部分学生采用社交故事、心智解读等干预方法；此外，还采用 PECS、辅助与替代沟通系统（AAC）等辅助性沟通方法，针对部分 ASD 儿童感觉统合失调症状提供感觉统合治疗。

（5）多学科整合原则。

ASD 儿童个体间存在巨大差异，呈现出症状从轻到重、智力从低到高的连续谱系分布。同时，ASD 儿童个体内各发展领域的差异也是巨大的，发育极不均衡，部分能力明显缺失或不足，部分能力可能异常突出。除了社交沟通障碍、刻板重复行为等核心障碍外，ASD 儿童还常伴有感觉信息处理异常、多动症、焦虑障碍等发育性障碍和精神心理障碍。2020 年一项针对全国 ASD 患病率的调查发现，有 60.8% 的 ASD 患者至少有一种共患病。ASD 康复教育涉及医学、康复学、心理学和教育学等多学科领域，需要跨专业团队合作。

三、办学特色

（一）研究与教学相互促进

1. 初期致力于揭开 ASD 的神秘面纱

ASD 最早出现于美国医生 1941 年的报告，在我国，1982 年陶国泰教授才在国内报道了 ASD 的首个案例。首先，我校通过文献综述的形式对 ASD 在 20 世纪 80 年代后的患病情况进行分析，并对广州本土 ASD 的患病情况进行调查。通过这两项研究，发现按照 ASD 的患病率对国内 ASD 患病人数进行预估，其数量将远远超出国内认为的 ASD 患病人数，2011 年广州幼儿园儿童的患病率即达到 75.4/10000（133 名学龄儿童中就可能有 1 名 ASD 儿童），男女比率为 6.6：1。其次，康纳学校科研部针对 ASD 的核心症状进行一系列探索。科研部将个体对面孔的加工分解为对面孔结构进行编码、辨认面孔的熟悉性、面孔的情绪认知等过程，发现 ASD 儿童对面孔结构特征的编码与普通儿童并无差异，他们也能辨认出熟悉面孔，但是他们在面孔的认知上采用了不同的策略，如他们较少注视面孔的核心区域（眼睛、鼻子），尤其是对右侧眼睛缺乏注视，他们更关注面孔核心区域外的其他区域[①]，并且他们在观察人脸时眼部跳动次数比普通儿童多，这些改变可能与 ASD 患者社会性情感及沟通功能缺失相关。对这些面孔的研究，可以促进 ASD 康复教育从业者在教学中采用一些特定的面孔认知策略帮助 ASD 患者关注到他人面孔的核心区域，从而提高其社交沟通能力。再

① 樊越波，揭晓锋，邹小兵. 孤独症谱系障碍患者面孔加工的事件相关电位研究进展［J］. 中国儿童保健杂志，2011，19（3）：243-245.

如，科研部参与了探究 ASD 儿童执行功能（对自己的思想和行为进行有意控制）和心理理论（对他人的愿望、想法等心理活动的理解）的一系列研究，发现 ASD 儿童在执行计划性的行动（如购物）和完成一些变化性的任务时比普通儿童表现差，而其背后的原因并非 ASD 儿童的行动能力较差，而是他们认知的灵活性受损。[1][2] 此外，ASD 儿童更难理解他人所说的关于错误信念的心理动词（如我以为……），他们也比普通儿童更容易相信不熟悉的成年人提供的信息，纵使这个人在欺骗他们。他们在理解他人的愿望、想法等心理活动的能力方面明显落后[3]，也正因为如此，他们更难对别人的痛苦和困境感同身受，他们在评价他人的活动是否合理时，也主要通过他人行为的结果来判断，常常低估了他人行为的意图。这些研究的开展，为了解 ASD 患者在社会交往中的行为表现提供了更全面的框架，帮助 ASD 康复教育从业者有针对性地采用相应的训练策略，提高 ASD 患者日常社会生活和交往的质量。

2. 科研十年：探索 ASD 教育康复优化之路

随着人们对 ASD 的认识逐渐加深，各种干预新方法不断涌现。国内各康复机构（包括康纳学校在内）也随之引入和使用了多种干预方法对 ASD 进行干预。截至 2014 年左右，涌现的关于 ASD 的干预方法

---

[1]　YI L, FAN Y, JOSEPH L, et al. Event-based prospective memory in children with autism spectrum disorder: the role of executive function [J]. Research in Autism Spectrum Disorders, 2014, 8（6）: 654-660.

[2]　TAN E, WU X, NISHIDA T, et al. Analogical reasoning in children with autism spectrum disorder: evidence from an eye-tracking approach [J]. Frontiers in Psychology, 2018（9）: 1-12.

[3]　樊越波，黄丹，易莉，等. 孤独症谱系障碍儿童的欺骗研究进展 [J]. 中国健康心理学杂志，2014，22（3）: 466-468.

已经超过 100 种，各个康复机构使用的方法多样且缺乏统一规范标准。面对这样的干预乱象，为提高中国 ASD 儿童康复工作的科学性、规范性，康纳学校科研部集中火力，开展了三类研究：第一，对已有 ASD 干预方法的有效性进行总结和综述；第二，引入一些国际上研究显示具有循证支持的有效干预方法并进行本土化验证；第三，对 ASD 儿童的学习和生活状况进行调查分析，为干预方向的调整提供参考。主要成果如下：提出了对 ASD 干预具有循证支持的 12 种定向干预方法以及 2 种综合干预模式 [1]；对 ASD 儿童的综合干预模式进行界定和分析 [2]；引入对计算机辅助干预法、早期丹佛模式等具有循证支持的 ASD 干预方法；对 ASD 的预后现状进行分析和总结，并对影响预后的因素进行归纳 [3]；首次关注到 ASD 儿童的休闲活动和职业康复状况 [4][5]。

3. 科研现状：探究通过支持让 ASD 患者展现生命的光彩

在现阶段，康纳学校科研部加大了对 ASD 儿童优势能力和融合教育的相关研究力度，在肯定 ASD 儿童所具备的能力的同时，促进 ASD 儿童获得他们应有的权利。通过对 ASD 儿童的优势能力进行一系列研究，科研部发现 ASD 儿童在视觉搜索、视觉空间构建、复杂图形区分、非言语声音的识别上都有明显优于普通儿童的表现，ASD 儿童也

---

[1] 樊越波. 孤独症干预方法有效性循证研究述评：基于《孤独症谱系障碍循证干预指南》[J]. 残疾人研究，2014（2）：49-53.

[2] 樊越波，黄丹，伍小云. 孤独症谱系障碍儿童的综合干预模式 [J]. 中国康复，2014，29（4）：290-293.

[3] 黄丹. 孤独症谱系障碍的预后现状评述 [J]. 心理学进展，2019，9（6）：1110-1117.

[4] 樊越波，伍小云，黄丹. 孤独症谱系障碍患儿的休闲活动现状 [J]. 中国儿童保健杂志，2014，22（12）：1283-1286.

[5] 樊越波，魏来，黄丹. 国外孤独症人士职业康复研究现状 [J]. 中国康复，2015，30（6）：466-468.

更少受到视觉错觉的影响 ①②③④，并且 ASD 儿童的这些优势在任务难度较大时更容易体现出来 ⑤。这些研究结果可以为提升 ASD 儿童社会认同感、促进其就业提供参考。

面对 ASD 儿童在随班就读过程中学习质量不高的问题，康纳学校科研部通过对相关研究文献进行梳理，提出应通过学校支持、家庭支持、社区支持、政府支持、自我支持五个子系统增进对 ASD 儿童学习的支持。⑥此外，为切实帮助 ASD 儿童融入普通学校，康纳学校科研部构建了"以特校为指导中心的特校和普校相结合的 ASD 融合支持体系"，在对部分在普校学习的 ASD 儿童进行专业性帮助的同时，对该体系的有效性进行验证。通过对融合支持体系实践的摸索，为 ASD 儿童融合教育之路提供本土化的参考 ⑦。康纳学校科研部期待可以通过有效的研究增进对 ASD 的理解，提高 ASD 儿童的学习和生活质量，

———————

①　樊越波，彭晓玲，黄丹．自闭症患者视觉信息加工的超常能力概述及其机制研究进展［J］．中国康复，2015（1）：53-57.

②　吴雪媛，彭晓玲，黄丹．视觉搜索眼动模式在识别孤独症谱系障碍儿童中的应用［J］．中国儿童保健杂志，2019，27（9）：949-952，978.

③　YU L，FAN Y，PENG Z，et al. Pitch processing in tonal-language-speaking children with autism：an event-related potential study［J］．Journal of Autism and Developmental Disorders，2015，45（11）：3656-3667.

④　HUANG D，YU L，WANG X，et al. Distinct patterns of discrimination and orienting for temporal processing of speech and nonspeech in Chinese children with autism：an event-related potential study［J］．European Journal of Neuroence，2018，47（6）：662-668.

⑤　彭晓玲，黄丹．任务难度对自闭症儿童视觉搜索优势显现的影响［J］．心理科学，2018，41（2）：498-503.

⑥　樊越波，范秀辉．我国大陆随班就读支持系统研究综述［J］．绥化学院学报，2016（1）：28-32.

⑦　彭晓玲，黄丹，王德玉，等．以特校为指导中心的孤独症融合支持体系构建［J］．绥化学院学报，2020，40（7）：102-105.

期待可以通过研究帮助 ASD 患者在逆境中开出灿烂的花朵。图 3 为 2008—2019 年康纳学校在科研、教研及教学等方面取得的成果。

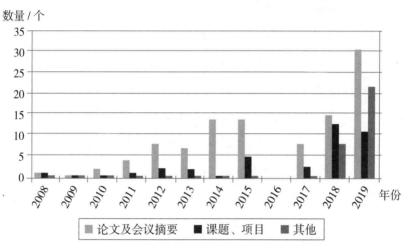

图 3　2008—2019 年康纳学校科研、教研及教学成果一览表

（注：其他包括个案研究、研究报告、教学比赛、多媒体评比、优课等。）

（二）全面、高密度的专业培训

广州儿童孤独症康复研究中心成立之初面临的最大困难就是专业人才的匮乏。在既没有现成的专业人才可用，也没有现成的教材和教学模式可借鉴的情况下，康纳学校积极与美国等发达国家以及中国香港等地区的 ASD 康复教育机构建立合作关系，通过"走出去、请进来"等方式为校内专业人员提供多层次、多形式的专业培训，在较短时间内大幅提升其专业能力和水平。在不断夯实内部专业功底，为更多 ASD 儿童及其家庭提供更专业、更适合的服务的基础上，康纳学校积极承担更多的社会责任，无私地为来自其他 ASD 干预机构的从业人员和家长提供专业培训，其中包括一系列公益性讲座，为机构、特校、普校、普幼和高校提供进修、外展实习服务，尤其是与高校合作，承担起与高校相关专业联合培养 ASD 康复教育人才的重任。康纳学校 2005—2019 年举办或协助举办的各种专业培训次数多达 986 批次，接受培训的人数高达 27342 人次（不含家长培训），详见图 4 数据统计。

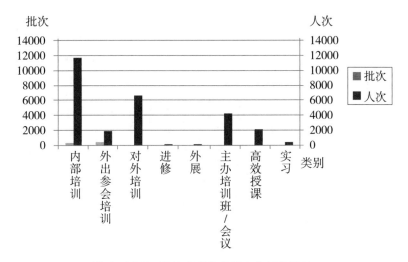

图 4　2005—2019 年康纳学校专业培训统计
（注：实习包括高校实习，其他机构、普校、特校教师以及培训班学员的跟岗实习。）

1. 多层次、多渠道、跨学科、常态化的对内人才培训机制

从时间纵轴来看，康纳学校的对内培训可分为三个阶段。

（1）海绵式吸收期（2005—2008 年）。

2005 年 8 月，康纳学校（当时为广州儿童孤独症康复研究中心）首批专业人员 15 人中除了中心创办人，其他人对 ASD 几乎一无所知。于是整个 8 月都是由创办人主持的高强度、全天候的内部培训。9 月首批 ASD 儿童入校后，学校也一直见缝插针地为员工安排各种培训：理论、实操、个案讨论，培训被视为常规工作，没有留下任何统计数

据。直到 2008 年，也只有全脱产的大型内部培训被记录。2005—2019
年康纳学校内部培训统计见图 5，2005—2019 年康纳学校外派员工培
训与参会统计见图 6。

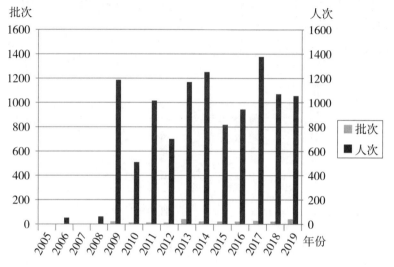

图 5　2005—2019 年康纳学校内部培训统计

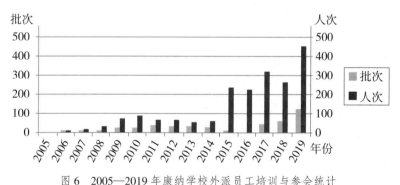

图 6　2005—2019 年康纳学校外派员工培训与参会统计

（2）探索磨合期（2009—2013 年）。

一方面，社会上各种新的干预方法、各个专题的培训班如雨后春

笋般出现，康纳学校员工外出培训的渠道与内容进一步扩展，与境外机构合作培训的数量和层次有了进一步提升；同时，加强了对其他特殊教育模式的了解，尤其是中国台湾的特殊教育模式，对康纳学校小学阶段的教育有着重要的参照和借鉴意义，此阶段外出参会的批次较以前明显增多，上升至 30 批次左右后，一直保持稳定。另一方面，随着康纳学校正式成立，康复教育分为学龄前和小学两个阶段，新员工也不断加入，不仅培训需求进一步增大，而且有针对性、差异化的培训成为必需，该阶段内部培训的场次与人次也同步呈现显著增长趋势。

在这个阶段，康纳学校的内部培训从以单纯的专业技术性培训为主，扩展到专业资源的进一步整合、康复理念与教育理念的进一步融汇，从关注 ASD 儿童的缺陷补偿到重视优势能力的挖掘和发展，逐渐探索适合不同阶段、不同程度 ASD 儿童的干预模式。

（3）精细深入期（2014 年至今）。

经过多年的培训与探索，针对学龄前儿童和小学阶段儿童，中高功能儿童与低功能儿童的康教模式初步成形，针对初中阶段的教育模式与职前培训模式也正在探索中。因此，当前的专业培训除了新员工的入职培训、干预方法理论与操作的强化性培训外，更多的是将培训过的干预方法和学校康教模式的理念落到实处，聚焦专题督导和骨干教师的专项培训，加强对评估、IEP 拟订、教案书写、组织实施等各个环节进行具体的督导和指引，加强对员工教研能力的培养，促进一线专业人员将丰富的实践经验提炼为具有指导意义和借鉴价值的教学反思或学术论文。例如，香港自闭症联盟（AP）的 ABA 干预督导（已连续实施 3 年）、康复专家提供的神经康复督导、言语治疗督导、课程建设督导等。图 7 为对 2005—2019 年康纳学校督导的批次和人次进行了数据统计的结果。

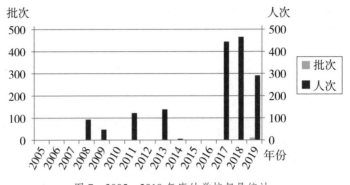

图 7　2005—2019 年康纳学校督导统计

2. 多背景、专业能力强的专家团队支持

康纳学校自成立以来，一直积极寻求境外专业机构及其专业团队的技术支持，相关统计见图 8，有幸邀请到业内世界知名专家来校进行培训与分享，比如社交沟通、情绪调控、日常活动转衔支持模式（SCERTS）创始人巴里·普瑞桑（Barry Prizant）博士（开展为期 5 天的培训），AP 创办人米切尔·陶尔曼（Mitchill Taubman）博士（开展为期 2 天的培训），DIR/Floortime 瑟琳娜·维瑟尔（Serena Wielder）博士、爱尔兰首位儿童精神分析专家、都柏林圣三一学院迈克尔·菲茨杰拉德（Michael Fitzgerald）教授，中国台湾 ASD 之父宋维村医师等。学校还与境外多家机构合作培训并开展专项督导，包括但不限于：中国香港协康会、香港耀能协会等机构举办的各种培训班、专业讲座、现场学习和观摩活动；中国香港耀能协会提供的为期 2 年的外展督导服务计划；与美国北卡罗来纳中央大学语言与沟通障碍系开展科研合作与教学实习等项目；与中国香港 AP 学校、香港理工大学建立起长期的专业督导机制；邀请新加坡心理卫生学院心理专家针对 ASD 儿童心理干预进行培训与督导；邀请中国台湾专家进行课程建设方面的督导等。

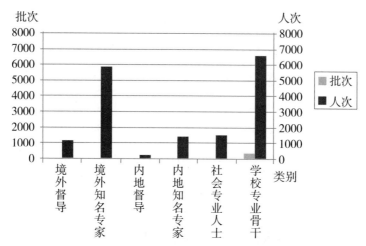

图 8 2005—2019 年康纳学校内部培训的讲师分类及培训批次、人次统计

3. 多渠道、多形式、跨地区地开展对外专业培训

（1）外聘境内外专家和组织康纳培训团队举办专业培训班和工作坊。

从图 9 可以看出，康纳学校从成立起就开始筹办各种专业培训班，并逐年加大力度，受益人数呈显著上升之势。

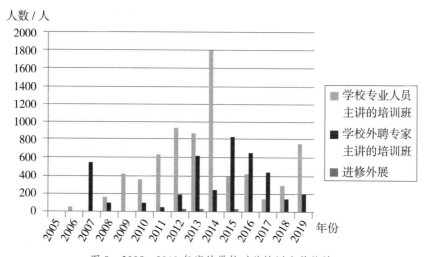

图 9 2005—2019 年康纳学校对外培训人数统计

2013 年，康纳学校成功承办了由中国残疾人联合会主办的"全国 ASD 儿童康复学科带头人研修班"，来自全国 31 个省（区、市）的各地学科带头人在康纳学校接受为期 15 天的专业培训。该培训班师资力量强大，培训内容实用，会务组织优良，得到主办方和培训学员的高度称赞，满意度高达 94％ 以上，部分培训内容的满意度达 100％。

（2）接收外机构派专业人员到校进修，或开展点对点的外展支持服务。

2008 年、2011—2013 年，在人手高度紧缺的情况下，康纳学校仍接收了 8 批次 54 名来自其他机构的进修人员，进修期（分初级班和进阶班）均为一个月。根据进修人员的情况和需求，康纳学校为进修人员安排了从理论到实操，从评估、计划拟订到计划实施，从机构管理到专业管理等全方位培训，使派出机构的康教工作能够得到尽快开展和完善。

（3）举办高层次、跨领域、信息量丰富的学术会议。

学术会议旨在促进行业科学发展、促进专业人士间的学术交流和信息交流，具有权威性、高知识性等特点，能在短时间内提供大量信息，使专业人员了解行业动态、开阔眼界，帮助其调整和确定未来发展方向。进入 2000 年后，ASD 的康复教育已成为世界性研究热点，但在国内却未兴起波澜，其低关注度与快速增长的需求极不相称。为此，康纳学校积极组织和举办推动国内 ASD 康复教育及其相关研究的会议和论坛，旨在促进 ASD 行业间信息共享，供国内专业人员借鉴，推动 ASD 康复教育事业的发展。

4. 与相关高校联合育人，从源头上推动 ASD 康教专业人才的培养

康纳学校积极与国内外的大专院校达成育人协议，承担涉及 ASD

康复教育方法的课程教学，为合作高校相关专业的学生提供跟岗实习和实操培训机会，在 ASD 研究方面为高校实习生提供协助，等等。联合育人的协议单位包括北卡罗来纳中央大学、香港理工大学、广州体育学院、广东第二师范学院、岭南师范学院、广东省外语艺术职业学院、广州大学教育学院等。

（三）多专业整合的评估团队和 IEP 制订

1. 学前教育施行多专业协同的生态化评估，专人专案

（1）全人发展，尊重差异。

注重全人发展，充分尊重学生的个体间、个体内差异，对学生的个人资料、家庭现况、身心状况、养育及教育史做信息收集和整理。参考过去的各种评量结果，选用标准化或非标准化的评量来评估学生的认知水平、沟通能力、行动能力、情绪、人际关系、感官功能、健康状况、生活自理能力、学业表现等。依据以上多项评量结果综合整理和归纳学生的优劣势，即使能力再弱的学生，也有自己的长处，即多发现学生可供运用或可增强的能力以补偿其缺失。

（2）生态化评估，全面考量。

考察学生生活的家庭环境、学校环境、日常生活环境，考查学生目前在教育上的表现水平，包括评量学生障碍对参与课程的影响，或是学前阶段学生的障碍情形对参与某些活动的影响。

（3）康教多专业、全方位评估。

由图 10 可以看出，康复治疗师（言语治疗方向、物理治疗方向、作业治疗方向）协同班级教师（特殊教育老师）、行为治疗师、专业教学督导一起评估，采用标准/非标准的评估量表，对学生的语言理

解与表达能力、认知能力、社交沟通能力、生活自理能力、感觉信息处理、小肌肉能力、大肌肉能力等方面做准确、细致的评估。

社交沟通能力	语言沟通、认知（由香港理工大学言语治疗师邓宝仪协助自编"语言沟通及认知评估记录表"） 象征性游戏能力（象征性游戏评估工具） 社交能力（自编"社交评估记录表"）
生活自理能力	自我照顾能力［自编"广州市康纳学校（广州儿童孤独症康复研究中心）儿童适应性功能教育评估表（自我照顾）"］ 家居技能（自编"家庭生活技能表"）
感觉信息处理	感觉信息处理及自我调节功能［香港协康会编制"感觉讯息处理及自我调节功能检核表（SPSRC）"］
小肌肉能力	小肌肉发展水平［香港协康会编制"香港学前儿童小肌肉发展评估（HK-PFMDA）评估记录表"］
大肌肉能力	运动能力及大肌肉能力水平（自编"大肌肉评估记录表"）
其他	综合评量［自闭症儿童心理教育评核（PEP-3）］

图 10　康纳学校康复与评估部常用评估工具

2. 学前教育个别化教育计划运作模式

图 11 介绍了康复与评估部个别化教育计划运作模式及管理框架。

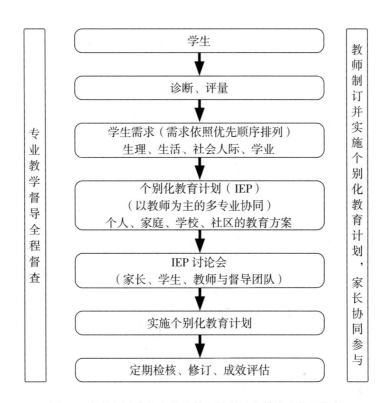

图 11 康复与评估部个别化教育计划运作模式及管理框架

3. 义务教育实行督导制下的 IEP 实施和课堂教学

IEP 的实施，实行三级督导制度（业务校长—教学督导—班主任），业务校长指导教学督导，教学督导指导班主任完成整个 IEP 拟订和实施、课程设置和实施的过程，班主任统整团队完成评估结果分析、拟订班级 IEP 初稿、组织班级 IEP 家校讨论会，形成 IEP 定稿并组织课程实施和课堂教学。

（1）义务教育阶段评估和 IEP 制订团队构成和职责。

义务教育阶段评估和 IEP 制订团队构成和职责见图 12。

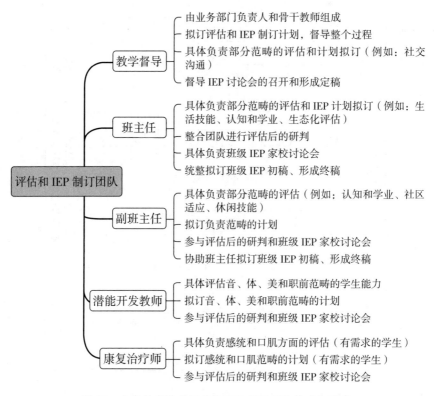

图 12 义务教育阶段评估和 IEP 制订团队构成和职责

（2）定期检核，确保实施成效。

在 IEP 实施过程中，为保证实施的成效，以班级为单位举办每月的 IEP 实施检讨会，检核计划实施情况，并根据学生学习情况做出相应的调整：对未完成的目标进行讨论和分析，如是否存在目标拆分不合理、设置的目标不适宜学生学习等情况，若存在，则采取相应的拆分、删除等调整措施；对于已完成的教学目标，可考虑进一步深化、加大难度、加深内容、拓展等调整方案。

每学年计划实施结束后，进行学年检核，检验 IEP 实施情况及根据学生学情等进行分析和总结，重新启动新一轮评鉴，制订下一学期的训练计划，召开家校 IEP 讨论会，形成学年 IEP 定稿。康纳学校义务教育阶段 IEP 制订和实施流程如图 13 所示。

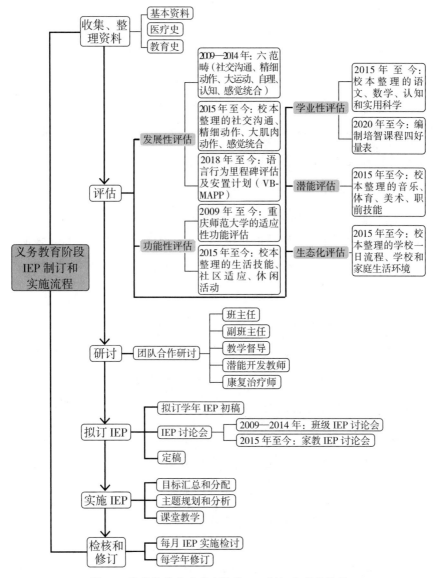

图 13　康纳学校义务教育阶段 IEP 制订和实施流程

四、办学成效

（一）初具规模的义务教育课程

康纳学校在充分了解、学习国内外 ASD 康复教育的先进理念、方法，领会《培智学校义务教育课程设置实验方案》的前提下，分析 ASD 学生的现状和需求的基础上，确定了以培养学生的生活技能与社会适应能力为核心的目标，低年段注重缺陷补偿，中、高年段重视潜能和特长开发的课程设置原则。

1. 课程目标

针对不同程度学生的能力层次和需求差异，确定分程度、分阶段的课程目标。对于中、高功能学生，实现生活自理、自立、自我管理，不同程度地适应社区、主流学校生活；对于低功能学生，实现生活自理，基本适应家庭和社区生活。

2. 课程结构和内容

基于课程目标，学校进一步优化了课程设置，明确提出了一般性课程、特需课程和拓展性课程三类课程（见表 1）。一般性课程满足学生生理、心理和社会发展的需求，关注全人成长，"五育并举"，培养学生德、智、体、美、劳全面发展。按照不同年龄段和不同功能程度，设置语文、数学、生活语文、生活数学、常识、生活技能、社区适应等课程。一般性课程多以集体课形式进行。特需课程是针对 ASD 的核心障碍开设的补偿性课程，包括社交沟通、个人工作、感觉统合和言语治疗等。其中，社交沟通和个人工作是针对所有学生开设的课程，感觉统合和言语治疗针对有特殊需要的学生开设。特需课程视学生的能力程度以集体或个训课形式进行。拓展性课程关注 ASD 儿童的优势，注重潜能的开发和兴趣、特长的挖掘，包括音乐、美术兴趣小组课和康体小组课，所学内容涵盖钢琴、古筝等乐器演奏，话剧表演，绘画和陶艺制作，体育特长挖掘与训练（篮球、乒乓球、足球），职前技能的训练和职业潜能的挖掘等。拓展性课程多以个训和小组课的形式进行。

表 1　康纳学校义务教育课程设置

一般性课程															特需课程				拓展性课程			
语文	数学	生活语文	生活数学	常识	生活技能	社区适应	唱游与律动	绘画与手工	运动与保健	历史	地理	英语	青春期教育	主题活动	社交沟通	感觉统合	言语治疗	个人工作	休闲技能	美术潜能	体育潜能	职前训练	音乐潜能

3. 课程实施

课程实施的过程实际上是 IEP 目标达成的过程。为保障课程的有效实施，在教学管理上，义务教育阶段整体上施行包班制。包班制是指每班由 1 名班主任和 1~2 名副班主任组成一个基本教育工作单元，固定在班级负责一个班级的日常教学、班级管理和生活管理等工作任务。音乐、体育、美术教师和康复治疗师走班承担不同程度班级的音乐、体育、美术课程教学任务以及感觉统合和言语治疗的课程教学任务。此外，部分能力程度接近的学生视评估结果会被抽离出原有的班级，重新组成新的小组，学校为其开设潜能挖掘方面的课程。

该模式的优势在于：包班制有效促进了学生 IEP 目标的达成，促进了主题教学活动的开展，有效整合了课程资源，提高了康复教育效率和教师综合教学能力。同时，部分走班的学生能基于实际能力接受更加具有针对性的教育，学生和家长的交流范围扩大，有利于加强同一层次学生的家庭教育经验交流和借鉴。对教师而言，分层走班制教学有利于在特定范畴内进行全面的钻研，促使自己成为有"一门之精"的专科资深教师，促进专业化成长。

4. 课程评价

康纳学校的课程评价依据学生的 IEP 实施个别化评量，包括持续的形成性评估、定期进行的阶段性评估、不定期进行的活动评估，以及依据短期目标进行的总结性评估等。评价方式多元化，通过动态评估、实作评估、课程本位评估等多元评价方式，充分了解 ASD 儿童的学习历程与成效，以作为课程设计及改进的参考。

（二）研究引领下的教育康复模式

1. 学龄前教育康复模式

康复与评估部内设 7 个自然班级，每班平均安置 6 名儿童（ABA 实验班 4 名儿童，融合实验班含 9 名普通儿童和 2 名特殊儿童），实行跨专业合作的包班教学模式（1 名班主任、2 名配班教师，并根据需要配备康复治疗师和术科教师），负责晨间活动、个别训练课，社交沟通课、休闲活动、感统游戏、多感官游戏治疗、潜能开发等常规教学活动。

（1）早期干预。

如图 14 所示，康纳学校为 0~6 岁 ASD 儿童提供综合性干预课程，通过个别训练和小组训练，全面改善儿童症状，提高儿童多范畴能力。

图 14　康纳学校学前教育早期干预服务形式与内容

（2）亲子教育。

如图 15 所示，康纳学校为 0~6 岁 ASD 儿童和家长提供短期全日制强化康复训练课程，对家长进行培训，使其掌握行为干预和结构化教学等基本方法，为独立照顾 ASD 儿童打下坚实基础。

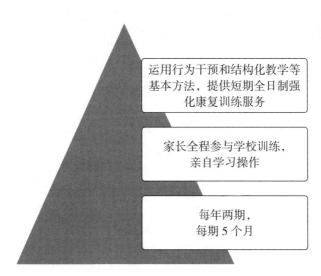

图 15　康纳学校学前教育亲子教育服务形式与内容

2. 研究引领下的融合支持模式

（1）特殊学校与普通学校的对接。

康纳学校通过 ASD 儿童随班就读指导中心的平台发布融合支持项目的相关消息，与具有 ASD 融合支持需求的普通学校对接，就支持的内容、形式等信息展开讨论，确定参与融合支持项目的普通学校，并将其作为定点合作单位。

（2）组建专业团队，夯实项目基础。

康纳学校组建 ASD 融合支持团队，为融合支持项目的开展奠定基础。ASD 融合支持团队由项目主任、专业督导、科研人员、社工、特教指导教师、普校领导、普校教师、ASD 儿童家长等组成，各人员的岗位职责见表 2。其中，项目主任、社工、科研人员、专业督导、特教指导教师均来自特殊学校，这些人为融合支持体系的指导中心的成员。

表 2　ASD 融合支持团队的成员和职责

成员	职责
项目主任	总体把握项目发展方向，构建服务团队，对具体工作进行指导
社工	负责项目组织和协调，配合项目开展个案支持、小组和社区活动
科研人员	制订研究方案，开展相关研究
专业督导	对参与融合的学生以及家庭进行评估，制订支持方案和跟踪
特教指导教师	实施支持方案，培养家长和特教助理教师
特教助理教师	在专业督导的指导下制订和实施 ASD 儿童融合计划，包括课程支持、情绪行为处理、处理同伴关系等；与普校教师、家长保持良好的沟通，及时反馈相关信息

（续表）

成员	职责
普校领导	对接团队，进行人员安排和工作指导，协调项目有效推进
普校教师	统筹执行 ASD 儿童的融合方案
ASD 儿童家长	参与支持计划的拟订，执行 ASD 儿童融合支持方案

（3）探索多元化服务，构建全方位的支持体系。

根据 ASD 儿童、家长以及所在校区的需求，融合支持团队提供多元化的支持，包括评估、制订计划、个别训练、入班支持、同伴介入、教师及家长指导等。

① 个别化支持。首先，为定点合作学校的 ASD 儿童进行个性化评估，获得儿童生长史、兴趣喜好和强化物、症状、优劣势、长短期教育史、家长期望支持项目等信息，并据此确定该儿童的个别化教育支持计划。其次，根据个别化教育支持计划定期到普通学校为儿童提供支持，个别化支持的具体形式包括个训课、班级课程跟踪指导、家居指导等。

② 师资培训。针对定点合作学校的需求，制订教师培训计划，提升普通学校教师对 ASD 儿童的干预能力。形式包括面向普通学校全校教师开展的讲座、面向普通学校骨干教师开办的技能培训班、面向直接相关教师开展的一对一指导等。

③ 小组活动。通过小组活动的形式，开展普通学校和特殊学校教师讨论、家长互助、ASD 学生与同伴互动等活动，促进融合团队内部、ASD 儿童与同学之间以及 ASD 儿童与家长之间良好关系的建立，从而促进融合项目的良性发展。

④社区宣导活动。通过社区宣导的形式促进社区对 ASD 儿童的了解和接纳,为 ASD 儿童被普通学校学生和学生家长接纳做好准备。社区宣导活动的形式包括社区宣导会、社区居民与 ASD 儿童的互动游戏、ASD 儿童绘画作品展示、才艺表演等。

(4)以特殊教育学校为中心的融合支持模式初见成效。

在构建融合支持体系的 1 年时间里,融合支持团队成功与 14 所普通幼儿园和普通小学对接〔如广州市第一幼儿园、广州幼儿师范学校附属幼儿园(天河东园区)、广东省育才幼儿园一院、广东外语外贸大学附属小学、广州花都东晖学校等〕,使其成为融合支持项目开展的定点学校。融合支持团队分别进入这些定点学校为在校内融合学习的 ASD 儿童、家长、助教、普通学校教师及其普通学校同伴提供政策、技术、师资、课程等方面的多方位支持和帮助。

①有效提升 ASD 儿童融合就读的质量。融合支持团队通过个性化教育支持计划的制订、个别化训练、课程跟踪和支持、问题行为的介入等多项支持措施,帮助 ASD 儿童克服学习和互动上的困难。康纳学校的相关研究显示,经过 3 个月的个别化支持,ASD 儿童在校基本能够完成教师制定的个性化教学目标,并且在校园内的一般适应综合能力得分、实用适应技能得分和社会技能总分(见表 3)均有显著的提高。此外,ASD 儿童具体的自理状况、独立完成收拾任务的状况、集体指令遵从的状况、主动与同伴沟通(见图 16)和互动的状况均有所改善。这些结果说明以特殊教育学校为指导中心的融合支持体系可以有效地改善 ASD 儿童在普通学校融合的学习困境和互动困境,从而提高融合教育的质量。

表 3 干预前后社交技能得分结果

项目	干预前 M（SD）	干预后 M（SD）	t 值	P 值
社会趋向	20.00 ± 1.73	24.33 ± 2.31	−1.857	0.102
社会认知	27.67 ± 8.74	30.33 ± 8.62	−0.839	0.245
社会性沟通	8.00 ± 2.65	14.33 ± 7.37	−1.216	0.174
社会参与	11.33 ± 5.13	23.33 ± 4.62	−2.155	0.082
自我调控	16.33 ± 9.29	20.00 ± 8.54	−1.344	0.156
社会技能总分	83.33 ± 27.54	112.33 ± 8.50	−6.653	0.011*

注："*"表示存在显著差异（$P<0.05$）。

"M"表示平均分，"SD"表示标准差。

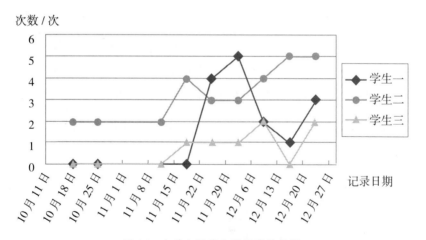

图 16 主动与同伴沟通观察结果图

从图 17 可以看出，2015—2019 年，学前融合率总体呈递减趋势，主要是因为一方面随着融合教育的发展，能力较强的幼儿尝试全天入读普通幼儿园，另一方面，与义务教育阶段相比，普通幼儿园在招生方面有更多的自主选择权，能力较弱的幼儿融合渠道有限。

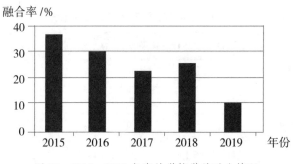

图 17　2015—2019 年康纳学校学前融合情况

　　总体来说，ASD 学生融入普通学校的融合率普遍较低，历年均低于 7%（见图 18）。2014—2016 年，由于康纳学校加大本校学生融入普通学校后的专业支持力度，一些具备条件的学生均尝试到普通学校融合。2016 年以来，融合率急剧下降，并呈稳定趋势。这主要是因为随着 ASD 诊断人数的不断攀升，普通学校的融合教育工作出现新进展，为普通学校就读的 ASD 儿童提供一些专业支持，因此，能力较强的学生能够进入普通学校学习，而进入特殊学校的学生能力不断下降，较难融合。此外，一些 ASD 学生在普通学校尝试一段时间的融合后，由于无法适应，又重新回到康纳学校。

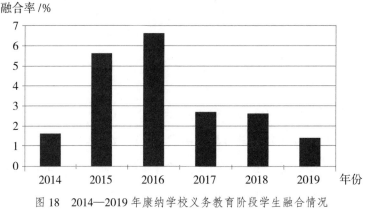

图 18　2014—2019 年康纳学校义务教育阶段学生融合情况

（注：融合包括全天融合和半天融合。）

②加深普通学校教师、学生家长、同伴对 ASD 的认识和理解。如图 19 所示，通过融合支持项目的开展，73.3% 的 ASD 儿童家长和教师认为自己对 ASD 的了解有较大的提升，56.7% 的 ASD 儿童家长和教师认为自己对 ASD 的干预技能有较大提升，该结果显示以特殊教育学校为指导中心的融合支持体系可以有效加深普通学校教师和 ASD 儿童家长对 ASD 的认识和理解。65% 以上的被调查者认为班级同学对 ASD 儿童的接纳程度有了较大的提升，这也从一定层面上反映出在融合支持干预后 ASD 儿童的同伴对 ASD 的认识和理解水平有所提升。

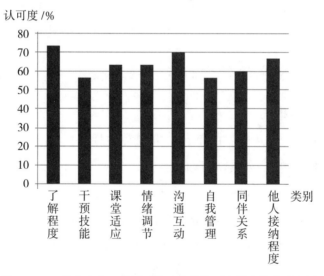

图 19　ASD 儿童家长、教师对融合支持认可度调查结果示意图

3. 研究引领下的职前训练模式

积极进行 ASD 职前教育的探索和实践。首先，康纳学校翻译并本土化评估工具《TEACCH 过渡评估手册——工作技能 & 工作行为表现》（简称 TTAP）；其次，用该评估工具进行职业技能评估，开设专

项课程（送快递、送水、烘焙、洗车、手工制作等）。根据评估结果开设以结构化理论为指导的职前训练课。在职前训练后，根据学生的基本职业能力基础，开展专项职业能力训练。专项职业能力训练的主要领域：一是手工制作类（制作蝴蝶结）；二是糕点烘焙制作类（制作基本的蛋糕、饼干）；三是送货搬运类（送快件）；四是办公事务类（过塑图卡）；五是园艺类（种植室内盆栽）。目前，康纳学校正在调整职前训练课程的目标和理念的基础上开展课程建设。此外，还开展职业教育的实证研究和课题研究。比如开展"结构化教学对 ASD 儿童职业能力的干预和视频示范对 ASD 儿童职业技能的干预——以送快递为例"的研究，研究发现，结构化教学和视频示范都提高了 ASD 儿童的职业技能。

（三）学生的各方面能力得到提升

1. 综合能力

在学前教育阶段，由于 ASD 儿童存在社交核心障碍，语言、社交、行为上的障碍对其学习和社会交往造成了极大的影响，需要大量的教育干预支持策略进行弥补。而通过对 ASD 儿童进行生活自理能力训练、认知及学业能力的培养、自我意识启蒙及促进发展、沟通训练、社交行为及准则的教导、日常常规的培养等教育与康复，增加其适应性行为的发生频次与种类，能够较好地缓解他们在情绪调控、社交沟通等方面存在的障碍，提高其整体的社会适应性水平，为 ASD 儿童逐步地融入家庭，融入班集体、校集体，回归社区夯实基础，助其成长为"好家人""好帮手""好邻居""好公民"，最终成为"好的社会人"。

义务教育阶段以爱国、爱家、认识自己为主线，结合 ASD 的特征，针对性地开展德育工作，以少先队大队部为载体举行一系列爱国教育活动。每周举行一次升国旗活动，培养优秀的升旗仪式鼓号队和升旗手。成立"康纳之声"广播站，培养小小广播员，每天中午在学校广播丰富的、受欢迎的内容。自少先队大队部成立以来，连续 10 年，每年举行一次少先队入队仪式，共发展少先队员 179 名。此外，康纳学校重视学生潜能培养，康纳学校学生在各类文体比赛中获得众多荣誉，如图 20 所示。总体来看，参加人数从 2010 年开始逐年递增，2015 年起增长迅速，直至 2017 年到达峰值，2019 年有所减少。

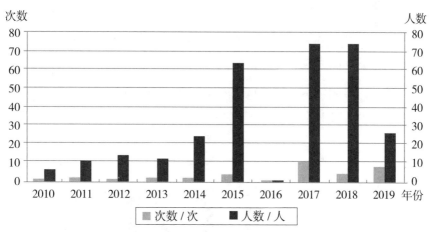

图 20　2010—2019 年康纳学校学生在各类文体比赛中所获荣誉

2. 生活自理

学前教育阶段注重自我照顾（饮食、穿着打扮、如厕、个人清洁）、家居技能（一般作息、居家休闲、居家应对、居家清洁、处理食物、处理衣物）。

义务教育阶段注重以生活为核心的育人思路，着重培养学生的生活适应能力。2016 年教育部发布的特殊教育新课标指出，培智教育以培养学生的生活适应能力为宗旨。历年来，康纳学校将培养学生的生活适应能力作为学生能力培养的重点。对不同层次的学生分设不同的生活适应目标，努力推动高功能的学生融入主流社会，回归普通学校，培养高功能学生的社区适应能力。对于中、低功能的学生则更注重培养其居家自理能力，通过教授居家一日流程和家务技能，确保学生在家能进行自我照顾，或更好地配合家人对自己的照顾，成为一个"好家人"。

如图 21 所示，2018 年九年级毕业生升学率为 81.2%，2019 年毕业生升学率为 78.3%，2020 年毕业生升学率为 52.9%。毕业生升学率在 2020 年出现了大幅下降，主要是因为 2020 届毕业生能力相较前两届要弱，普遍存在的问题在于残疾证的等级不符合报考学校的需求。此外，当学生能力较弱时，家长就要在接送孩子上学、放学上花费过多的精力，因此，家长宁愿选择居家安置，或逐渐创造条件安置，如有 2 个学生在家里的超市或公司里安置实习。

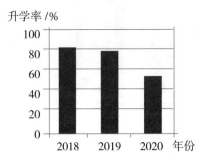

图 21　2018—2020 年康纳学校九年级毕业生升学率
（注：升学指除居家以外的所有教育安置。）

（四）教师发展促进学生进步

1. 按照多学科方向助力教师发展

ASD 儿童除了在沟通、社会交往和重复上受限以外，其他诸多领域的功能也受到限制或影响，包括运动功能、感觉反应、感觉处理、智力发展、学习困难、注意障碍、心理问题（如焦虑和心境障碍）、行为问题以及健康问题等。这些问题中，很多在婴幼儿时期就表现出来，常常在学龄前期有所增加，并一直持续到学龄、青年时期。根据美国《身心障碍者教育方案》、中国台湾地区的《身心障碍教育专业团队设置与实施办法》，以及国内"医教结合"的理念，义务教育阶段学生教育团队的构成如图22所示。因为学校在招聘医生和康复治疗师方面不具备优势，康纳学校学部考虑已有成员的专业背景，通过专业培训，组建具有职业辅导师、行为分析师、言语治疗师、物理治疗师和职能治疗师背景的专业教师团队。

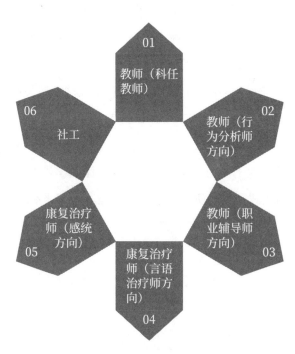

图22　义务教育阶段学生教育团队构成

2. ITIG（intensive training and individual guidance，密集培训和个别化督导）培训模式培训新入职教师 [①]

针对新人教师进行密集的专业培训，培训内容包括入班见习 1 个月，理论实操培训以及理论实操考核一个半月，密集培训共两个半月；之后对新人教师的课堂教学进行针对性的个别化督导，个别化督导约为 1 个月，由具有中级职称且 ASD 教龄在 5 年以上的骨干教师担任督导，督导形式包括每周的教案书写指导和课堂教学。

3. 理论加实操的在职教师专业化成长

ASD 儿童教师培养是一个复杂而系统的工程。首先，ASD 本身的复杂性、多样性和高度异质性，对教师的专业素养提出了更高的要求，主要体现为教师需要学习的相关知识和技能更为广泛和深入。其次，ASD 儿童教师培养更加重视实践操作，无论是在认识 ASD 的基本特征还是在学习具体的干预方法的过程中，理论知识仅仅是基础，"在做中学"所积累的丰富个案经验，才是蜕变成优秀教师的关键。此外，由于 ASD 儿童教育具有更高的实践操作要求，在教师培养过程中进行及时的效果反馈和持续督导变成一种必然的趋势，这也是 ASD 儿童可以获得更为科学有效干预的重要保障。为此，康纳学校参考美国 ASD 儿童师资培养的实践和相关研究，结合学校及学校学部不同教师的需求，组织一系列校内培训、专家培训、督导，同时提供外出参会的机会，具体的教师培训内容见图 23。

---

① 该培训模式为由贾红桃主持的 2017 年广州市特殊教育小课题 "ITIG 培训模式对提升新 ASD 教师教学效能感的影响研究" 的成果之一。

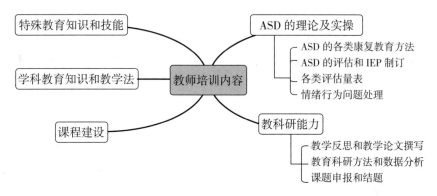

图 23　义务教育阶段教师培训内容

4. 研究型教师

面对 ASD 病因未知和研究方法不确定的现状，成为研究型教师更具意义。教师需要不断加强病因、病理研究，持续关注干预方法新进展，对遇到的具体问题进行讨论和分析，在不断的探索与反思中提升教学能力。

（1）组内教研。

作为国内第一所专门针对 16 岁以下 ASD 儿童的公立全日制特殊教育学校与研究机构，康纳学校在成立之初面临"三无"（无教材、无评量、无教学大纲）的窘况时，教师充分发挥专业优势组建以课程为主的教研小组，即社交沟通组（含社交、沟通以及性教育）、生活与技能组（含生活自理、生活技能、大小肌肉、感觉统合、社区适应和休闲活动以及职前训练）、认知与学业组（含语文、数学、生活语文、生活数学、认知及阅读）、情绪行为处理组、潜能开发组（含音乐、美术、体育潜能开发和特长挖掘）以及科研小组，最终形成了较为成熟的四大教学大纲、八大教学评量手册，为教学实践活动提供了支持。

（2）公开课。

教学是一个教与学相长的过程，这句话不仅适用于教师与学生的关系，而且适用于教师之间的关系，而公开课恰恰体现了这一点。康纳学校学部的公开课凝聚着一群人的智慧与力量。一堂公开课在呈现之前要经过教研组全体教师的讨论与修订，而呈现之后的评课环节更是必不可少，在这一来一去的质疑、答疑、讨论、评课中双方都受益匪浅。学校学部从2015年下半年开始进行系统的公开课研讨，每学年不少于20次。

（3）参与广州市教研院教研。

从2017年开始，康纳学校开始加入广州市教研院特殊教育科组织的全市范围特殊教育教师参与的6大教研组（IEP组、自闭症辅导组、情绪障碍问题辅导组、沟通障碍组、肢体动作教育组、音乐治疗组）的教研活动。截至2020年，又新增3大教研组（美术教研组、学前教研组、职业教育教研组）。康纳学校现已有3位教师成长为教研组中心组成员，担任教研组长，和特教同行共同组织相关领域的全市教研活动。学校每学期亦有不少于30人参与市级系统的教研活动。

（五）对家庭的支持

1. 专业培训助力家长参与儿童成长

学龄前的家长定期召开IEP讨论会，由班级教师（班主任、配班教师、小组课教师）、家长、督导参会，就学生的个别化教育计划内容进行说明与研讨，家长可进一步了解各方专业人士对学生发展的预定教育目标、教育内容与教育建议，并基于自己的教育期望提出意见和建议。通过研讨，家长据此明确家庭教育的任务，确定自身在学生的康复教育过程中所扮演的关键角色，以便更好地开展家居训练及配合教师进行有效的教学。每周定期布置家居作业，将学生短期学习目标通过工作分析细化为具体的行为目标，督促家长在家中积极进行家居训练，将学生在学校所学知识与技能在家中进一步训练及泛化，提高学生的知识与技能水平。家园联系册中班级教师及时对学生在校一周表现进行总结及点评，实现与家长间的互通。每学期末对学生本学期的学习情况做总结分析，以学生成长报告的形式呈现学生本学期所学习的内容、相关进展、仍需加强的项目，并布置相应的假期作业，实现个别化教育在假期的持续进行。班主任定期于每一学期的开学初、学期末召开班级家长会，就本学期或下学期班级人员（教师、学生）的变动情况做通告，介绍学期教学计划、课程设置，就学生各方面学习进展做总结与教学设想；与家长交流信息，统一思想，达成教育一致性。家长的教育技能对家庭教育的成效具有关键作用，因此通过对家长进行相关康复技能的培训，提升其教学能力及教养水平，有助于更好地实现教学目标及促进儿童的身心发展。

在义务教育阶段，一方面，家长对儿童在学龄阶段出现的挑战觉得困扰和苦恼；另一方面，部分家长由于身心疲惫等，出现了康复教育参与积极性、参与度下降的情况。对此，康纳学校对家长培训工作不断进行反思、沉淀、改良、创新，以多样的培训形式、多类的培训讲者、多元的培训内容为特色，得到了家长的肯定，收到了良好的成效。一是多样的培训形式。二是多类的培训讲者，包括行业专家、骨干教师、资深家长，共同打好"组合拳"。康纳学校家长培训的讲者以行业专家学者、骨干教师为主。值得一提的是，康纳学校还鼓励家长做"讲者"，分享家庭教养经验，如"如何在家教儿童学轮滑""如何辅导孩子的家庭作业""如何帮助孩子培养家务能力——以洗碗为例""作为家长该如何释放压力"等,部分家长以"过来人"的身份分享个人照顾 ASD 儿童的心路历程及家庭康复教育经验,促进家长互相帮助、共同成长。不同的讲者给家长带来不同角度的康复教育知识和技能,内容丰富,进一步满足了家长不同层次的培训需求,提升了家长培训的成效。三是多元的培训内容,培训主题丰富多元。康纳学校学龄阶段的家长培训内容可分为情绪行为管理类、青春期/性教育类、居家训练专题类、职前/毕业安置类、政策宣导类等。情绪行为管理类包括行为管理技巧、ABA、回合式教学法 DTT、音乐治疗在 ASD 儿童情绪调节中的作用;青春期/性教育类包括我的社交圈训练;居家训练专题类包括绘本与亲子阅读、自我生活照顾、口肌居家训练、家居环境布置技巧;职前/毕业安置类包括大龄 ASD 学生就业状况分析及职业技能培养、初升高的策略、校外职训资源分享及社区适应、职前相关的生活技能训练;政策宣导类包括中小学生学籍管理条例宣导等。通过丰富多元的培训内容,全方位帮助家长掌握康复教育的知识和技能,增强家长参与 ASD 儿童康复教育的信心和积极性,从而更有效地推动 ASD 儿童的成长与发展。

2. 心理支持

ASD 儿童家长长期承受较高的亲职压力,其需要家人和社会的关爱、理解和支持,以助其调节心理压力,减少负面情绪。对此,康纳学校开展了家长心理支持方面的工作,具体分为家长个案、家长小组/工作坊、家校合作三个部分。

(1)家长个案。

研究发现,ASD 儿童家长长期承受的亲职压力比普通儿童家长大,愁苦感受水平也比普通儿童家长高。故康纳学校社工为需要心理支援的家长提供个案介入服务，此项工作的目的是帮助家长疏导长期累积的负面情绪，鼓励家长以理性情绪面对现实，并采取积极的应对方式帮助 ASD 儿童康复。

（2）家长小组/工作坊。

除针对家长个体的心理支持以外，康纳学校还立足 ASD 儿童家长的需求，开展家长小组/工作坊相关工作，鼓励家长发掘自我发展潜力，帮助 ASD 儿童家长群体构建互助网络，以期家长群体形成合力，自主互助，共同分享社会资源，发挥团体力量，增强家长面对困难的信心。具体开展工作分为互助性小组/工作坊、教育性小组/工作坊、成长性小组/工作坊三种。

（3）家校合作。

为建设"学校 - 家庭 - 社会"三位一体的教育体系，促进家庭教育与学校教育的有机结合，发挥家长在 ASD 康复教学中的积极作用，优化育人环境，康纳学校采用家校合作模式，齐抓共管，协同落实各项教学计划。

五、问题与展望

（一）存在的不足

1. 融合支持工作存在挑战

融合支持体系仍存在以下不足：第一，融合支持的广度不足。广州具有 ASD 融合支持需求的学校众多，由于本融合支持体系采用特殊学校教师上门教学、示范、指导的形式，需要较多特殊教育专业人士进入普通学校进行指导，由于人力的不足，无法为大量学生提供融合支持。面对此问题，本融合支持体系创新采用了兼职特教助理的形式，即由普通学校和家长聘请特教专业在校大学生，经由特殊学校教师正式培训后开展 ASD 学生个别化支持和跟踪的相关工作。然而兼职特教助理的稳定性较差，仍存在一定的局限性。第二，对学校层面的支持力度不足。融合教育工作的开展除了需要教师、家长的配合，还需要学校层面的支持。本融合支持体系在促进学校教师对 ASD 的认识方面起到了积极的作用，但要真正实现 ASD 儿童的有效融合，学校在班级课程管理和资源教室建设上还需做出相应的改变，本融合支持体系在如何促进学校建立良好的融合教育管理模式方面还有所欠缺。这些不足都需要在今后的实践中进行改善和优化。

2. 家庭支持不足

家长在 ASD 干预中的作用需要加强。未来要确保家长和 ASD 儿童的声音被听到，并纳入对 ASD 的干预计划中。从 ASD 的角度以及从神经多样性的角度来看，什么是"最佳的"或者"比预期更好的"结果？一个"好的"结果是一个承载价值的概念，不是被科学家或临床医生孤立地定义的概念，应由有关各方协商达成一致，只有这样，研究才能衡量现实生活中的结果，并最终制订有效方案，增加 ASD 儿童获得循证干预措施的机会。未来需要更多中国背景下的关于 ASD 看护人的研究，从而为 ASD 家庭提供更多社会支持。

（二）未来发展方向

1. 在融合教育的大趋势下，ASD 康教专业人才培养方面的角色与定位

相对于 ASD 儿童康复教育的巨大需求，专业人才的缺口依然很

大。康纳学校在专业人才方面积累了丰富的培训经验和专业资源，应该并且能够在以下几个领域继续发挥作用。

（1）成为高校相关专业的教学实习基地，参与其课程教学与实习带教。打造出一支理论功底扎实、实操经验丰富的专业培训和督导团队，可以在高校相关专业承担起涉及干预技术的理论和操作教学任务。

（2）成为 ASD 康复教育的资源中心、培训中心和评价中心，为来自其他特殊教育学校的从事 ASD 儿童康复教育的专业人员以及主流幼儿园、学校中的资源教师提供培训、支持服务，并对融合教育的效果和质量进行评价。参照发达国家特殊教育的发展轨迹，中国特殊教育未来发展也将会形成以一定数量的特殊教育学校为资源中心和培训中心，大量的随班就读结合资源教室或巡回指导教师制为主体的格局。凭借在专业建设和人才培训方面所取得的成绩，康纳学校已于 2014 年 12 月被广州市教育局确定为 ASD 儿童随班就读指导中心，应该并且能够承担起随班就读资源教师的培训任务。

（3）与发达国家与地区的 ASD 康复教育机构交流合作，引入并推广先进的干预方法与模式。近年来，ASD 康复教育发展日新月异，不断有新的干预方法和理念出现。通过 10 年的专业人才培训工作，康纳学校已建立起与境内外知名专家与专业机构的交流合作机制，同时完善了新的干预方法和模式从引入到效果研究，再到培训推广的完整流程，确保所培训推广的干预方法和模式经循证研究是有效的。

2. 职前教育是 ASD 教育康复课程的重要组成部分

ASD 儿童智力呈岛状分布，各个领域发展极不平衡，在某些领域通常拥有明显的优势甚至是天赋。如何发现并开发 ASD 学生的优势能力，并将其优势能力转化为可以谋生的一技之长，将是康纳学校在 ASD 职业教育领域最主要的课题，也是目前世界范围内亟待解决的问题。

ASD 人士的确存在社交沟通障碍及情绪、行为问题较多的职场劣势，但同时，ASD 人士普遍具有较好的记忆力，喜欢步骤清晰、程序固定的工作，做事专注，思维独特。欧洲一些 IT 公司甚至专门招聘高功能 ASD 人士。康纳学校目前已对即将进入初中部的 ASD 学生进行初步的职业能力评估，并针对性开展职前教育。未来将探索开发适合国内 ASD 中学生的职业能力评估量表，针对性开设职业训练项目，寻求社会上相应的就业资源，努力实现对口培训、对口就业，在充分发挥 ASD 学生职业能力的基础上最大化实现其社会价值，帮助他们过上有价值、有尊严的生活。

3. 拓展广州 ASD 儿童随班就读指导中心工作的广度与深度

2020 年一项针对全国 ASD 患病率的调查发现有 90.6% 的 ASD 儿童在主流学校接受教育。此外，纵向研究发现，融合教育环境是影响 ASD 预后良好（better than expected outcome）的重要因素。比如融合教育能够提高 ASD 青年的就业率。另一项研究中，Seltzer 等人发现了全纳教育环境和积极的父母教育对良好预后的重要性 [1]；值得注意的是，在学校的部分或全部融合的经历，与"理想的"轨迹或者发展相关，甚至控制了儿童时期 ASD 最初的严重程度，这样的影响将一直

---

[1] SELTZER M M, KRAUSS M W, SHATTUCK P T, et al. The symptoms of autism spectrum disorders in adolescence and adulthood [J]. Journal of Autism and Developmental Disorders，2003，33（6）：565–581.

存在。^① 这些发现证实，融合教育经历是支持患有 ASD 的个体走向更为良好的预后的重要因素。^② 在此背景下，作为广州的 ASD 儿童随班就读指导中心，康纳学校需要进一步加深融合支持工作的深度并拓宽其广度，利用自己的专业优势和资源，组建专业培训团队与支持团队，在市政府、市教育局的支持下，在全市范围内推进 ASD 儿童随班就读工作，从而为进入主流学校随班就读的 ASD 儿童及其家庭进行生态化评估，针对其需求提供专业支持服务，为接收 ASD 儿童的普通学校教师提供相关专业培训与支持以及向随班就读的 ASD 儿童的同学及其家长宣传 ASD 相关知识，提升 ASD 儿童随班就读的质量与效率。

①　WOODMAN A C, SMITH L E, GREENBERG J S, et al. Change in autism symptoms and maladaptive behaviors in adolescence and adulthood: the role of positive family processes [J]. Journal of Autism and Developmental Disorders, 2015, 45 (1): 111-126.

②　SZATMARI P. Risk and resilience in autism spectrum disorder: a missed translational opportunity? [J]. Developmental Medicine and Child Neurology, 2018, 60 (3): 225-229.

案例九　广州市新穗学校：
培养合格公民

专门教育是我国教育矫治和挽救"问题学生"的一大创举，也被誉为预防青少年违法犯罪的最后一道屏障，对预防青少年违法犯罪有着极其重要的作用。专门学校是对有违法、轻微犯罪行为和品行偏差、心理偏常的未成年中学生进行教育矫治和挽救的学校，被视为普通教育的补充。其前身为工读学校。我国于1955年成立中华人民共和国第一所工读学校——北京温泉工读学校，在全面贯彻党的教育方针的前提下，本着"立足教育，挽救孩子，科学育人，造就人才"的精神，把越轨青少年培养成有社会主义觉悟、有一定科学知识和生产技能、能遵纪守法的合格公民。[①]

一、办学背景

改革开放以来，广州的经济发展令世人瞩目，走在全国的前列。然而，经济的飞速发展，给人民的思想意识、文化、传统道德、价值

---

① 石军. 我国工读教育的历史、现状与未来发展［J］. 教育史研究，2013（3）：27–29.

观念等带来了一定的冲击，有些家长忙着赚钱，忽视了对子女教育的关注和时间、精力、情感的投入，对子女的家庭教育也存在诸多问题、出现了偏差，导致未成年子女的心理和行为问题日益增多。另外，广州经济的发展吸引了来自全国各地的人口，人口的不断涌入，给教育带来了一定的压力，教育也难免顾此失彼，因此一些学生对普通学校教育不适应，产生欲脱离学校教育的倾向。为构建完整的义务教育体系，为"问题学生"提供适合的教育，1997年，广州创办了第一所专门学校——广州市新穗学校，这也是迄今为止，广州唯一的一所公办专门学校。

（一）内部发展的优势

1. 专门教育的社会功能与社会价值

（1）中国专门教育的社会功能。

① 挽救孩子，培养合格公民。中国专门学校六十多年的发展历史表明：专门学校在教育转化"问题学生"方面效果明显，真正教育、挽救了一批越轨青少年。实践证明，对于行为偏差和心理偏常、有违法乱纪行为甚至濒临犯罪边缘的青少年学生，采用"非司法干预"的形式，让其接受特殊而有效的思想教育、文化教育和职业教育，无疑是一种有效的教育方式。[①] 专门学校给行为偏差和心理偏常的"问题学生"一个改过自新、重塑自我的机会，其不仅使一批误入歧途的青少年学生终止犯罪，而且对学生进行再教育后，很多学生习得一技之长，为他们毕业回归社会，做遵纪守法的合格公民创造了条件，也将

---

① 石军. 中国工读教育的理论与实践［M］. 北京：现代教育出版社，2016.

部分青少年的犯罪行为消灭在萌芽状态。

多年的实践证明，专门学校的毕业生，大多数成为各行各业自食其力的劳动者和建设者，其中一部分学生继续深造，考入高中，考上大学；有的成为不同行业的企业老板；有的专研技术，成为专业技术人员。最终，他们成为有益于家庭、有益于社会发展的人，成为社会主义现代化建设的各层次的人才，为社会做出了各自应有的贡献。

②改善质量，维护家庭稳定。当下很多家庭都是独生子女家庭，家长对孩子的期望都很高，孩子的教育成为一个家庭的核心问题，家长虽然不期望自己的孩子成龙成凤，但是至少希望自己的孩子能够成为一个有益于社会的人。当一个家庭的孩子成为行为偏差和心理偏常的"问题学生"，父母会为之"心碎"，不经意间也会导致一个家庭的"破碎"，严重影响了家庭的和谐和幸福。而专门学校的教育能为他们在道德、文化和技能等方面打下坚实的基础，专门教育的成效维系着许多家庭的幸福。

家庭原因是造成青少年违法犯罪的重要原因。近年来，失和、失教、失德的家庭逐年增多，有资料显示，父母离异家庭子女的犯罪率是健全家庭子女犯罪率的4.2倍，原中央社会治安综合治理委员会在对全国18个少管所和监狱的调查中发现，有26.6%的犯罪青少年来自破碎家庭。[①]为此，专门学校开设了家长学校，以利于改变家长的教育观念，纠正家长错误的教养方式，培养良好的亲子关系等。在专门学校的日常教育中，专门学校教师也经常就学生的教育问题与学生家长积极交流，真情沟通，形成家校合力，共同挽救一个个孩子，

---

① 刘世恩. 对我国工读学校立法的思考［J］. 法学杂志，2005（6）：88-90.

挽救一个个家庭，改善一个个家庭的生活质量，维护社会的稳定与和谐。

③ 维护秩序，普及义务教育。专门教育是针对有学习障碍、行为障碍、情绪障碍的未成年人进行矫治的教育，专门学校主要招收"家庭难管、学校难教"的行为偏差、心理偏常的初中生。这些学生在原校都堪称"小霸王"，大多具有上学逃课、违反纪律、顶撞老师、打架斗殴、沉迷网络、抽烟喝酒、结交社会不良青年、欺负弱小等不良行为。虽然他们的人数少，但是能量巨大，破坏性强，往往搞得一所学校乌烟瘴气，很多班主任、心理教师和德育教师都介入其中，对这些"问题孩子"动之以情、晓之以理，但收效甚微。这种情况在每个普通学校普遍存在，而且这类学生的数量也越来越多，严重影响了普通学校的正常教育教学工作。

专门学校招收这类学生，把这些"问题学生"集中起来，采取有针对性的教育方法加以矫治，既可以保障"问题学生"的受教育权利，防止其辍学，又有利于防止这类"问题学生"走上违法犯罪的道路，同时有利于改善普通学校教育教学秩序，提高普通学校的校园安全指数和教育教学质量。专门学校不放弃任何一位学生，即便是有严重不良行为的学生，也会通过精心教育，最终将其塑造成有益于社会和家庭的合格公民。同时，作为普通学校的有益补充，专门学校完善了中国教育的体系，真正践行了普及义务教育的理念，也有利于素质教育的全面实施。

④ 遏制犯罪，肩负神圣使命。"问题学生"矫治意义重大，未成年人既是社会的一个重要载体，也是社会的弱势群体，对未成年人犯罪的关注，即是对社会的关注。未成年人犯罪涉及千家万户和社会的

各个方面，容易诱发各种社会问题，如自身压抑、焦虑、吸毒、离家出走，甚至产生自杀等问题行为，更为严重的还有反社会的攻击行为，如团伙犯罪、强奸、盗窃等违反社会准则和社会规范的行为发生，给社会、他人造成严重的不良影响。为此，加强专门学校对"问题学生"的教育矫治，能有效地遏制未成年人违法犯罪。全国专门学校离校学生的相关情况统计数据显示，专门学校的平均教育成功率为85%，上海、广州的一些学校的教育成功率更高，有的达到95%以上。① 专门学校不仅仅直接教育一部分有轻微违法犯罪行为的青少年，而且参与和配合指导普通中小学教育，指导更多数量的"处于犯罪边缘"的青少年学生，有效地遏制青少年违法犯罪低龄化趋势。

专门学校紧紧围绕"治病救人，培养合格公民"这一中心任务，切实维护青少年的合法权益，构建和谐社会，持之以恒地把政治思想素质较差、道德法纪意识淡薄、心理素质有缺陷的青少年教育培养成有一技之长的心理健康的守法公民。专门学校有效的教育转化效果，极大地改善了社区环境，更好地服务于社会主义精神文明建设，构建和谐文明的社会环境，加强青少年违法犯罪综合治理工作，完成预防、控制、矫治青少年学生的违法犯罪现象的神圣使命。同时，充分体现社会主义国家对青少年成长的关怀和爱护，尊重和保护一部分特殊青少年应享有的人权，有利于义务教育和素质教育的全面实施。

（2）中国专门教育的社会价值。

① 个案研究：寻找背后的原因。中国专门教育的一个重要的社会价值在于研究"问题学生"，这一点看似容易理解，但是在实际工作

---

① 鞠青. 中国工读教育研究报告 [M]. 北京：中国人民公安大学出版社，2007.

中却被很多专门学校忽视，加强对"问题学生"的研究应该是专门学校的一大重心，也是保障专门学校健康发展的一个重要条件。专门学校的招生对象为行为偏差和心理偏常的"问题学生"，要准确地提供针对"问题学生"的教育矫治策略，就必须不断加大专门学校教师对各种类型"问题学生"的专业研究力度。专门学校要多渠道地去激发专门学校教师对各种类型"问题学生"的研究驱动力，引导专门学校教师积极主动地投身专门教育研究。实际上，专门学校也为教师提供了研究各类型"问题学生"的原型与第一手素材，专门学校教师可以通过各种研究方法，如"实证研究""田野研究"和"个案研究"等，实地研究"问题学生"的生活世界，对"问题学生"进行适当的分类，如分为人际关系障碍学生、智力缺陷学生、沉溺于网络游戏学生、学习动机缺乏学生、注意缺陷障碍学生、学习不良障碍学生、攻击性行为学生、焦虑障碍学生、离异家庭学生、多动症学生、情绪障碍学生、品行不良学生、自闭症学生等多种类型。通过认真研究学生个案，寻找专门学校学生行为背后的原因。专门教育要持续、健康地发展，就必须使专门学校教师在"田野"中持续开展研究，为专门学校教育转化"问题学生"提供多维度的策略与方法。

　　②教育转化：坚守教育初心。中国专门教育的另外一个社会价值在于转化"问题学生"，帮助迷失的孩子们"寻找回来的世界"，这是专门学校的核心价值取向。专门教育基于"立足教育，挽救孩子，科学育人，造就人才"的价值立场，回归"挽救失足青少年"的育人起点，坚持"治病救人"的价值取向，专门教育的一切工作都以此为标准开展。自从1955年建立第一所工读学校以来，中国专门教育一直肩负着这样的历史使命，为中国青少年事业和推动社会的和谐与稳定做

出了巨大的贡献，这是时代赋予中国专门教育的社会职责，也是中国走向世界强国的必然举措。

2. 专门教育的管理模式与育人理念

专门学校作为对有违法和严重不良行为的未成年人进行教育转化的特殊学校，是义务教育中的一种特殊形式，也是实施九年义务教育的一种不可缺少的形式。专门学校的任务是全面贯彻执行国家教育方针，对有违法和严重不良行为的未成年人进行教育矫治，将其挽救成德、智、体、美、劳全面发展的社会主义建设者和接班人。专门学校以转变学生的思想为首要任务，紧密结合学生思想实际，开展爱国主义、集体主义、社会主义道德、社会主义民主与法制、理想、前途、人生观教育。专门学校坚持以正面教育为主的原则，深入了解学生犯错误的原因，随时掌握他们的思想动态和心理特点，做艰苦细致的思想转化工作。专门学校的教师像父母对待犯错误的孩子一样、像医生对待前来就诊的病人一样、像园丁对待遭受了病虫害的花朵一样，对学生热情关怀，同时严格要求。

专门学校的学生集中在校食宿，过有纪律的集体生活，学校对其实行严格的、科学的、带有军事化性质的管理。专门学校的文化课设置与普通中学相同。凡在校坚持学习、接受教育、改正错误、遵纪守法、文化课合格的专门学校学生，由原学校颁发毕业证。根据《中华人民共和国预防未成年人犯罪法》的规定，专门学校学生毕业后，在升学就业方面，同普通学校毕业的学生享有同等的权利，任何单位和个人不得歧视。[1]

---

① 徐琼. 我国工读教育研究［D］. 上海：华东政法大学，2013.

（二）内在问题与不足

1. 传统专门教育的历史局限

在调查了中国专门教育的客观现状和阅读了大量专门教育文献的基础上，本部分分析和总结了影响中国专门教育内部发展的"六重六轻"的教育困境，即专门学校重经验管理，轻改革创新；重纪律约束，轻文化濡染；重知识教学，轻实践活动；重行为塑造，轻心理辅导；重孤立发展，轻协同共育；重值班管理，轻教学研究。专门学校大多实行封闭式24小时值班管理模式，值班管理在专门学校就显得异常重要，很多专门学校教师在长期的值班管理中忽视了对学生的细微观察、点滴教育、心理辅导和个案研究，更多地扮演"守望"的角色，缺乏问题关注意识和研究意识。为此，很多专门学校教师就在这样一种"守望"中消耗了青春，迷失了自己，甚至产生了严重的职业倦怠，造成许多专门学校教师缺乏教育理想、教育激情和人文情怀，"不读书、不写作、不研究"已经成为中国许多专门学校教师的真实写照。[①]

2. 传统专门教育的发展问题

中国专门教育在短短六十多年的时间里经历了从起步到高速发展再到举步维艰这样一种在困境中发展的历史轨迹。至1966年，全国拥有专门学校220余所，这是中国专门教育发展史上的黄金阶段，但此后由于观念和教育制度的转变，全国专门学校的数量急速减少。为数不多的专门学校，也存在着严重的地区发展不均衡现象。在长期的发展过程中，专门教育系统内也形成了"三三型"的格局，即走出困境、

---

① 石军.中国工读学校内部发展的困境与对策研究［J］.预防青少年犯罪研究，2012（9）：71-76.

步入良性循环、取得办学效益的专门学校占三分之一，初步摆脱困境、摆脱了生存危机、正在稳步发展的专门学校占三分之一，尚未走出困境、办学形势仍不乐观、生源越来越少的专门学校占三分之一。

从 20 世纪 90 年代开始，很多专门学校开始摸索新的办学模式，一批独具特色的专门学校脱颖而出，如中国第一所专门学校——北京海淀工读学校成立了为全区普通中小学服务的心理咨询中心；上海育华学校形成了综合立体的办学集团；坚持探索优质教育的成都五十二中学，提出了"专门教育也是优质教育"的教育理论并付诸教育实践；深圳育新学校在多年的发展历程中，拓展了专门教育的办学功能，走出一条集专门教育、中等职业教育和中小学德育教育、社会实践教育于一体的办学之路，形成独具特色的"育新模式"。实现办学资源与社会效益相结合的良性循环，在嬗变中完成了专门教育的转型，在中国专门教育界产生了强烈的反响，也为中国专门教育的未来发展提供了有益的借鉴。

（三）外部机遇与挑战

1. 新时代背景下的变革

2019 年 3 月，中共中央办公厅、国务院办公厅专门印发的《关于加强专门学校建设和专门教育工作的意见》（厅字〔2019〕20 号）对于专门学校的教育提出了新的要求和期望。劳动教养制度取消；青少年违法犯罪率居高不下，低龄化、智能化发展下预防青少年违法犯罪需求上升；校园欺凌、霸凌现象层出不穷，严重危害校园安全，专门学校新办或复办的呼声越来越高。

习近平总书记指出："青年的价值取向决定了未来整个社会的价

值取向，而青年又处在价值观形成和确立的时期，抓好这一时期的价值观养成十分重要。这就像穿衣服扣扣子一样，如果第一粒扣子扣错了，剩余的扣子都会扣错。人生的扣子从一开始就要扣好。"对于学校教育来说，则要把德育放在更加重要的位置，全面加强校风、师德建设，坚持教书育人，努力做到每一堂课不仅传播知识而且传授美德，每一次活动不仅健康身心，而且陶冶性情，让同学们都得到倾心关爱和真诚帮助，让社会主义核心价值观的种子在学生们心中生根发芽。加强未成年人思想道德建设，被提到了史无前例的高度。

2. 法治建设的时代要求

进入 20 世纪 90 年代，由于国家加大法制建设力度，依法治国、保证人权等都被写入宪法法律之中，带有强制教育色彩的专门学校便面临着新的挑战。1999 年出台的《中华人民共和国预防未成年人犯罪法》不得不对此作出改变，其第三十五条规定："对有本法规定严重不良行为的未成年人，其父母或者其他监护人和学校应当相互配合，采取措施严加管教，也可以送工读学校进行矫治和接受教育。对未成年人送工读学校进行矫治和接受教育，应当由其父母或者其他监护人，或者原所在学校提出申请，经教育行政部门批准。"至此，专门学校大多开始实行"三自愿"的招生办法，即专门学生入学要经过学生本人、学生家长和学生原先所在学校三方的同意，只要三方中的任何一方不同意入学，招生就不能进行。其实，从立法的初衷来看，这无疑是对未成年人合法权益的切实保护，在公权与私权博弈之后，孩子就读的权利正式交还给家长。然而，专门学校早已不是家长的率先选择，甚至从来不是他们的选择，这样无疑造成了专门学校生源的锐减，甚至导致个别省、市的专门学校无生可招。

3. 专门学校的重新定位

2013 年，我国施行了半个多世纪的劳动教养制度被废止了。原先在劳教所（少教所）里接受教育矫治的违法犯罪未成年人全部解教释放。但是，这部分未成年人去什么地方接受教育矫治呢？难道真要等他们犯罪越来越严重、年龄满 16 岁以上时再处以重刑或极刑？这又于心何忍呢？所以，取消劳动教养制度之后，必须采取相应的措施来填补取消劳动教养制度后对轻微违法犯罪未成年人的教育矫治的空档。而这个"相应的措施"就是专门教育发展的绝好机会。中央《关于加强教育和矫治有严重不良行为未成年人的专门学校教育工作的若干意见》也会加快出台，这个意见的出台对办学存在困难、处于崩溃边缘的专门学校来说无疑是一根救命稻草。这个意见早一天颁布实施，就会早一天减少一所或几所专门学校的消亡，专门学校就会早一天办好，就会早一天让更多的"问题孩子"得到及时的教育矫治，就会早一天让"问题孩子"免于可能的牢狱之灾、家破人亡。

《中华人民共和国义务教育法》《中华人民共和国未成年人保护法》《中华人民共和国预防未成年人犯罪法》《关于加强专门学校建设和专门教育工作的意见》等政策法规都规定了专门学校的使命和任务。在法律的有力保障下，通过专门教育，这些青少年认识到自己的错误，转变思想，如一株株新生的麦穗，身心健康成长，品德、学业不断进步，成为更好的自己。

4. 群众对专门教育的要求

行为、心理偏差，家庭、普通学校难管，这些都是用来形容专门学校学生的。究其成因，根源之一在家庭，有的学生来自单亲家庭、父母再婚家庭、与亲戚同住家庭、父母犯罪家庭，父母角色缺位、家庭教养方式不当、亲子关系紧张等现实投射在他们身上，就形成了心理和行为的偏差。

家庭中的父母、长辈对孩子出现的"问题"既无奈也无力，寄希望于专门学校来改变孩子，解决他们逃学、厌学、抽烟、沉迷网络、打架、勒索、偷窃、赌博、吸毒等各类问题。与此同时，随着社会的进步和"问题学生"家长文化程度的提高，家长不仅仅希望专门学校能够解决学生的思想问题、行为问题和心理问题，同时希望通过专门学校来提升学生的学业水平。

5. 学生问题行为的时代性

专门学校的学生一般在 12～17 岁之间，处于青春期这一人生关键时期。从这些未成年人的特点来看，一方面，他们的生理和心理发展尚不稳定，社会化程度不高，人生观、价值观和世界观尚未完全形成，行为具有很大的不确定性，对外部环境的依附程度较高，自控能力较弱。另一方面，他们处于生理发育旺盛而不稳定时期，生理发育与心理发展呈不同步状态，表现为不断增长的物质需求与未独立的经济地位的矛盾，渴望自主独立与对成年人依附关系的矛盾，性的欲求与道德、法治的矛盾，活动范围和能量的扩大与认知水平的矛盾，生存现实与未来理想的矛盾等。这种矛盾状态以内在的或者是外显的形式表露出来，一旦与客观因素交织在一起，便很容易受到不良影响，如果父母、教师等社会化执行者对其约束作用失调，将造成其人格异常，甚至违法犯罪。

不同时代的"问题学生"在心理特征、思想道德、学业、行为等诸多方面与主流群体都存在显著差异。例如，有明显的人格缺陷、思想道德水平低于普通学生、不能适应普通学校教育、存在大量的不良行为。但具体到某一个时期，又存在鲜明的时代特点。

我们不难发现，现阶段的学生对网络、游戏、运动表现出很高的专注度，与以往的专门学校对打架、暴力等的高关注度形成鲜明的对比。可以概括地说，2010 年以前的学生是因"打"而进入专门学校，2010 年以后的学生也是因"打"而进入专门学校，但两者之间有着极大的差异。前者的"打"与暴力有关，而后者的"打"则绝大多数与网络有关。

广州市新穗学校（以下简称新穗学校）因时而生，因势而兴，在相当长一段时间内，为广州教育，尤其是广州初级中学教育教学秩序的维护立下汗马功劳，做出了卓越的贡献，切实担负起了"给孩子一个机会，保社会一方平安，还家长一份惊喜"的社会责任。然而，教育并不是一成不变的。传统的专门教育以苏联马卡连科的工读教育理论和思想为指导，但该指导在新时期却显得不太适宜。为适应新的历史环境，新穗学校在张立伦校长的带领下，继往开来，积极探索，最后确立了"培养合格的社会公民"的目标，并积极构建"公民教育"德育体系。

二、办学特色

新穗学校是由广州市教育局主办，广州市公安局协办，广东省教育厅、广东省司法厅协管的公办专门学校。学校多层次、多形式、集团化办学。学校目前按照"一校两区"集团化办学模式设置，多层次、多形式办学：石榴岗校区在全市范围招收初中阶段心理及行为偏常、家庭难管、学校难教的不适宜在普通中学就读的男生，采取半封闭式、准军事化、寄宿制的特殊教育管理模式，学生具有双学籍，毕业时回原校参加毕业考试和升学考试、发放原校义务教育毕业证书。学校以"给孩子一次机会，还父母一份惊喜，报社会一厢厚爱"为办学宗旨，坚持"每一个孩子都可教育，每一个孩子都应尊重，每一个孩子都可成功"的教育理念，以"挽救一个孩子，造福多个家庭，稳定社会一方"为己任，坚守"转化一名问题学生比培养一名大学生意义更加重大和办好一所专门学校就可少办几所少年监狱"的信念。学校以"公民教育"为思想引领，"做一个合格公民"是一个涉及现代社会发展和人的发展的严肃问题，公民教育的目的就是培养合格公民，从人的身份角度来讲，公民教育要适应时代和社会发展的需要。

（一）公民教育的内涵解读

在现今时代，在新穗学校，公民教育的核心是公民社会品德教育、公民社会能力教育。新穗学校在教育教学实践中，认真贯彻落实"立德树人"主要任务，逐步形成了以"塑形铸魂"为核心的行为规范养成教育体系，使学生们知晓道德、内化道德、践行道德；学校建立完善的课程体系，创设适合学生实际的特色校本课程。通过打好坚实的品德与学识基础，逐步培养学生成为德、智、体、美、劳诸方面均符合社会规范及要求的合格公民。

1. 公民教育是以人为本的专门教育

作为特殊的教育对象，来到新穗学校的学生们，需要特殊的、适合的教育方法医治他们心灵上的创伤，纠正行为上的偏差，填补头脑中的空白。新穗学校在实施公民教育的过程中，始终把爱护与严格要求统一起来，以学生为本，教育他们养成良好的道德品质，努力学习，使其每天都能发生新的变化，每天都有看得见的进步。

2. 公民教育是以德为本的品德教育

中国的教育传统历来都重视立德，当今时代"立德树人是教育的根本任务"。新穗学校因其教育属性，特别注重并加强德育工作，以公民教育为抓手，从根本上改变学生，使其在改过自新中提高个人品德修养。

3. 公民教育是以学为重的成才教育

面对学生学业基础差的现状，新穗学校从生命成长、成才的层面弥补他们的缺失，使他们逐渐完善知识体系，提升多种素养，每天进步一点，成为更好的自己。让他们的生命因知识而丰富，而充实，使之成为社会需要的合格公民，成为有一定才识、能力的人，为社会做出力所能及的贡献。

4. 公民教育是以生为本的素质教育

新穗学校立足学校实情，结合学生实际，在教育教学实践中贯彻落实"立德树人"的主要任务，提升学生品德素养，从"礼""孝""仁""爱"四个维度塑造笃实厚德品行，以培养学生健康的心理和良好的行为习惯为基础，促进学生确立社会主义核心价值观，形成遵纪守法观念、良好的学习习惯、自理能力和独立生活习惯、社交能力和文明礼仪习惯。倡导"以学为重"，提升学生的学识素养、实践素养、体魄素养、审美素养，使学生在"知""行""健""美"四个方面有所发展。每个学生在品德、学业上都能取得更大的进步，做更好的自己。

5. 公民教育是专门教育的时代诉求

习近平总书记在党的十九大报告中提出"办好特殊教育"。"办好特殊教育"是党的十九大对特殊教育提出的明确要求，也是继党的十七大"关心特殊教育"、党的十八大"支持特殊教育"之后，对特殊教育发展提出的更高要求和庄严承诺。作为为"问题孩子"开设的特殊学校，新穗学校践行着特殊教育使命，让每个孩子都能享有公平而有质量的教育。

习近平总书记在学校思想政治理论课教师座谈会上强调，思想政治理论课是落实立德树人根本任务的关键课程。青少年阶段是人生的"拔节孕穗期"，最需要精心引导和栽培。处于"拔节孕穗期"的青少年，世界观、人生观、价值观正在打底塑形，只有充分汲养、科学滋养，人生才能节节壮、步步高。在"拔节孕穗期"的紧要关头，青少年要踏踏实实学好思想政治理论课，夯实品德基础。

（二）公民教育的顶层设计

1. 四德立校

新穗学校用以"礼""孝""仁""爱"为代表的中华传统美德和优秀传统文化培育现代新人。不忘办学初衷，担当教育矫正未成年人严重不良行为和违法犯罪行为的使命，落实"立德树人"主要任务，贯彻"立足教育，挽救孩子，科学育人，造就人才"的专门教育方针，对家长难管、学校难教的成长困难学生进行专门教育，为家长分忧、为普通学校解难，维护社会秩序，保一方平安。这是新穗学校办学的出发点和落脚点，是立校之本。

2. 依法治校

新穗学校坚持党对专门教育的领导，按照《中华人民共和国教育法》《中华人民共和国义务教育法》《中华人民共和国未成年人保护法》《中华人民共和国预防未成年人犯罪法》《中华人民共和国教师法》以及党和国家关于专门教育的政策法规等依法办学。制定学校章程和建立健全学校各项规章制度，依法治校，科学管理，规范办学行为，保障师生合法权益和校园安全。

3. 文化强校

新穗学校构建"新穗文化"顶层系统，凝练办学思想和办学文化，弘扬和宣传"新穗精神"（"六种精神"）。以中华优秀传统文化为引领，文以载道，强基固本，以文化人，走内涵式可持续发展之路。

4. 特色名校

新穗学校的以中华传统武术和民族乐器为代表的校本课程刚柔相济、各显其能，为学校注入新的活力，成为一大亮点，更引起了家长和社会各界的广泛关注。新穗学校努力成为世界领先、全国一流、示范引领、具有广州特色的、有着广泛知名度和社会影响力的专门教育特色品牌学校。

（三）公民教育的目标设定

1. 育人目标

在张立伦校长领导的新穗学校第二代领导班子的带领下，全体教职员工科学研判，以中国学生核心素养为依据，结合自身教育教学实践，确立了"培养合格公民"的育人目标。体现在：品德方面，"礼""孝""仁""爱"，即遵纪守礼、爱国孝亲、仁而有道、珍爱生命；学业方面，"知""行""健""美"，即乐学勤思、勇于探究、体魄健康、才艺多元。

2. 教师目标

习近平总书记提出"四有"好教师的标准，为教师们明确了努力的目标："全国广大教师要做有理想信念、有道德情操、有扎实知识、有仁爱之心的好老师"。习近平总书记用四个"引路人"的概念，对教育理念和教育能力的全面转变提出更高要求："广大教师要做学生锤炼品格的引路人，做学生学习知识的引路人，做学生创新思维的引路人，做学生奉献祖国的引路人。"新穗学校把习近平总书记对好教师的要求，细化为"五心秘籍"和"六种精神"。"五心秘籍"即爱心、耐心、细心、精心、信心。"六种精神"即不忘初心、立德树人、办好特殊教育、为国分忧、为民解难的担当精神，勤耕不辍、百教不厌、诲人不倦的专门教育精神，量身定制、因人施策、个别教育、精雕细琢的工匠精神，爱生如子、朝夕陪伴、不离不弃、润物无声的大爱精神，舍小家顾大家、以校为家、无怨无悔的奉献精神，国际视野、勇于探索、先试先行、锐意进取的创新精神。

3. 家长目标

针对"问题学生"的调查和研究表明"问题学生背后必定有一个问题家庭"。家庭教育是学生教育的基础和起点，对人的影响最为持续而深刻，从这个角度来说，家庭教育就是终身教育，所以，家庭教育对个人和社会发展有着重要的意义。为了营造良好的家庭环境，专门学校通过家长学校提升家庭教育质量，新穗学校分析了广州市"问题学生"家庭存在的"六大"问题，即"独生子女"现象严重、"启蒙教育"意识薄弱、"问题家庭"的教育误区、走向偏差"成才观"、家庭亲子关系不良、不良的代际传递，提出"提升自身修养、掌握科学方法、家校通力合作"的家长工作目标，即不断提升自身修养，成为孩子的成长榜样；了解生命成长规律，学习科学的家教方法；家校同心合作共育，构建立体防护网。

4. 引领目标

（1）发挥专门学校的辐射作用。

专门学校通过建立德育实践基地、法治教育中心、心理健康教育中心等形式，对普通中小学学生开展法治教育和心理健康教育，对普通中小学学生的教师、家长进行教育培训，提高普通中小学学生的教师和家长对学生不良行为的教育预防和矫治能力。

（2）加强理论研究和对外合作。

结合教育、感化、挽救有严重不良行为或轻微犯罪行为学生的实践，建立全国性的专门教育理论研究组织，有计划地开展专门教育的科研活动。开展有关专门教育的国际交流与合作，借鉴国（境）外教育矫治未成年人不良行为的先进经验和做法。

（3）尝试集团化办学，为其他专门学校发展提供借鉴。

新穗学校的中长期发展规划为"一校三区"［新穗学校石榴岗校区（校本部）、新穗学校石井校区（广东省未成年犯管教所校区）、新穗学校花山校区］和两个基地（广州市普法教育基地和广州市家长教育基地）"五位一体"、构筑预防和教育矫正未成年人违法犯罪行为的完整链条（对有严重不良行为未成年人的专门教育—对涉罪未成年人的观护教育—对服刑未成年人的监狱教育矫正），努力把学校建设成为"世界前列、全国一流、广州特色、示范引领"的现代化专门学校。

（四）公民教育的育人策略

1. 教学策略实施

新穗学校拥有一支高学历、年富力强、教学和教育矫正业务精湛的高素质教师队伍。教师在课堂教学中，以新穗学生实际情况为导向，对课堂教学模式、教学内容做出新的改变与实践，踏实行动、勤恳耕耘，在课堂上激发、调动学生的学习兴趣，让他们乐学好学、善于思考、积极参与，不仅收获知识，更锻炼品行，促进学生全面成长与进步。教学采取"立新"课堂三环节教学模式。

第一环节，新意——课前激发兴趣，让课堂充满新意。教师根据本节课内容，在课前通过创设有新意的情境将学生代入学习氛围中，通过提出有新意的问题，引导学生思考，激发学习兴趣。在情境中思考，学生会专注于学习本身，不再抗拒学习。

第二环节，新颖——课中积极参与，突破固有模式。课中教学环节，教师在知识讲授过程中，需继续保持有序而热烈的课堂氛围，在这个特殊课堂上要突破固有模式，以新颖的方式开展师生互动、生生互动，并鼓励学生就某一知识点进行适当的自主学习与探究。

第三环节，新知——课后点评总结，人人都收获新知。点评可以在师生之间或学生之间进行，可以通过书面或口头，以个人抢答、小组竞赛等形式呈现。教师对本节课学生所需掌握的知识进行总结，让每个学生都能收获新知识。

2. 德育策略实施

新穗学校以"礼""孝""仁""爱"传统美德为目标，筑"塑形铸魂"多维度育人体系。

"礼"的核心思想是敬,对人、对己、对家庭、对社会、对国家,都要有一种恭敬的心,这是立德的根基。相关活动及课程:加强与法院、检察院的联动,开展法律教育、纪律教育活动;开展行为规范、校纪班规教育活动;通过与社会组织联动、家校合作、组织外出交流参观、开展亲子活动等方式促进学生文明礼仪养成。

"孝"是中华民族的优良美德,是中华儿女生生不息的精神基因,也是新穗学子必须具备的道德品质。相关活动及课程:开展爱国、爱家教育活动;注重团队观念培养,开展各类集体活动;注重感恩氛围的营造,设置感恩课程及活动;发挥家长学校的作用,开展家长教育培训。

"仁"是发端于人伦感情的,是友善、相亲的高尚品格,承载着深厚的道德内涵。"仁",有激励和约束的力量,新穗学子做人做事,仁而有道,行稳致远。相关活动及课程:开展心理健康教育活动;实施积极有效的体验式教育,对学生的精神领域产生积极的引领;将挫折教育纳入德育工作体系中,从正面引导青少年要勇于面对挫折,善于战胜挫折。

"爱"是暖流,温暖新穗学子;"爱"是行动,感化新穗学子;"爱"引领他们重归正途,让他们在"爱"的阳光照耀下,走向幸福、走向更好的未来。相关活动及课程:通过开展生命教育主题讲座及活动,培养学生的安全意识和自我保护能力;开展青春期相关讲座及活动,让学生了解、应对青春期变化;开展义工活动,培养学生博爱之心;通过绿色、环保主题活动,让学生热爱自然,保护环境;热爱生活,做好内务整理以及养成良好的生活习惯;注重环境卫生,培养热爱劳动的习惯。

3. 管理策略实施

新穗学校有坚强有力的领导班子，紧随时代步伐，打破条条框框的约束，加强对传统专门教育各领域的变革和创新，强调"文化立校""以德立校"，推动形成"能者上、庸者下"的用人导向，知人善任、人尽其才，打造一支高素质的管理团队。人人有责任、有担当，将工作落到实处，在管理实践中注重"科学、人文、规范"，真正推动学校发展，推动专门教育的发展。科学即科学规划，凡事预则立，不预则废，学校管理团队的成员，要做好科学规划，保证所负责的工作任务如期完成，踏踏实实，干一件，落实一件，每天都有看得见的进步；人文即人文关怀，创造和谐融洽的管理氛围，以人为本，重视人、尊重人、关心人，关注教师的需求，解决教师的难题，只有上下团结一心，认同学校发展蓝图，才能走出一条特色办学之路；规范即规范制度，有明晰规范的制度，有必要及时检查，有完善合理的激励，营造一种奋发向上、创新实干的良好氛围，给学校带来与日俱新的变化。

4. 课程建设实施

课程科学地从生命成长层面对学生的缺失进行充实，引导、激励、唤醒每个学生做更好的自己的愿望与行动，使他们循序渐进地培养学习兴趣，养成良好习惯，逐步提升品德、学识、实践、体魄、审美等多种素养。打好扎实的品德、知识基础，在自我完善中成长，真正成为符合社会需要的合格公民。课程体系包括国家课程、地方课程、校本课程（学科拓展课程、活动拓展课程）。

5. 家校合作实施

家庭是孩子成长过程中的终身学校，好的家庭教育为孩子的成长奠定了坚实的基础。新穗的孩子，更需要家庭给予更多关注，新穗的家长们需要改变教育观念，配合学校教育的实施，家校同心协力，共同为孩子营造良好的成长环境，真切有效地培育每个新穗学子健康成长、取得进步。

新穗学校通过组织家校活动，如开学典礼、毕业典礼、家长义工、校园开放日、校园主题活动等，邀请家长参加，以增进了解、加强互动、密切家校关系、融洽亲子关系；开设家长学校，邀请专家，定期为家长开设专题讲座，讲座类别包括法制教育、心理教育、家庭教育、亲子关系等。

新穗学校秉承"礼孝并重、仁爱兼容"的校训，坚持"四德立校、依法治校、文化强校、科研兴校、特色名校"的办学方针，严格按照《中华人民共和国教育法》《中华人民共和国义务教育法》《中华人民共和国未成年人保护法》《中华人民共和国预防未成年人犯罪法》等法律法规的要求办学，形成了以"塑形铸魂"为核心的行为规范，构建了"公民教育"的完整体系。

三、办学成效

科学的定位、鲜明的特色，使新穗学校稳步向前发展，截至2020年，学校累计教育转化2685名"问题学生"，取得良好的社会效益。

（一）学生教育培养与社会影响

1. 学生教育转化情况及毕业跟踪情况

新穗学校服务天河区、越秀区、荔湾区、海珠区、白云区、黄埔区、花都区、南沙区、增城区、从化区、番禺区所辖共计380多所初级中学。学校自开办以来，已经成功教育矫治了数以千计的曾经有严重不良行为的学生。他们中有的考上了重点高中，继而考上重点大学；有的参军报效祖国。不少学生已经成家立业，成为医生、街道和社区的工作人员、公司经理或私营业主。良好的办学效益赢得了良好的社会声誉，学校的学位供不应求。

2. 学校所获社会荣誉及主流媒体报道

建校 20 多年来，新穗学校在各级各类评优评先活动中获得了多项荣誉："全国优秀青少年维权岗""全国师德建设先进集体""全国教育系统先进集体""全国科研先进单位""广东省青少年法制教育工作先进单位""广东省依法治校示范校""广州市文明单位""广州市安全文明校园""广州市特殊教育先进集体""广州市先进集体""广州市依法治校示范校""广州市首批培育和践行社会主义核心价值观示范学校""广州市学校民主管理三星级单位""广州市实打实服务教职工先进集体""广州市扶贫'双到'先进集体"等。学校已经发展成为"中国青少年研究中心研究基地""中共广州市委机关直属工委党员志愿服务基地""广州市检察院对口服务单位""广州市中级人民法院法制教育基地""广东商学院青年志愿者普法教育实验基地"；中国教育学会"十二五"科研规划课题"中华传统文化与学校特色建设"课题实验学校、全国教育科学规划教育部重点课题"青少年生命缺失与供给研究"课题实验学校、中国关心下一代工作委员会"十三五"规划全国重点课题"新时期有效促进教师专业化成长与发展的研究与实践"全国教师专业化建设实验单位、中国关心下一代工作委员会"十三五"国家规划教科研全国重点课题"中国特色学校创建与评价研究"全国重点特色实验学校。办学成绩于 2015 年、2016 年连续两年被载入《中华人民共和国年鉴》。《中国教育报》分别在 2017 年 10 月 17 日、2018 年 3 月 15 日、2019 年 3 月 13 日报道学校办学成就，其他各级报刊如《广州日报》《南方法治报》等多次登载宣传学校的办学经验和办学成果。

（二）公民课程建设与师资建设

1. 特色课程创建

新穗学校特色课程立足学生实际，旨在提升公民社会能力。学校构建国家课程、地方课程、校本课程体系，以课程提升学生德、智、体、美、劳多种素养与能力，使学生成为有益于社会的有技能、有本领的合格公民。以下简单介绍心理健康教育、中华传统武术课程、民族乐器课程、工艺美术教育课程。

（1）心理健康教育。近 6 年来，学校在心理健康教育的软硬件设施建设方面不断投入、精心规划，建立了一个环境优美、功能齐全、面积达 400 平方米的心理健康发展指导中心，培养了一批专职、兼职相结合的心理健康教育教师队伍。学校心理健康发展指导中心的成立，整合了学校的心理健康教育师资力量，组成了一个强有力的团队，将心理健康教育课程与心理咨询有机结合，实施课表化，开展学生全员心理健康教育，对有特殊需求的学生进行心理咨询诊断与辅导，与其他校本课程相互呼应、相互配合、共同作用，极大地提高了教育矫治的质量，受到了同行、家长及社会的普遍赞许。

（2）中华传统武术课程。学校与禅武国际联盟总会（匈牙利）合作开设中华传统武术课程，包括武术基本功夫、武术礼仪、少林拳、武术操、棍术、刀术、舞狮、舞龙等，分为小组项目和集体项目。在中华优秀传统武术文化的熏陶下，学生们的自信心和自我认同感也在不断增强。

（3）民族乐器课程。学校与良知艺术教育合作，引入社会力量进行教学，组建了"新穗学校民乐团"。学校校本部在原有校本课程的基础上增设了民族乐器校本课程，开设扬琴、琵琶、二胡、中阮、竹笛、民族打击乐器（包括锣、鼓、镲、木鱼、手板）等课程。全校学生人人参加，每个学生选择一种乐器，每周安排 4 个课时。学生通过学习民族乐器，在陶冶情操、培养艺术审美的同时，也传承中华优秀传统文化，进而展现出积极向上、攻坚克难的精神。

（4）工艺美术教育课程。为学生规划从基础美术教育到职业特长发展的成长路径，开设基础美术教育以及工艺美术教育课程。学校坚持以美育人，传授基础知识，发展职业特长，打造艺术教育特色，为学生提供广阔的成长空间。

2. 师资构成及教师专业发展情况

新德学校继续按照高学历、高素质、年轻化的标准开展教师招聘工作，满足学校发展需要；强化服务意识，锻造一批有胸怀、有理想、有担当、有作为的教师队伍，为学校各项工作的管理提供人才保障；加强教师文化建设，使教师成为课程的建设者、管理者，而不是简单的传授者；完善广州市基础教育系统名校长工作室、名教师工作室、广州市劳模工作室、广州市名班主任工作室、石军博士工作室等结构合理、类别齐全的"工作室"矩阵建设，发挥辐射带动作用，打造名师群落；加强与中山大学、华南师范大学、广州大学等高校的合作，成为各个大学的研究基地，借助大学平台提升学校科研实力；外出培训与校内培训相结合，努力培植各科教学骨干。

至 2021 年，学校共有教职工（含临聘人员）106 人，其中专任教师 72 人，具有博士学位、硕士学位、双学士学位的教师共 14 人，占专任教师总数的 19.4%，本科率达 100%；正高级教师 2 人，高级教师 13 人，一级教师 24 人，中高级教师占专任教师的比例高达 51.4%。

3. 教育科研成果

新穗学校严格执行《中华人民共和国义务教育法》，采用国家统一的教材，按照国家的课程标准开足开全义务教育课程，加强中华传统美德和中华经典文化教育、爱国主义教育、法治教育、心理健康与咨询等方面的教育，建立一整套包含阅读、音乐、传统文化、特色德育等的校本课程体系，将这些课程全部纳入课表安排，做到有教材、有教师、有课时、有场地。组建国乐团，活跃校园艺术氛围，打造全国一流的专门学校音乐教育品牌；与禅武国际联盟合作开设功夫操课程，组建功夫队、舞狮队，开发传统文化与行为规范融合的校本课程；围绕法纪教育、文明礼仪教育、劳动教育、行为规范教育等编写"崇礼"系列校本教材；围绕爱国教育、集体主义教育、感恩教育、亲子教育等编写"重孝"系列校本教材；围绕理想信念教育、生命教育、生涯发展教育、挫折教育等编写"怀仁"系列校本教材；围绕青春期教育、美育、生态教育、团队教育等编写"融爱"系列校本教材；在石井校区开展职业技能教育，培养学生的探索精神、动手能力、谋生技能等综合素养，为其毕业之后适应社会做准备。

四、存在的问题与治理策略

（一）存在的问题

1. 公民教育知识化倾向严重

学校德育工作中，普遍存在着德育知识化倾向。专门学校在实施公民教育的过程中同样存在"直接的道德教育"，即通过专门的"思想品德课"或者"团康课"系统向专门学校学生传授公民教育的相关知识和理论。在公民教育的内容上，知识化主要表现在课程德育，就其存在形式而言，就是一种知识德育，它存在于一种体系化的知识之中，把公民教育作为知识来看待或者说认为公民教育主要表现为知识。[①]专门学校开展公民教育就是学习相关知识，学习书面上写明的相关内容，这种倾向使日常生活中的公民教育显得异常空洞，缺乏生机和活力，缺乏人性温情，成为一种非常单一化的德育模式。通过这种方式习得的道德也许能使专门学校学生获得辨别是非的认知能力，却很难内化为自己固有的、稳定的道德行为与习惯。

2. 公民教育与学生的"生活世界"相脱离

专门学校德育经常遗忘、远离真实的学生的"生活世界"，片面地用工具理性、道德灌输、科学技术来"入侵"学生的生命世界。专门学校德育与专门学校学生现实"生活世界"的脱离以及德育理论与教育实践的脱离，是专门学校德育发展存在的重大问题之一。专门学校德育要发展就必须改变这一现状，加强专门学校德育与专门学校学生"生活世界"的联系，把德育充分渗透到专门学校生活的各个层面，这样的德育才是真实的德育。正如清华大学附属小学窦桂梅校长所说，德育不该是坚硬的、棱角分明的。当我们刻意地去进行德育时，当学生明确地知道德育就意味着自己要去"受教育"时，这样的德育对孩子来说，是一种说教，他们就会本能地在心里竖起一道屏障，这是德

---

① 肖万祥. 让公民教育生根发芽：社会主义核心价值观视角下中小学公民教育初探［J］. 湖南教育［上旬（A）］，2015（9）：49-51.

育效果差的重要原因。① 她所理解的德育，"应该是柔软的、温润的、灵活的，是充满生活意蕴的"，渗透在学生"生活世界"的方方面面，与学生的"真实生活"相联系，可以在课间、课堂、活动、家访等各种场合的沟通和对话中，与学生的"生活世界""心灵世界"和"生命世界"相对接，使学生们在生命中生成对周遭世界的感知和理解，促进学生健康成长，这才是符合学生内心需要的"真德育"。

3. 公民教育的"参与体验"不足

传统的中国专门学校德育，学生更多感受到的是一种"受教育"的过程。在实施公民教育的过程中，理论化现象较为严重，而研究证明活动和体验是实施德育最核心的两个要素，心理学也认为，体验是人们实现相互理解的最佳途径。而在公民教育的实施过程中，有部分教育工作者重视对学生的道德认知领域的培养，忽视了对学生的道德情感的培养，学生参与德育活动较少，忽视了学生身体力行的体验，必然会导致德育效果的不理想。因此，专门学校在推行公民教育的过程中，要积极调动学生的参与积极性，如参加一项活动，不仅仅要重视学生的"参与"，更要重视其在德育活动过程中的"深入参与"。在参与的过程中，重视学生的体验，因为体验到的东西使其感到真实，并在大脑记忆中留下深刻印象。体验能够让学生感受感性经验进而获得理性认识，这种理性认识由于有情绪情感的参与而更有可能根植于参与者内心，成为真正的行为驱动力。体验是最好的学习，要让学生体验不同的文化情境，体验不同的生活境遇，体验不同的文化差异，体验不同的角色差异。在体验中，学生的内心世界受到前所未有的碰

---

① 樊瑞. 我们想要的德育 [J]. 中小学德育，2016（3）：1.

撞和震撼，从而达到角色上的理解与认同，促使已有的各种认知观念发生改变，达到改善关系、解决矛盾、收获教益的目的。

4. 公民教育资源缺乏整合

专门学校公民教育资源较分散，缺乏对学校公民教育的相应整合。一方面，专门学校与社会和家庭之间的联系不够，学校对公民教育资源的关注度和有效利用率不足，家庭把学生的德育寄希望于学校教育，但社会不良风气在一定程度上抵消了专门学校的德育成效。中国专门学校德育资源缺乏整合，导致中国专门学校德育的低效。另一方面，许多专门学校在进行德育的过程中都存在单一化的倾向，形式单一，内容空洞，缺乏对德育资源的有效整合的意识和能力，不能发挥德育的凝聚力和感染力。针对中国专门学校德育缺乏整合、单一化的现状，中国专门学校德育发展必须建构一种全新的教育模式，充分整合和利用专门学校内部的各种相关的显性和隐性的德育资源，正如苏霍姆林斯基所说"要让学校的每一面墙壁都会说话"。[①]同时，整合学校、家庭与社会的德育资源，形成三大教育合力。在整合的过程中，提倡全员、全科、全过程和全方位的育人模式，使中国专门学校德育资源的发掘和利用效益最大化，最大限度地发挥德育的凝聚力。

5. 公民教育教师主导文化导致学校关怀文化缺失

专门教育在课程设置上更多"以教师为中心"，沿袭了传统的普通教育教学模式，课堂教学坚持传统的"三中心"，即以教材为中心、以教师为中心、以课堂为中心。专门学校学生在受教育的过程中趋于

---

① 胡勇. 让每一面墙壁都说话的学校是好学校，是真的吗？：如何让学校墙壁自己说话 [J]. 未来教育家，2015（10）：15.

被动地接受，在教育学生的工作中，专门学校教师更多以一种教育者的姿态，趋于在专门学校学生群体中树立教师权威，让学生害怕自己，他们错误地认为只有让学生害怕自己，才能"镇得住"学生，才能更好地管理学生，殊不知，教育不是让"害怕"占据孩子的内心，孩子需要的是真正的扶持，他们需要的是基于平等的尊重、理解、关怀和爱。

（二）治理策略

1. 公民教育需要"情境化"

教育理论中较早使用"情境"这一概念的，是美国教育家杜威。杜威认为："探究活动是一种受控制的或者有方向的转换动作，它把一个不明确的情境转化为明确的情境，在这明确的情境里，它的组成部分的区别和关系都是那么明确，从而将原初的情境中的要素统合为一个整体。"杜威把传统教育的失败归咎于没有在教学过程中给学生以"引起思维的情境"。他认为："思维起于'不确定的情境'或者是'有问题的情境'，他将学习与不确定情境中的探索联系在一起，认为正是情境内在的难的、迷惑的、不确定的、易变的、扰人的和令人难堪的境况，是探究的先决条件"。[①] 因此，教学的第一个要素就是情境的暗示。情境伦理学（Situation Ethics）的代表、美国著名的伦理学家约瑟夫·弗莱彻（Joseph Fletcher）也指出："哪里有境遇提出的问题，哪里就有真正的伦理学。"情境伦理学提出的这一见解是有意义的，它

---

① 王代飞. 不确定情境的课程魅力与应对策略［J］. 新课程（综合），2012（5）：23.

可以令我们的道德教育从传统的抽象僵死的美德教育或境界教育转向更切合现实的境遇伦理或情境伦理的教育。中国传统文化的"境界说"所涉及的真、情、思、美是一个有机的整体，它反映了对人与自然、生活世界的和谐以及人自身的心灵和谐的追求。现代的中国专门学校德育发展必然要汲取上述理论精华，因为充满各种文化的"情境"本身就具有道德性，这种文化"情境"不管呈现出何种样式，也不管采取了何种手段或方法，都熔铸了人类道德文化的神圣律令，都富有深刻的人性精神和人文意蕴，专门学校学生可以自由地活动于其中，与之相互作用并达到心灵契合，从而全面确证和伸展专门学校学生自我道德生命力量，促进专门学校学生德行的发展。

2. 公民教育需要"生活化"

生活是教育的根基，德育只有根植于生活，才能具有蓬勃的生命力，才能体现个体生命的关怀，彰显个体生命的价值。中国著名的教育家陶行知认为生活教育是给生活以教育，用生活来教育，为生活向前向上的需要而教育。教育要通过生活才能迸发力量而成为真正的教育，而德育同样也要而且必须通过生活迸发力量才能成为真正的德育。国际 21 世纪教育委员会向联合国教科文组织提交的报告《教育——财富蕴藏其中》也将"学会共同生活"作为教育的四个支柱之一。由此可见，教育的起点和归宿应该是引导人学会生活，生活是激发儿童情感和智力发展的最初源泉，道德教育存在于鲜活的生活中，德育要指引儿童的现实生活，让德育根植于现实生活和儿童特殊的"生活世界"，回归儿童的"生活世界"，充分释放儿童的生命潜能。著名教育学家叶圣陶认为:"德育必须通过生活实践来实现。"让专门学校学生在观察、实验、调查、参观等实践活动中主动参与、自主探究,从而在社会生活实践过程中获取新知识,培养独立思考、仔细观察、认真分析、严谨推理的学习习惯,掌握学习策略,同时提高专门学校学生的生活实践探究能力,使其在生活中践行德行。中国专门学校的德育发展必然要走生活化路径,只有使"生活德育"的理念走向实践、走向生活,中国专门学校的德育才能迸发出真正的生命力。把生活带入课堂,用生活来教育专门学校学生应该成为中国专门学校德育的重要内容。

3. 公民教育需要"个性化"

现代中国专门学校德育发展整齐划一,用统一的标准要求学生,用统一的目标规范学生,用统一的方法教育学生,导致主客体颠倒,忽视了专门学校学生的个性特质和个体差异,忽视了专门学校学生个体的情感、情绪和情怀,不利于专门学校学生的身心健康和创新能力的培养。首先,中国专门学校的德育过程脱离专门学校学生的主体,传统专门学校的发展方向、教学内容、目标主要不是从专门学校学生出发,而是把专门学校学生作为塑造的客体,造成了专门学校学生与主流教育观的背离。为此,现代的中国专门学校德育发展必须提倡个性化德育,所谓个性化德育,就是在实施德育教育过程中尊重专门学校学生的本性、满足专门学校学生的个体需要、挖掘专门学校学生的潜能、促进专门学校学生人格的完善和全面发展,使外化的教育与内化提高融为一体。首先,个体化德育要体现在对专门学校学生的差异性的尊重,要做到因材施教,因人而异,关注个体的状态。其次,个性化德育要突出专门学校学生的主体性,专门学校教师要营造轻松、民主的教学氛围，给予专门学校学生充分的选择权、参与权和发言权，在学校生活中充分发挥专门学校学生的主体作用。再次，个性化德育需要重视德育的层次性，德育个性化的过程其实是人性优化的过程，在不同的成长阶段，对于不同的个体，德育过程应该需要一个动态递进的机制。

4. 公民教育需要彰显"主体性"

主体性德育是以社会发展的要求和人自身的需要为出发点，教育者通过引导和启发受教育者内在的德育需求，以培养创设相应的德育环境，激发和调动人的自觉性、自主性和创造性，以促进人的品德发展，培养主体性人格的教育活动。其目的是使受教育者具有自我管理和自我完善的能力，从而成为德育活动和自我发展的主体。[①] 主体性是个体的人和群体的人在主客关系中表现出的基本特性，主体性德育是一种充分尊重学生地位，并且以发展和培养学生主体性、自主性、主动性和创造性为核心的素质教育。主体性德育的意义不是把受教育者塑造成德育主体，而是尽可能地发挥受教育者在德育过程中的主体性并促进其自由成长。传统的中国专门学校教育，时常忽视学生的主体性，使得学校德育教育往往对学生的主体性起到压制作用，不利于专门学校学生的全面发展。当代中国专门学校德育的一个关键问题是道德主体地位的缺失。出于历史和现实的原因，我国的道德主体地位并没有真正确立起来，而道德主体地位的确立是一个现代化国家的标志。因此，确立道德主体地位在我国目前的德育构建的过程中显得极为迫切，是当代德育构建的必要前提。为此，现代的中国专门学校德

---

① 刘利娜. 学生思想教育的思考 [J]. 新教育时代电子杂志（教师版），2015（24）：147.

育必须构建以主体发展性为特征的德育模式，确立道德主体地位。主体性德育是时代的呼唤和人自身发展的需要，现代的中国专门学校德育只有发展主体性德育，才有可能解决德育实效性低的问题。

5. 以关怀教育为枢纽，培养学生良好的道德情感

当前的专门学校，重视学科教学和行为训练，在这样的氛围下，专门教育强化控制，严于纪律，教师在"灌输"，学生被迫在"储蓄"，这不仅扼杀了学生的天性与活力，也抹杀了教师对学生的关怀能力，造成专门教育中"关怀"的缺失。2007年全国中小学师德状况调查显示，绝大多数教师以为自己做到了关怀与理解学生，但是只有四成学生能够经常感受到教师的关怀。

因此，提高教师对学生的关怀品质和关怀能力是突破当前专门教育困境的一个重要方式。现代著名的教育家诺丁斯在《学会关心——教育的另一种模式》中指出：关心和被关心是人类的基本需要。关心是一切成功教育的基石。教育的目的应该是培养具有关心能力的人，培养关心型的学生，促进学生健康成长。关怀是一种关系，一种美德，更是一种个人品质。关怀理论应该成为现代专门学校教育的重要理念，良好的专门学校氛围，首先要创设一种关怀的氛围，这种关怀涉及专门学校领导对教师的关怀，专门学校教师之间的关怀，专门学校教师对学生的关怀。只有创设这样一种关怀氛围，专门学校内部的人际关系才能更加融洽、和谐，专门学校的管理才会更加人性化。在专门学校教师和学生的关系方面，应建立一种关怀的师生关系。专门学校教师作为关怀者，必须懂得如何去尊重学生个体的差异性，尊重和理解学生的个体内心的真实感受和真实体验，重视学生的尊严和价值，在教学过程中营造一种关怀的氛围，一种对话、真诚、接纳和理解的氛

围，以促进每个专门学校学生个体身心的发展。同时，专门学校学生作为被关怀者，要对教师的关怀做出积极的反应与及时的反馈，形成良好的关怀互动关系。为此，在专门学校教育中，要树立以"关怀"为先的教育理念，把"关怀"渗透到专门学校教育的各个层面，以触及专门学校教育的根本。只有这样，具有"关怀"的教育才是真正的教育，才能真正帮助专门学校学生培养出良好的道德情操和道德品行。

案例十　广州市华侨外国语学校：和合相生，美美与共

要办好面向未来的特殊教育，首先要办好融合教育，这是特殊教育未来发展的主流和基本方向。融合教育不是简单地把有特殊需要的学生安置在普通班从而实现规模扩张，而是要让融合教室内每个学生的需求都被顾及的质量提升。

本案例以回顾学校办学历程、分析融合教育现状与展望未来为主线，介绍广州市华侨外国语学校（简称侨外）在融合教育开展过程中的思考与困惑，展示侨外在提升教师融合教育专业素养方面的一些探索，即树立教师的特殊教育信念，建构教师融合教育理念；积极挖掘和整合学校外部优质资源，建立"学校＋"的融合教育生态支持系统，以教师互助、学习合作、共同体研修方式，加强教师融合教育专业学习，提升学校融合教育质量。

一、学校的前身与发展历程

广州市华侨外国语学校（前身是广州市华侨小学）是在党和国家领导亲切关怀下于1955年创办的。学校坐落于"广州市历史街区"——华

侨新村，校园内鸟语花香、绿意盎然，是莘莘学子读书的极佳场所。作为九年一贯制公办学校，至 2021 年，学校共有 63 个班级，在校学生 2806 人，教职工 181 人。学校的诞生与发展满载着华侨赤诚爱国之心，学校的办学彰显融合教育特色。

（一）学校的前身

中华人民共和国成立后，海外华侨心系祖国，纷纷回国参加祖国的建设。广州市华侨小学就诞生于这一建设大潮中。

1. 归侨安置

1954 年，为协助归侨解决住房问题，政府号召华侨投资建设广州。1954 年 7 月，广州市侨联归侨代表在第一届广州市人民代表大会期间，向大会提交了一份关于在广州筹建华侨新村的提案。在周总理的指示下，广州市政府在当时的城南划出了一块地，作为华侨新村建筑用地。1955 年 5 月 16 日，广州城东北郊往日渺无人烟的玉子岗、蚬壳岗、蟠龙岗红旗猎猎、人声鼎沸，时任广州市市长朱光在人们的簇拥下，在 3000 多名中外来宾的见证下，在广州市华侨新村奠基仪式上铲了第一拨泥土。

2. 捐资建校

在海外，与世界先进技术的近距离接触，让海外侨胞深深体会到教育对国家和民族的重要性。中华人民共和国成立后，海外侨胞关心和支持家乡教育事业的热情更加高涨。1954 年，华侨小学开始筹建。归侨王源兴、黄洁、何贤、高卓君、王宽诚、刘家祺、许崇德、薛两清、方君壮、郑慕英、刘宜应等组成建校委员会，并规划了华侨小学第一期工程，重点建造教学办公大楼、课室、礼堂、宿舍、饭厅等，第二期工程按实际需要再募集资金。为使建校经费有保障，成立募捐小组并按侨居地招募。印尼棉兰、越南西贡等地的华侨回广州观光时，不少人自愿捐款；国内很多归侨、侨眷也热情地为募集资金出力，有的写信给海外亲人让其捐款，有的派人到港澳发动捐款。1955年，时任广州市市长朱光同志为华侨小学破土奠基。同年，华侨小学落成，建有教学大楼、礼堂、图书馆以及两幢学生宿舍等，建筑面积近7000平方米，并设有篮球场、足球场及田径场、游泳池，全校占地面积21330平方米。华侨小学是当时广州学习环境及设备较好的学校之一，也是我国第一所完全侨办的小学。政治活动家何香凝女士为"华侨小学"题名。

3. 几易校名

"文化大革命"时期，华侨小学被迫停办。1976年9月，学校改名为广州市第五十六中学。1980年12月，更名为广州市华侨学校（招收小学和初中学生）。1987年9月1日，恢复原校名广州市华侨小学（保留初中部）。1990年9月，初中部撤出，华侨小学正式复名。2003年9月，在广州市华侨小学基础上加挂广州市华侨外国语学校的牌子，广州市华侨外国语学校成为广州市第一所九年一贯制外语特色学校。

（二）发展历程

2003年9月，乘着课改的春风，广州市华侨外国语学校迈开脚步，以特色办学打造品牌，翻开了学校发展的新篇章。

1. 特色发展

侨外以外语特色为基点，并逐渐由语言特色教育上升到国际文化理解的多元文化融合教育，为学生提供优质的外语教学课程和教学资源。英语为学校的主要特色学科，学校一直进行小班教学，学生在初中毕业时的英语水平达到高中水平。学校还设置了日语、法语、德语、西班牙语、韩语等小语种课程，每位学生在校期间均需修读一门小语种作为第二外语，通过语言学习感受多元文化。

学校每年定期举办外语文化艺术节、读书节、科技节、体育节、心理健康教育节等，营造特色校园文化氛围。利用联合国教科文组织CISV 的优质资源和广州国际化大都市资源，与英国、加拿大、中国香港等地的名校建立姊妹学校关系，并进行学习、交流、合作，学校国际部多次组织学生参与外事接待、出国游学、涉外夏令营等，开展多渠道的国际交流活动。"不忘本来，吸收外来，面向未来"的教育追求，为培育国际视野与祖国情怀并重的国际公民开拓了广阔的发展空间。

2. 办学成果

无论历史如何变迁、校名几易，始终不变的是侨外人热爱祖国、热爱教育的心。一直以来，侨外以教学质量高、外语特色鲜明而被社会称道。连续十几年优异的中考成绩，更是向家长、社会交出一份满意的答卷。一批又一批的学生去到美国、加拿大、澳大利亚、德国、荷兰、巴西等 19 个国家和地区交流，新加坡、美国、加拿大、德国、蒙古国、日本等国家学生的来访，也让学生在文化交流中涵养了本土情怀、开阔了国际视野，更有了要传播中国声音、讲好中国故事的自觉意识和文化自信。

近年来，学校先后被评为广州市义务教育阶段进一步深化素质教育改革示范校、广州市特色学校、广东省绿色学校、全国青少年足球特色学校、全国学生营养健康示范学校（广东省唯一）、全国校园阳光体育足球班级联赛示范学校、全国百强特色学校。

二、校园文化与办学理念

一部校史就是一所学校的创业史、发展史。作为一所历史悠久的学校，侨外有着浓厚的文化底蕴、历史渊源、办学特色和优良传统。

（一）校园文化

侨外的校园文化建设，有一种使人如沐春风的人文精神，体现了润物无声的人文关怀。侨外的校训、校树、校歌的确定过程由全校师生、家长共同参与，饱含了对华侨精神的敬意以及对侨外师生美好未来的祝愿。

1. 校训：爱诚笃美

校训是一个学校的灵魂，它作为一个标尺，激励和劝勉在校的教师和学子们。侨外的校训"爱诚笃美"体现的是一种价值追求，激励师生追求个人生活幸福，学校整体发展，国家兴旺发达。"爱诚"诠释了教育的本意，从过去到现在，"爱诚"这条主线凝聚起师生形成共同的愿景，造就着高尚的品德，共同追求教育的真谛；"笃美"指导着侨外人做人做事，让侨外人的日常行为举止和目标趋向求真务实。

2. 校树：凤凰树

学校的凤凰广场种植着十棵高大的凤凰树，这是由当年华侨归国时从东南亚带回的树种长成的。凤凰树盘根错节，深扎土壤，虬枝盘曲，枝枝向上。每当其开花时，花与花紧紧相拥、密密丛丛、鲜艳夺目，展现了蓬勃的热情与活力，象征着当年华侨先辈在海外顽强拼搏的精神，也展示着今日侨外师生坚韧不拔、执着追求、积极向上的开拓风范。

3. 校歌:《侨外之歌》

每逢周一，学校广播里就响起动听的校歌。学子们在悠扬的旋律中，轻声哼唱着校歌，列队进入操场，参加升旗仪式。歌词把学校文化与教育梦想结合起来，尽显学校大气、典雅的文化气质，鼓励着一代代侨外人对"爱诚笃美"执着追求。

"幽静侨外，凤凰花绽放。花开灿烂，美若红霞。簇簇花瓣，团结向上。侨外学子，活泼健康。外语特色，多元文化。和谐之花在侨外处处开放。

人和兴校，师生们欢畅。华侨感恩，精神传唱。爱诚笃美，谨记心上。侨外学子，文明风尚。外语特色，多元文化。和谐之花在侨外处处开放。"

（二）办学理念

侨外以凤凰花文化精神为引领，秉承"为每一个孩子智慧而有温暖的人生奠基"的办学理念，积极推进课程改革，促进学校内涵发展与品质提升，凤凰花文化精神孕育着从"人和"到"共生"的办学思想以及"五星育人模式"，形成了昂扬奋进的崭新校园文化。

1. 人和：华侨精神

华侨恋祖念乡，有着光荣的品质和优良传统，正如2020年10月13日习近平总书记在广东省汕头市考察时所说，华侨一个最重要的特点就是爱国、爱乡、爱自己的家人。这就是中国人、中国文化、中国人的精神、中国心。中国的改革开放，中国的发展建设跟我们有这么一大批心系桑梓、心系祖国的华侨是分不开的。

源于学校的办学历史，侨外的德育着力一个"侨"字，以华侨历史与文化来引导学生胸怀爱国与报国之心，学习华侨不屈不挠、顽强拼搏的精神，树立坚持不懈、积极向上的精神风貌，也即侨外的凤凰花文化的精神。华侨的精神就是爱国的精神、拼搏的精神、奋斗的精神，这种精神正是全体侨外人要努力学习和传承的华侨精神。

2. 融合：共生发展

作为我国第一所全部由华侨捐资兴办的学校、广州第一所九年一贯制外国语特色学校，侨外从兴办到发展的历程，鲜明地体现出更具国际视野、更兼容并包的办学特点。无论是学校外国语特色中体现的中西文化的和合、传统文化与现代文化的交融，还是普特融合中所呈现的和谐师生、家校、社区人际环境，都体现了侨外独特的"爱"与"诚"及"笃"与"美"的"凤凰花"文化教化特色功能。

（1）中西融通的外语特色课程。

侨外以"学生核心素养好，外语水平高"为培养目标，探索国家课程校本化、校本课程素养化、素养课程精品化，构建了理念先进、特色鲜明的学校课程体系。侨外外语课程均实行小班教学，目前开设了英语、日语、法语、德语、韩语、西班牙语多种外语课程。每个侨外学生都必须选修一门第二外语，每周开设一节外教课。侨外的外语课程注重文化熏陶，设置具体的文化情境和文化任务，根据年段进行针对性的课程内容设置。

（2）普特融合的特需儿童教育探索。

在办学过程中，侨外充分尊重学生的教育主体地位，始终坚持把"人"放在学校的正中央，把人的生命成长放在教育首位。侨外提出"和合相生，美美与共"的融合教育理念，将"所有的生命都是值得尊

重的"共生价值取向和"不放弃每一个孩子"的行为追求扎根在教师
心中，让教师尊重学生的差异性、特殊性、复杂性，进而实现从融入
到融合、从共生到共赢的普特融合教育生态。

三、融合教育发展

侨外的融合教育理念是"和合相生，美美与共"。"和合"一词源
于《国语·郑语》中的"商契能和合五教，以保于百姓者也"。"和"
是融和、和谐、祥和的意思；"合"是合作、聚合、结合的意思。"和
合"不是简单的趋同、合作，而是全校师生在承认冲突、对立、矛盾
的情况下，尊重彼此的差异，相互合作、信任、关爱、包容，和谐相
处。在承认他人的特殊与个性的基础上，发挥自己的优势和长处，相
互学习，和谐共进，每个人都能展现自己独特的美，成为更好的自己，
从而达到多元融合、差异共存、和而不同、各美其美的目标。

（一）融合教育现状分析

根据"2018 融合教育适龄儿童入学状况抽样调研报告发布会"发
布的《适龄残障儿童入学状况调研报告》，2017 年入读普通学校的特
殊孩子中，69% 的孩子认为遇到的最大困难是普通学校缺乏专业的特
教师资，67% 的孩子认为困难在于普通学校教师缺乏特教培训。以教
育部发布的特殊教育在校生的安置方式，按照就读于特殊学校还是
就读于普通学校（特教班或随班就读）来分，选取教育统计中 1998
年、2000 年、2005 年、2010 年、2015 年、2018 年和 2019 年的数据制
作成直方图（见图 1），说明随着特殊儿童人数逐年增加，进入普通学
校的特殊儿童人数多于特殊学校，普通学校特殊儿童就读人数也逐年

增加。随着特殊教育相关政策的落实，预测进入普通学校的特殊儿童人数将逐年增加。

学生人数 / 万人

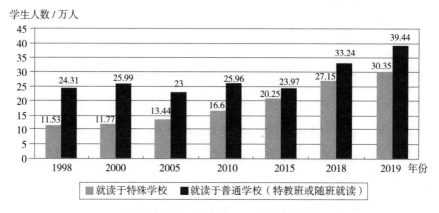

图 1　特殊教育在校学生不同安置类型的学生人数

近年来，侨外小学部的特殊儿童人数逐年增加，并呈现不断增长的趋势。每个年级都存在 10 ~ 20 个不同类型的特殊学生，合计约 80 人，包括阅读障碍、集体恐惧症、孤独症、多动及注意力障碍的儿童多名，还有家长不愿告知或不愿检查但行为明显异常的儿童多名。下面从学校管理、学校教师、特殊学生三方面，分析学校开展特殊教育工作初期的困境。

1. 学校管理现状

（1）学校关于特殊学生的管理制度还不够健全。

在过去的学校教育教学中，由于对特殊学生状况缺乏专业的认知和足够的了解，学校在特殊学生管理方面缺乏完善的制度。对于随班就读学生，每一年都有专门的工作计划，但大多还是停留在初级浅表阶段。在具体的学校管理和教育教学工作中，还缺乏系统且完善的专项管理制度，而真正在教育教学中落实和跟进的制度更是寥寥无几。

（2）学校特殊教育资源建设还不够充分。

由于主客观原因，学校在特殊教育的资源建设方面还不够充分。没有随班就读学生所需要的资源教师和完善的资源教室。由于普通学校教师在职前所接受的培训，几乎未涉及特殊学生的教育，因此在职后教育教学过程中，教师无法运用特殊教育所需要的专业知识去帮助特殊学生。在心态的接纳和包容性方面，大多数教师准备不足，不能始终如一地给予特殊学生心理上的关注，满足他们的需求，给予他们充分的鼓励和帮助。

特殊学生在普通学校学习，在一定程度上，虽然和正常学生一样获得了知识，但由于个体的特殊性，还是不能获得特殊学生需要的个别化辅导和训练，不能满足其个体需要。随班就读，往往流于形式，有了数量而忽略了质量，变成"随班就座"和"随班就混"。

（3）学校关于特殊学生的评价体系还未建立。

传统教育评价体系无法使特殊儿童真正获得发展，其以升学率作为一个指标，在一定程度上加深了特殊儿童的障碍程度，以学习成绩为衡量标准，而看不到每一位学生自身的价值和需求，这与特殊教育发展理念背道而驰。普通学校常常采用较为单一的笔试方式来评价学生，没有考虑每位学生的特殊性，也没有办法根据学生的状况，总结出适合其发展的评价方式，这也使得特殊学生无法获得较高的成绩，自我效能感逐渐降低，出现厌学等一系列心理问题。随班就读所实现的机会均等，只是形式上的，特殊学生仍然无法受到像普通学生一样适合自己的教育，因此无法实现真正的教育均衡。

2. 学校教师现状

侨外分为中学部和小学部。中学部 19 个班，小学部 44 个班。由于学校 181 名教师中，心理教师只有 1 名，大部分教师毕业于普通师范类学校，在职前均未接受过特殊教育的专业培训，在职后也未接受过系统的特殊教育的培训，面对学校日益增多的特殊儿童，往往表现得束手无策。

3. 特殊学生现状

近年来，侨外小学部的特殊儿童人数逐年增加，特需儿童种类多样，其中有些仍未就诊。有些特需学生容易情绪失控，上课随意走出课室，或者大吵大闹、乱扔物品，导致课堂纪律难以维系，严重干扰了教师的正常教学工作，其他孩子家长的投诉也日益增多。

为了解特需儿童的具体情况与一线教师的困惑，截至 2020 年 5 月，侨外向本校班主任发放并收回有效"学生行为问题个案调查表" 54 份，其中 9 份来自孤独症儿童。结合调查表中教师的观察及描述，对其中含有攻击行为的特需儿童人数进行统计（见表 1）。数据统计显示，攻击行为是教师们比较担忧的问题行为，侨外孤独症儿童普遍存在情绪易怒、有攻击行为的问题，给学校相关行政人员、教师、所在班级学生和家长造成巨大的压力，班级内存在安全隐患。

表 1 "学生行为问题个案调查表"中含攻击行为描述的数据分析表

直接或间接描述	所包含问题个案人数 / 人	占有效问卷百分比 /%	所包含自闭症人数 / 人	占全校孤独症人数百分比 /%
情绪冲动、易怒	24	44	8	89
使用打、拍、推等攻击他人动词描述	17	31	6	67

但出于对未来的担忧，即使被确诊为孤独症，家长也不愿帮孩子申报随班就读。因此，截至 2020 年 9 月，侨外随班就读学生人数仍为 0 人。

社会宣传力度不足，以及教师对融合理念的认知差异，导致融合课室的融合效果参差不齐。普通儿童与特殊儿童的相处缺少正确引导。有的普通儿童对特殊儿童的缺陷进行嘲笑，甚至发生校园欺凌。特殊儿童被家长联合抵制，家长联名给学校施加压力，特殊儿童家长迫于压力让孩子转学。这一方面是由于随班就读的政策宣传力度不够，另一方面是由于普通学校鲜有特殊儿童问题行为干预成功的案例，缺少对特殊儿童的接纳和对多元生命的关爱。

（二）教师融合教育素养提升策略

为了保证学校正常的教育教学质量，保证班级课堂教学顺利开展，保证特殊儿童在学校受到公平而有质量的教育，侨外致力于教师融合素养提升。

1. 整合资源助力教师培训，提升教师融合教育意义感

由于特殊儿童的教育是针对其缺陷采取的具有针对性和补偿性的措施，单靠普通学校教师是无法完成这一项工作的。融合教育的开展，需要整合各方资源、聚合各方力量。有效整合政府职能部门、高校、特殊教育学校、医院及康复机构、社区等资源，形成普通学校教师融合教育培训支持系统。只有这样，才能全面为普通学校教师融合教育素养提升提供正确、持续、科学的支持，帮助普通学校教师厘清正确的融合教育理念、获取专业的融合教育知识和能力，有序推进学校融合教育的开展。

（1）在各方资源整合中收获价值感。

我们发现，在普通中小学教师融合素养提升过程中，仅限于学校层面的培训远远不能满足教师的需求，他们渴望通过更多的方式和渠道，获得更开阔的视野和解决问题的策略。这就需要学校积极地整合各方资源，寻找助力，着力构建"学校＋"的融合教育培训生态系统。学校要主动走进医院，探讨医教结合；走进社区，探索内外互助；走进家庭，探求家校共育。期待在行政管理者、特殊教育专家和医疗工作者的通力合作下，学校可以获得专业人士更接地气、面对面的教育帮扶指导，以更适合特需孩子的教育方法和策略，帮助特需孩子更好地融入普通学校的教育中并健康地成长。在学校链接资源的过程中，教师们由于获得了来自各方的肯定与鼓励，也在悄然改变。有的教师由过去地被动接受变为主动学习，有的教师主动请缨参与班级特需孩子个案研究，有的教师积极与特需孩子家长对接共商教育方法，有的教师主动邀请特教教研员走进课堂观察评估，以调整自己的教育教学方式。

在激活自我的生命状态中，教师们有了更强的学习动力，在看到自己能用专业的知识帮助到特需孩子，在被家长认可和需要时，他们产生了前所未有的幸福感和价值感。

（2）在与国家发展同频共振中增强使命感。

要办好面向未来的特殊教育，首先要办好融合教育。这是特殊教育未来发展的主流和基本方向。这就要求普通学校每一个教师都紧扣特殊教育的时代发展脉搏，自觉学习、终身学习，努力提升自身的融合教育素养，时刻将个人自我成长融入国家发展中，与国家同频共振。当教师清晰地认识到，教师职业不仅仅是为知识而教，更是为千万个家庭而教，为民族的未来和国家的复兴而教的时候，他们的使命感会更加强烈，才能在教育教学中，真正做到"为了一切的学生""一切为了学生"。

为此，侨外组织教师积极开展"特需孩子教育"专题调研和"党员 1+1 帮扶活动"，引导党员教师们将目光投射到特需儿童这一群体，共同学习特殊教育相关法规政策，探讨当前融合教育在普通学校实施过程中的痛点与难点，并将相关建议写在"关于完善普通学校融合教育支持体系的建议"区政协提案中。比如，有的教师提出应该进一步完善普通学校融合教育的规范性指导意见，建立由政府主导，多部门（财政局、民政局、卫健委、残联、教育局）联合的普通学校融合教育支持系统，将融合教育纳入公共教育服务体系制度管理中，构建全社会都来关注、关心、支持融合教育的良好生态。建议相关政府职能部门依法制定融合教育服务清单制度，拟定融合教育服务清单，并以此为突破口，把普通学校服务特需学生的责任通过"清单"具体化、规范化，以提高普通学校实施特殊教育的能力和水平，切实保障各项特殊政策惠及每一个残障儿童。又比如，有的教师提出应充分发挥区域医疗系统特需儿童诊疗的优势资源，为普通学校融合教育工作搭建联通平台，为特需儿童提供"绿色通道"，促进普通学校特需儿童的早发现、早干预、早治疗。还有教师提出，应大力开展专业医生团队进校园公益宣讲活动，对教师和家长进行特殊需要儿童医学专业普及，帮助教师和家长正确了解特需儿童，形成正确的特殊教育理念和教育行为。邀请特需儿童康复科专业医生进课堂，与教师一起观察特需儿童在校行为，形成"医学评估 + 教育评估"的双评估模式，更好地为特需儿童制订个别化教育和康复方案，帮助特需儿童在普通学校的教育生活从融入到融合，实现有质量的生命成长。

在一次次的学习探讨中，教师们愈发明确自己的责任和使命，愈发明了融合教育尊重每一个生命，不放弃每一个孩子，让每一个特需儿童和普通孩子在蓝天下同享好教育才是教育公平的要义。

2. 创设学校融合教育氛围，树立教师融合教育信念感

融合教育的成功推进和可持续发展，需要教师掌握必要的知识和技能，更需要教师人人参与、个个融入，具备开展融合教育的信念。

（1）形成共同的价值取向。

教师融合教育素养是指教师为满足包括随班就读特殊儿童在内所有儿童的教育需求所具备的与融合教育相关的理念、知识及技能等方面的素养。在对侨外特需学生情况和教师融合素养现状做了充分调研和了解后，学校提出了"和合相生，美美与共"的融合教育理念，组建了融合教育研修团队，构建"学校＋"的实施融合教育模式。侨外通过全校专题讲座、专项研讨和广泛宣传，向全校教师解读普及融合教育的相关政策要求、融合教育基本理念及特殊学生身心发展特点以及融合教育实施策略，帮助教师厘清普通学校为什么要开展融合教育，如何正确地看待特需学生的异常表现，在尊重差异的同时如何竭尽所能给予他们个别化的教育，帮助其身心健康成长。

侨外在学校的德育活动、体育艺术活动及少先队活动中，创设了一系列让特需孩子参与的项目，聚焦他们身心的健康发展。让"所有的生命都是值得尊重的"共生价值取向和"不放弃每一个孩子"的行为追求在教师们心中扎根，从而形成侨外教师共同的价值追求。无论是对待安全感缺失的学生，还是毫无征兆频繁离开课堂的患有阿斯伯格综合征的学生，或是因存在阅读障碍而学习困难的学生，教师们都会及时反思和澄清自己的教育哲学和信念，重新认识学生的多样性，不厌其烦地去包容、呵护他们成长。

当家长与教师产生分歧甚至误会时，学校也始终以是否有利于学生身心健康发展引导双方正确面对。在这样的教育价值取向引领下，教师们逐渐认同融合教育的思想，承认融合教育背后的价值和意义，采取真诚接纳的态度，尊重每个儿童特殊的需要，接纳学生存在的差异性及多样性，并让自己更具有关爱的品质和更强烈的融合教育发展共同愿景。

（2）营造人人参与的融合环境。

学校融合教育要做到落地实施、有序推进，需要自上而下的理念传递，更需要自下而上的全员参与。比如融合教育理念的培训，如果我们仅仅止于班主任层面而忽视科任教师，两者在特需学生的教育上就会形成偏差，引发理念和行为的冲突，造成教师的焦虑感和挫败感。营造人人参与、个个融入的"共在"教育生态，是做好融合教育工作的前提。为此，侨外组建了"星之家"融合教育骨干研修团队，成立了"抱团取暖"班级教师联盟，采用"骨干引领、跨班联动、问题导入、协同研修"的方式，整合各方面的资源，开展筛查、评估和能力干预的个别化教育个案研究。同时，侨外还定期组织校本研修、个案研讨等教师参与的活动，形成良好的教师学习共同体。

同时，侨外也倡导和鼓励教师们取长补短，相互支持、合作，为他们提供资源和平台，做好相关保障，让教师们在信任中彼此成就，在被信任中开发潜能、迅速成长。例如，侨外在没有资源教师的情况下，发掘和鼓励有潜质的教师，培养其做融合教育的"种子教师"。让其带动和影响身边的教师参与融合教育的研究，并以自身的专业示范，正确地引导、帮助有特需学生班级的教师树立正确的教育观和学生观，正确对待特需学生。

3. 推进多元培训，增强教师融合教育成就感

普通学校融合教育的有序推进和质量提升，离不开学校教师融合教育素养的提升。而要让教师在融合教育素养提升上做到思想自觉和行动自觉，就必须了解教师的需求，知晓教师自主发展的兴趣点。

（1）构建教师专业发展共同体，提升教师专业能力。

在工作实际中，我们通过问卷调查、教师访谈、观摩听课等方式，对一线教师融合教育需求开展深入调研，制订支持和满足教师需求的计划，明确教师需要掌握的知识和技能及实践转化策略，确定教师专业发展的时间和节点，把有融合教育需求的教师连接在一起，成立"报团取暖"同伴互助会，采取"专家引领＋同伴互助＋校本研修"的方式，构建教师专业发展共同体，聚焦课堂观察与分析，让教师在实践中进行研修反思、学习成长。

侨外以"广州市劳模创新工作室"为引领，以教师专业发展共同体为突破口，梳理出学校融合教育发展中存在的问题和亟待解决的难点，结合学校教师获取融合教育知识的途径过少、过窄或知识过于理论化等问题，以问题为导向，组成由专家、学校管理者及级长、班主任、科任教师参与的研修团队，分阶段、分主题、分层次、分梯度面向教师开展培训和专题研修，在提升教师融合教育专业素养的同时，切实解决校内遇到的特需学生教育问题。在专家的引领下，团队中的每一位成员都迸发了极大的研究热情，显示出极强的积极性和主动性，以及自我反思、自我学习、自我改进的专业精神。

同时，侨外还成立了学校特殊教育读书会，开展特殊教育理论书

籍阅读学习活动，将理论学习与实际问题结合起来，形成问题研究，并将其转化为可实施、可落地的行为。组织教师进行整本书的阅读，开展形式多样的沙龙，交流各种批注、读书笔记、实操日记。比如推荐《如何引导暴躁的孩子》《阿斯伯格综合征完全指南》以及华夏出版社特教丛书等，有利于提高教师对问题行为的分析和处理能力。同时利用网络文章、视频通俗易懂、生动有趣、方便获取的特点，向教师群推荐经过筛选的公众号的小推文和小视频，进行线上主题研究。

（2）探索"互联网＋"研修模式，培育教师专业思维。

由于普通学校教师在工作中既要面向普通学生，还要面向特需学生，同时还有中考等升学的压力，很难有相对多的集中研修时间。因此，侨外在做好传统的校本教研基础上，还充分运用网络资源，推行"互联网＋"研修方式。结合影视作品通俗易懂、容易激发教师同理心等特点，学校开展了线上"影视化"培训和研讨，将特殊教育理论学习与影视观看相结合，降低教师理论学习难度，提高教师对特殊儿童的接纳度，也有效拓展了教师教研活动的时间和空间。比如，针对教师缺乏融合教育信念感的问题，学校挑选了微电影《老师的心》推荐给教师，让教师在观影后探讨"今天我们怎么对待特需孩子？"，以此培养教师的融合教育信念感；观看电影《海洋天堂》，引导教师尝试分析自闭症儿童有哪些行为特质；观看电影《雨人》，以"父亲的遗产去向"了解查理放下怨恨，接受并保护自闭症哥哥的故事，感受自闭症患者与社会大众之间的巨大鸿沟，并由此产生共情。

针对疫情期间特需学生在家出现的问题，侨外充分利用钉钉、微信等平台，在线上对教师和家长进行相关培训。比如围绕阿斯伯格综合征孩子的行为干预问题，侨外开展了包含破坏性行为、行为功能、强化物、生态环境等四个内容的主题讲座。又如，针对疫情期间特需学生引导等问题，侨外又开展了感统失调训练、情绪问题疏导等线上专题讲座。此外，侨外教师还在微信群里进行了好书分享与问题研讨等，这些方式都极大提升了教师的专业理论知识，营造了良好的教师团队互助气氛。

（3）实施"种子"培养，增强教师的专业自信。

教师融合教育素养的提升不是一朝一夕的事情，它需要引领，更需要赋能。挖掘教师队伍中的"种子教师"，"我的发展我做主"赋予其成长的平台和展示的空间，专业能力的提升增加其专业自信，同时增强教师在专业发展中的主体地位。比如，在教师融合素养提升过程中，侨外首先去发现、挖掘有潜质并愿意迎接挑战的教师作为"种子"优先培养。一方面，侨外链接资源，积极引入特教专家对其进行指导，鼓励"种子教师"积极加入区特教中心组学习，参与"影子教师"专业培训；另一方面，侨外提供平台，以"种子教师"为中心，充分释放其个体的能量和影响力。"种子教师"以解决问题为导向，团结一群有需要的教师自发自觉去研讨，大大激发了教师们的学习热情，赋予了团队持续发展的生命力。在这一过程中，"种子教师"也产生了极大的自我效能感。

比如，侨外"种子教师"在发现教师普遍存在对特需学生缺乏教育策略的问题时，就大胆提出学校教师每年开展一个市级特教小课题研究，学会运用一个策略，解决特需儿童的过程性记录问题。"种子教师"带领团队成功申报了市特教小课题"运用前事控制策略减少阿斯伯格综合征儿童在普通学校班级中攻击他人行为的个案研究"；为帮助教师了解"影子教师"的角色定位及其工作任务，"种子教师"积极带领团队去学习并初步运用辅导策略，掌握与儿童互动实操的技巧，初步学会制订特需儿童个别化教育计划，运用问题行为功能分析，尝试给出有效的处理方案，了解幼儿园及小学课程调整策略，并进行实操应用。

4. 完善学校融合教育保障体系，增强教师融合教育安全感

普通学校由于教师大多毕业于普通师范类学校，在职前均未接受过特殊教育的专业培训，在职后也未接受过系统的特殊教育的培训。面对学校日益增多的特需儿童，往往表现得束手无策。

（1）健全学校融合教育管理制度。

在过去的学校教育教学中，由于对特需学生状况缺乏专业的认知和足够的了解，学校在特需学生管理方面缺乏完善的制度。对于随班就读学生，虽说每一年都有专门的工作计划，但大多还是停留在初级浅表阶段。在具体的学校管理和教育教学工作中，真正落实和跟进的制度不多，只有《随班就读（特需学生）学生在校安全管理制度》《随班就读（特需学生）学科课堂管理制度》《随班就读（特需学生）学生家长陪读制度》《随班就读（特需学生）学生个别化教育制度》等，还需进一步健全和完善学校融合教育管理制度。

（2）创新"流动资源教室"建设。

由于主客观原因，大多数学校在融合教育的资源建设方面准备还不充分，普遍缺乏特需学生所需要的资源教师和完善的资源教室。由于普通学校教师在职前所接受的培训几乎未涉及特需学生的教育，因此在职后教育教学过程中无法运用特殊教育所需要的专业知识去帮助学生。在心态的接纳和包容性方面，大多数教师准备不足，不能始终如一给予特需学生心理上的关注，给予他们充分的鼓励和帮助。

为此，侨外提出"流动资源教室"概念，让教师们明白资源教室是帮助设备，仅仅是工具，更重要的是人。"人"的关注，就是对特需学生实施教育的最好资源。

（3）建立科学的教师评价机制。

在学校管理中，侨外发现，教师对学校评价是否公平公正是非常在意的。因此，如何制定科学、公允及有激励的评价标准，是至关重要的。在融合教育实施过程中，学校既要坚持制度执行的底线思维，也要因地制宜，以人为本。打破传统的"大一统""整齐化"的以成绩、称号等为指标的单一的结果评价方式，采用更加注重过程和实效的过程评价、多维评价和增值评价方式。

比如，在评优评先中，侨外采用"过程＋结果""量性＋质性"的评价方式，不仅看重教师教育教学的效果，更看重学生成长的增值；不仅看重教师参与学校活动项目的踊跃程度、教师主动发展的意愿，更看重教师求真务实的作风和勇于开拓创新的行动。"态度＋行动＋实效"让教师在教育教学过程中更加明确什么是正确的学生观，怎样做才能真正做到"为了一切的孩子"，更加理解教学相长激扬生命的意义，从而构建起和谐的师生关系，达到和谐共生的要义。与此同时，学校与教师、教师与教师之间，也有了更多的支持和信任，少了对立冲突、矛盾、猜忌。无论是疫情期间还是正常复学之后，学校教师们都以极大的热情融入融合教育的研究和实践中来。科学的评价、良好的教育生态，极大程度地增加了教师的安全感，减少了焦虑感和挫败感。

（三）融合教育实践研究

1. 关注干预质量，推动起始年级特殊儿童的早期筛查

尽早发现尽早干预是特殊儿童干预治疗的重要原则。[①] 以此为目标，侨外结合自身九年一贯制的优势，组织教师参与筛查和转衔服务。服务集中于三个时间点：小学一年级新生筛查、七年级新生筛查、小升初学生转衔辅导及服务。

（1）学校起始年级特殊儿童早期筛查意义。

① 从儿童自身来看。有利于及早获得科学的康复治疗。以自闭症为例，0~7岁是干预治疗自闭症的黄金期，治疗效果显著。[②]

② 从家长角度来看。缺乏专业知识，往往难以自查，班主任的初步评估，能顺利促进特殊儿童筛查就诊。[③]教师与家长沟通时，着重建立家长对教师专业性的信任，了解儿童发展史以及幼儿园教师的评价。不带个人偏见地叙述观察到的儿童不适应表现，向家长宣传特殊儿童早期筛查的意义。

③ 从教师自身来看。接纳特殊儿童，体验到专业带来的成就感，促进特教团队合作。

④ 从学校管理来看。有利于人员统筹安排，按自然比例将特殊学

---

① 中华医学会儿科学分会发育行为学组，中国医师协会儿科分会儿童保健专业委员会，儿童孤独症诊断与防治技术和标准研究项目专家组.孤独症谱系障碍儿童早期识别筛查和早期干预专家共识［J］.中华儿科杂志，2017，55（12）：890-897.

② 阿特伍德.阿斯伯格综合征完全指南［M］.燕原，冯斌，译.北京：华夏出版社，2012.

③ 和雯婷，张越，吕军.上海市某区儿童孤独症早期筛查工作的质性研究［J］.医学与社会，2020，33（2）：101-103，116.

生安排在普通班级中，最优化利用特教资源。[①] 让融合教育处于可控、最佳的生态环境中。

⑤ 从政策制定者角度来看。有利于相关部门掌握大数据，规划政策、分配资源、及早评估和调整策略。

（2）学校起始年级特殊儿童早期筛查实施方案。

① 实施原则。早发现早干预。通过三级筛查，集中疑似对象，逐步排除，进一步观察评估，促进就诊。向相关教师派发特殊教育知识小册，宣传筛查内容。利用新生家长会普及特殊教育知识。向家长发放在校学生特定疾病信息调查表，摸查学生基本情况。做到有组织、有方案，有记录、有分工，可查、可溯。

② 筛查流程。抓住第一次师生见面、第一个月、第一个学期、第一年来筛查，任何时候发现都不迟。

一级筛查：档案交接，可由教育局相关部门做幼小转衔工作，将特殊儿童的资料档案转交给学校，建立个人档案。然后教师抓住与班内所有新生首次见面、互动的机会，细致观察。评估主要分为课堂适应、社交适应、情绪及行为适应三大部分。关注多动、多话、多冲突行为，同时关注"五不"行为。[②] 在为期 2~3 天的新生预备课上，组织特教团队采用随堂听课形式，使用"听课记录"做好记录，进行一级筛查，初定重点筛查对象。参照正常儿童的发展标准，用排除法寻

① 陈强，杨悦，庄志成，等. 孤独症谱系障碍早期筛查模式及其效果研究［J］. 中国妇幼健康研究，2020，31（3）：302-306.

② 中华医学会儿科学分会发育行为学组，中国医师协会儿科分会儿童保健专业委员会，儿童孤独症诊断与防治技术和标准研究项目专家组. 孤独症谱系障碍儿童早期识别筛查和早期干预专家共识［J］. 中华儿科杂志，2017，55（12）：890-897.

找疑似特殊儿童，广泛、多角度观察学生，记录最基本的信息。也可以运用逆向思维，通过筛查自闭症的共生疾病，如注意力缺陷多动障碍、交往恐惧症、感统失调等，进一步排查自闭症。[①]

二级筛查：新生入学第一周，班主任利用《自闭症学童课堂适应及课堂评估（主流小学适用）》，对一级筛查出来的对象进行二级筛查。评估安坐、应答眼神、发音、语言运用、身体动作协调、社交能力、认知水平等是否明显落后于同龄人。量表不能作为诊断依据，其目的是早期发现能力不足，促进儿童筛查自闭症。教师不可以此给孩子贴"标签"。在具体操作时，将筛查量表命名为"社交行为和沟通能力筛查量表"，可提高加家长对筛查工作的认可度和接受度。

三级筛查：确定重点怀疑对象后与家长进行访谈。访谈时可邀请特教团队协助，推动三甲医院就诊筛查。

（3）学校起始年级特殊儿童早期筛查实施中的困难。

① 观念转变难。社会对特殊儿童的接纳虽然有积极的改变，但对全纳教育仍缺少理解与支持。[②]在与疑似特殊儿童家长的访谈过程中，研究者也常常遇到家长不理解、一味否定、不配合的情况。

② 资源有限。体现在以下三个方面：一是特教师资珍贵。二是急需开发高质量的评量工具。教师凭经验，缺少科学筛查标准；手段多以观察为主，带有过多主观性，缺少数据支撑。[③]三是缺少督导体系。

① 梁亚勇，陈凯云，陈碧媛，等．共患注意缺陷多动障碍对学龄阿斯伯格综合征儿童学业及社交功能损害的影响［J］．中国儿童保健杂志，2017，25（7）：709-711.

② 刘艳霞，孙小悦．自闭症儿童及家庭社区接纳的现实困境与突破策略：基于无锡市3个社区的调查研究［J］．社会工作与管理，2020，20（3）：24-29.

③ 郭雯，朱国伟，周兆娥，等．Chat-23量表在社区早期筛查儿童孤独症的应用研究［J］．中国妇幼保健，2013，28（32）：5308-5311.

急需相关部门落实评估中心与学校、医校、企校的连接模式等，如联动多部门做新生入校筛查工作，使特殊儿童筛查更规范、更专业。

（4）小升初转衔辅导及服务。

做好档案交接。特殊儿童六年级直升本校初中部时，将个别化教育计划和实施方案等相关学生档案转交给所属中学教导处管理。家长或中学教师提出协助申请后，可参与制订该生在中学的个别化教育计划。

2. 大胆探索，建设侨外流动资源教室群

结合大部分学校没有资源教室的实际情况，侨外提出了新的资源教室概念——资源教师就是流动的资源教室。这一新概念突破了空间的局限，强调了"人"资源的重要性。哪怕只有特殊儿童与教师，哪怕就是在普通课室里，只要教师运用适合特殊儿童的干预方法，教给了孩子微不足道的技能，就是一个实现了特殊教育的资源教室。虽然没有固定的场室，但资源教室群却有需遵循的原则。

（1）课程个别化。

教师在充分尊重学生能力、需要、兴趣、身体状况等的基础上，关注其缺陷补偿、潜能开发和个性发展。尽管并非专业教师，侨外骨干教师仍积极进行专业学习，尝试个别化教育计划的制订和实施。[1]尊重特殊学生身心差异，遵循因材施教原则，开展分层教学，为特殊儿童降低或提高教学难度，突出教学过程的趣味性、实践性、可操作性和适切性。

---

[1] 葛增国，顾义寒. 特殊学生个别化教育课程开发的实践研究 [J]. 现代特殊教育，2020（13）：41-43.

（2）融合生活化。

融合课程还包括伙伴融合。在融合教室，班主任成立互助小组，为特殊儿童找到伙伴，由伙伴引领他们共同参与，包括课堂教学、课余交流、文艺活动、体育竞赛、社团活动、公益活动和社会实践活动等，为特殊儿童学生营造认同、宽容和友爱的宽松环境。

特殊儿童平等、充分地参与所有学校活动，在开放的环境中，跟普通学生交流和互动，和同伴一起学习、掌握与社会规范相关的知识和技能，这一教育过程本身就是社会融合的过程。在参与学校所有活动的过程中，让特殊儿童充分体验到归属感、成功感和幸福感，培养其自尊自强、乐观向上的积极情感和社会态度，提高其社会适应能力。反过来，特殊儿童自强不息的精神，也不断地激励普通学生，培养普通学生的同理心，促进普通教育的发展。

（3）陪读规范化。

专业的陪读家长，也可以算是一名流动的资源教师。学校从管理角度要求陪读家长或陪读教师填写陪读申请表并承诺遵守表中的约定，同时需陪读人员提交相关简历与健康证明，并接受骨干教师简单的专业培训，最终获学校行政批准才可陪读。以自闭症为例，陪读家长应初步了解特殊儿童的行为特质，学习简单的行为分析方法，学习如何确定及运用强化物，知道与教师沟通交流的基本原则，以促进儿童的行为改善。[①]针对不同年龄段学生，建立"星星之家"活动小组，每周两节线上、线下培训课，组织相关教师和家长志愿者一起为特殊孩子进行学科和心理辅导的帮扶，以及开展兴趣活动。

---

① 韩斯琴. 陪读对陪读幼儿的情绪、情感与交往意识等方面的影响［J］. 佳木斯职业学院学报，2019（4）：123–125.

（4）支持多元化。

家校联系社区参与随班就读工作的顺利开展，离不开随班就读学生家长的支持，学校应该多举办家长培训会，及时与家长沟通，帮助家长认识孩子的特点，杜绝家长产生放弃或自我封闭的想法，让家长看到孩子的一点点进步，增强家长的信心，请社工和家长一起陪孩子做亲子游戏，开放资源教室，帮助孩子康复，利用社区资源，更好地为孩子服务，随班就读学生参与社区活动，可提高他们的社会活动能力，增强其社会适应能力。

（5）评价差异化。

构建适合特殊儿童的全面评价体系，从多方面进行评价，对于特殊儿童至关重要，包括对其道德、学业、生活、心理方面的状况的了解和评估。在学习成绩方面，针对不同的学生制定出不同的标准。

"人多力量大，柴多火焰高。"侨外特殊教育团队开展工作以来，学校教师对特殊儿童的接纳度大幅提高，研讨意识不断增强，专业化成为很多教师自主学习的目标。

四、融合教育发展总结与展望

作为普通学校，侨外主动扛起融合教育的旗帜，步步为营，走进千万户特需儿童的家庭，为他们谋策献计，搭建康复之路。以下阐述侨外开展融合教育工作的优势以及对未来工作的展望，尝试体现特教工作在学校发展中与之互补互惠的关系。期待侨外凸显优势，迎接挑战，实现最优化发展。

（一）融合教育的发展优势及阶段性成效

1. 发展优势

融合模式的设立及发展，由学校开始，离不开行政管理者的领导和支持。侨外优势突出，行政支持力度大。侨外顶层设计科学合理，凸显三级管理架构，体系完整。从宏观层面建构"学校 +"的侨外融合教育生态模式，促进教师融合素养提升。更加注重学生生命成长质量，不光追求让特殊儿童坐进教室，更追求让特殊儿童融入教室，让其未来生活质量更好，更接近普通儿童。

2. 阶段性成效

经过侨外上下一心、不懈的努力，融合教育工作初见成效。

（1）联动机制及时架构。

在建设"学校 +"生态模式支持体系的过程中，侨外实现了引入专家、高校指导，加强了校企联动、跨界联盟。2019 年，侨外加入"越秀区特殊教育联盟"，规范特殊儿童的评价转介机制。2020 年，侨外成为华南师范大学与广州市教育局协同创建的国家教师教育创新实验区教师发展学校；同年 9 月，侨外组织接待了由华南师范大学教育科学学院张焱副教授及其带领的 50 名来自粤西北地区的非特殊教育专业毕业的在职特教教师。"星之家"研修团队骨干教师精心准备跟岗培训内容，细心安排跟岗学习的场所，以随堂听课、专题讲座、沙龙分享等形式，为推进教师发展贡献绵薄之力。

（2）生态环境支持体系良性循环。

生态环境朝宽松、科学方向转变。师生对特需儿童的接纳度有所提高，不少教师也改变了光埋怨指责的旧习惯，形成了包容理解、发起集体研讨的习惯，能主动寻求团队协助，并把所学理论积极运用于实践中。当发生冲突时，特需儿童能感受到来自教师和其他同学的帮助。有的特需儿童减少上课时巡视操场的情况，有的特需儿童减少上学拖拉的情况，他们常常向家长表达自己很开心，喜欢上学，喜欢和同学一起。

（3）学校特殊教育管理制度逐步完善。

完善了学校特殊教育管理制度，以系统的专项管理制度替代了浅层次管理。制定了《随班就读（特需学生）学生在校安全管理制度》《随班就读（特需学生）学科课堂管理制度》《随班就读（特需学生）学生家长陪读制度》等，为全体师生提供更安全、规范、优质的融合环境。

（4）学校融合素养提升氛围浓厚。

教师队伍建设积极正向。以"专家引领，骨干培养"的方式高效提升教师融合教育的理论和操作能力，促进教师内生式发展 。[①] 骨干教师带领，分主题、分层次开展专题研修。借助"课题切入，聚焦问题"，"报团取暖"同伴互助支持方式，营造良好的教师团队互助气氛。采用"影视"轮训、读书会等多种方式，向全员普及特教知识。

以劳模创新工作室为引领的"星之家"研修团队工作，在校内已经常态化开展，如小一筛查、应邀听课、特需儿童一级评估、与特需儿童家长访谈推进二级评估、建立档案、分析个案诊断书和尝试个别化教育计划初步制订等。团队成员活跃在校内，为一线教师们排忧解难。行政管理教师与骨干教师除了承担课题、撰写案例课堂设计参与评

---

① 罗超，蔡晶 . 论特教教师队伍建设的困惑与出路 [J]. 绥化学院学报，2019（10）：86–89.

比外，还把自己的专业能力辐射到校外，以讲座、工作汇报等形式活跃在省、市、区级教师专业研讨平台上，与同行切磋交流，积极成长。

全体教师对特殊儿童的接纳度更高，主动学习意识增强，教研气氛活跃。教师焦虑情绪得到缓解，信念逐步增强。

（5）起始年级评估机制开始启动。

2020 年一年级早期筛查工作正式开展，初步摸查结果：确诊自闭症 2 人，疑似注意力缺乏障碍数人，有利于早期干预。按自然比例将特殊学生安置在普通班级中，提前对班主任进行特教知识普及，制订个别化教育计划。部分特需儿童的问题行为得到明显改善。家长参与科学干预的自主性更强。

（二）融合教育发展问题与挑战

怎样才能让融合教育中所有孩子的学习效果达到最好？特殊教育在学校开展中还会遇到哪些阻力与困难？这些都是侨外融合教育开展中的困惑与值得思考的问题。

1. 全社会的关注与重视

社会包容度不够，对弱势群体的关注度不足。例如，家长观念落后。很多疑似自闭症儿童家长不愿带孩子就诊或者被动就诊，对学校提出的"家校联通融合教育"和筛查工作存在抵触情绪，从而导致针对特殊儿童教育的有效性不足并耽误特殊儿童的及时诊断和干预。期待政府相关部门加大宣传力度。[1] 利用电视、广播、网络等渠道普及特殊群体的相关知识，让特殊群体走进大众的视线，转变大众对特殊

---

[1] 马红英. 智障人士社会接纳度调查 [J]. 中国特殊教育，2007（3）：6-11.

群体固有的刻板印象，让大众慢慢认识到特殊群体是我们必不可少的一部分，他们一样可以出色地完成工作，一样可以为推动社会的发展贡献力量。①

2. 融合教育可持续发展保障体系的建设

针对普通学校特殊学生比例不断增大的现状，要加大政策扶持力度，为有需要的学校建立特殊资源教室，并配足配齐特教专业教师，改善特教师资缺乏的现状，为随班就读学生提供高质量个别化教育服务。

落实医教结合政策。充分发挥广州医疗系统特需儿童诊疗优势资源的作用，为普通学校特教工作搭建联通平台，为有特殊需要的儿童提供"绿色通道"，促进学校特需儿童的早诊断、早干预、早治疗。针对普通学校部分儿童有自闭症等症状但又未达到随班就读要求的情况，成立由医院、残联、高校、特殊教育学校等相关部门组成的区域性普通学校特教帮扶共同体，制定科学的可落地、可操作、能持久的普通学校特教帮扶政策，定点、定时、定期送教上门。②

积极支持资源教师进行业务能力提升学习，并对其进行定期评估。融合教育迫切需要发展而可参考模式不多、圈子信息共享度低，这对全员教师培训提出了更专业化的要求，急需相关部门对普通学校教师进行系统的特教培训并提供相应资格认证服务，提升教师特教专业素养，减轻学校特教缺口压力。建议教育部门扩大管理范围，对除

① 刘艳霞，孙小悦. 自闭症儿童及家庭社区接纳的现实困境与突破策略：基于无锡市3个社区的调查研究 [J]. 社会工作与管理，2020，20（3）：24-29.
② 卿素兰，封志纯. 普通学校对特殊儿童随班就读支持的案例研究 [J]. 中国特殊教育，2009（7）：33-38.

随班就读儿童外存在的大量特殊儿童进行统一管理及个案跟踪，帮助学校及家长加深认识，帮助孩子获得连贯、系统、有效的治疗。

3. 特殊儿童家长的参与和专业培训

要实现特殊儿童生命全程的干预，最需要的是居家干预。对家长的培训需由专业教师或机构引领，引导家长进行有计划、有序的专业学习，并对其进行评估、再学习再评估。期待政府相关部门落实更多有利政策，惠及特殊儿童家庭。[①]

（三）融合教育的展望

继续落实"零拒绝"，以专业化为出路，为特需儿童及其家庭谋求更高品质的特殊教育服务，实现融合环境的最优化。

1. 多方支持，合作共享成为新趋势

引入专家进行特殊儿童案例跟踪及专业指导。通过"专业引领、专家指导、专题研讨、专科研修"等形式，促进学校教师融合教育素养提升。学校要主动走进医院，探讨医教结合；走进社区，探索内外互助；走进家庭，探求家校共育。行政管理者、特殊教育专家和医疗

工作者要通力合作，实施专业的、面对面的教育帮扶，对学校融合教育工作给予指导。

2. 融合教育实现从注重数量到关注质量的转变

关注生命，学校的使命不仅是能让特殊儿童坐进融合教室，还要努力提升特殊教育的服务质量，让他们融入教室，成为其中一员，体

---

① 申仁洪. 全纳教育的支持系统及其生态化走向 [J]. 重庆师范大学学报（哲学社会科学版），2006（1）：106–110，119.

会到社会生活的乐趣。侨外坚持"一个都不能少",结合特需儿童自身层面、同伴层面、教师层面、学校层面的困境,多角度研究,循序渐进,提高特需儿童被接纳的程度,将除目前多聚焦的自闭症或智力障碍儿童外,更多类型的特需儿童纳入研究领域。①

3. 资源教室建设功能最优化

侨外提出的新的资源教室概念——流动资源教室群对资源的共享、共生提出了更高的要求,需要突破概念与空间的局限,最大化地利用普通教育资源。例如,资源教室与普通教育相互整合和补充。无论在规范资源教室建设制度与评估制度、落实岗位职责、课程体系建构、教师培训方面,还是在实现分层教学等方面,都需要寻找一个平衡的、最优的方案,并以学年为单位进行调整。期待实现区域内学校间资源联通,共享特教资源。比如,对于昂贵、体积过大、不常用的教学设施、教学设备、教具,学区内可实现流通和共享;利用区域内专业人员的优势互补,形成互助小组。从学区层面,完善资源的管理与共享机制,实现高效利用。②

在融合教育快速发展的前提下,资源教室运作面临挑战。应积极支持资源教师进行业务能力提升学习,并对其进行定期评估。为提升资源教室服务效能,应做好资源教室前期规划、丰富资源,对资源教室的功能进行定期调整。③

---

① 李全林. 中小学随班就读儿童学校支持系统运行现状、机制与策略研究 [D]. 杭州:浙江工业大学,2020.
② 程硕. 提升资源教室服务效能的策略研究 [J]. 现代特殊教育,2020(13):21-24.
③ 李青芜,全桂艳. 专创融合教育的师资队伍建设研究:基于95份《高等职业教育质量年度报告》的文本分析 [J]. 大陆桥视野,2020(7):112-114.

结　　语

　　发展特殊教育是推进教育公平的重要基础，是实现教育现代化的应有之义。改革开放四十多年以来，特别是党的十八大以来，在各级政府及相关部门的大力支持下，在家长群体及社会各界的积极配合下，广东省特殊教育逐渐办出了特色，创出了品牌，力争发展具有中国特色、世界先进水平的优质特殊教育。在实现《第二期特殊教育提升计划（2017—2020 年）》目标任务的收官之年和贯彻落实《中国教育现代化 2035》的开局之年，我们深刻认识到，全球教育日新月异，特殊教育也跟随着历史车轮的前进不断涌现出亟待解决的新问题。站在历史的新起点，我们力求从 10 所学校的发展历程、办学理念、办学特色及办学成效出发，凝练出广东特殊教育办学模式，剖析当前发展中的困境，展望特殊教育办学新趋势，以期在发展中解决问题，为广东省乃至全国特殊教育事业发展提供借鉴。

一、立足时代背景，百花齐放，增添特殊教育办学新样本

　　"办好特殊教育"是党的十九大对特殊教育发展提出的新要求。

在我国全面推进融合教育、着力提升特殊教育质量的历史机遇之下，各校积极探索特殊教育办学模式的升级转型和内涵建设。

（一）逐步完善特殊教育体系，积极推进特殊教育向特殊儿童学前教育和以职业教育为主的高中阶段教育延伸

其一，在学前教育阶段，把握早期教育关键期，因地制宜地探索学前特殊教育发展路径。例如，广州市启明学校自 2000 年成立学前部以来，已累计招收 400 余名视障及多重障碍幼儿；由白云区教育局、广州市启聪学校合作共建的花城实验幼儿园是一所实施融合教育的公办幼儿园，对我国健聋幼儿融合教育有开创性贡献；佛山市启聪学校为学前阶段幼儿构建了以康复教育为主的个别化教育方案；中山市特殊教育学校于 2010 年开设了自闭症儿童学前教育实验班，逐步实现由单一的义务教育向学前教育、义务教育、高中教育相互衔接的特殊教育体系的转变；广州市越秀区启智学校的学前班采用混龄的小班分班模式进行教学，为学龄前特殊儿童进入普通幼儿园和小学提供过渡性的支持和服务；广州市康纳学校学龄前教育康复模式则包括面向 ASD 儿童的早期干预和为家长提供的亲子教育培训。其二，丰富以职业教育为主的高中阶段教育内涵，根据地区经济结构的调整、生源的变化以及岗位需求，不断拓宽就业渠道。例如，佛山市启聪学校为智障学生构建了"职业素养"的社区本位的模式，为听障学生构建了"全程式四阶段"的支持职业教育模式；广州市启明学校为满足求学深造需要，开办职高复式班；深圳元平特殊教育学校致力于探索"立交桥式"职业教育模式，形成"职业教育、就业培训、就业安置"一体化的格

局；广州市越秀区启智学校开设了以融入职场、融入社会为核心的职业陶冶课程；佛山市顺德区启智学校注重学生的劳动意识培养，通过安排学生到基地见习、实习以及召开供需见面会，为毕业生提供就业机会；广州市康纳学校致力于研发面向 ASD 儿童的职前训练模式；广州市新穗学校则为有违法、轻微犯罪行为和品行偏差、心理偏常的未成年中学生开展职业技能教育。

（二）积极应对教育对象的重大变化，深化学校课程与教学改革，加快功能转型升级

近年来，进入特殊教育学校的多重、重度残疾学生逐渐增多，而进入普通学校的特需学生人数也不断攀升。多重障碍学生的特殊教育和其他特需学生的融合教育问题均是当代国际特殊教育关注的热点和难点，对当下特殊教育学校和普通学校的学习环境、课程和教学方法提出了重大挑战。各个学校在办学格局、跨学科团队建设、多层次支持等方面进行了全方位探索。其一，多举措攻克重度与多重障碍儿童的教育难题。例如，广州市启明学校自 2002 年正式开始多重障碍盲童的教育康复研究，在 2014 年 9 月成立了多重科组，对多重学生的评估认定、安置形式和课程教学、上课、听课、阶段评估、考试等作出规范要求，切实保障多重障碍儿童的受教育权；中山市特殊教育学校于 2013 年已开始面向极重度及多重残疾学生开展送教服务工作，并为全市各镇区的送教服务提供指导；广州市越秀区启智学校为应对重度与多重障碍儿童的层次性需要构建了医教结合跨专业康复运作模式，并于 2004 年全面实施个别化教育，落实"一生一案"，满足儿童的个性化教育需要；佛山市顺德区启智学校以"教育人性化，生活教育化"

为教育模式，设计了一系列针对中重度智力障碍儿童的人性化课程，并在自闭症教育和重度障碍教育中采取以生活为载体的"24小时教育模式"新教育模式。其二，逐步形成新的办学格局，推动融合教育高质量发展。应融合教育发展需要，广州市启明学校、广州市启聪学校、佛山市启聪学校、深圳元平特殊教育学校、中山市特殊教育学校、广州市越秀区启智学校、广州市康纳学校等开始探索学校职能转型升级，加快由单一的育人机构向融合教育的示范引领和支持服务多功能综合教育机构转型发展。广州市华侨外国语学校作为融合教育的先行者，通过提升教师融合教育专业素养、建立"学校+"的融合教育生态支持系统，采用教师互助、学习合作、共同体研修等方式，切实提升学校融合教育质量，为普通学校的融合教育工作提供了样板。

（三）注重提升教师的科研素养，以科研促教改

日益复杂多样的教育对象和教育情境要求特殊教育教师以研究的态度、思路和方法总结教育规律、反思教育工作，提高教育教学质量。例如，广州市启明学校坚持科研兴校、人才强校的方针；广州市启聪学校大力开展学普研特活动，优化课堂教学效果；佛山市启聪学校倡导人人做课题，时时有教研；深圳元平特殊教育学校坚持科研兴校、创新出特色、科研为教学实践服务，不断深化学校内涵发展；广州市越秀区启智学校注重全方面提升教师的教研能力；广州市康纳学校坚持在科研引领下建立 ASD 教育体系；广州市新穗学校将"科研兴校"作为重要办学方针，取得了丰硕的科研成果；广州市华侨外国语学校定期组织融合教育实践校本研修、个案研究，形成了良好的教师学习共同体。

（四）加快特殊教育信息化、智能化进程，突破教育瓶颈

信息技术、辅助技术的应用是特殊教育的重要问题。各校已开始积极探索将大数据、人工智能等现代先进技术引入课堂教学与教育研究，推进特殊教育"智慧校园"项目的建设，加强特殊教育教师信息技术培训，通过现代化信息技术为特殊儿童提供更为适切、有效的教育。

二、顺应时代潮流，多措并举，创造特殊教育办学新成就

通过在课程教学、教师队伍、学校功能转型、信息化建设等方面的积极探索，特殊教育学校逐渐实现了跨学科、跨领域资源整合，全面育人成效突出，融合教育支持服务功能逐渐增强，教师的专业素养逐渐提升，特殊教育学校和融合学校的内涵式发展特点逐渐凸显，多数学校开展的教育教学工作已成为所在城市、广东省乃至全国教育发展成果的名片。

三、响应时代召唤，居安思危，直面特殊教育办学新挑战

尽管在特殊教育体系建设、课程与教学改革、教师队伍发展、教育信息化进程方面，广东省特殊教育办学已有较大进展，但与特殊教育发达国家和地区相比，尚存在一系列难题，主要包括融合教育支持服务功能有待完善、教育质量评估监测体系缺失、特殊教育体系向

"两端延伸"的探索工作亟待深化推广、现代化教育手段利用不充分、跨学科跨领域协同机制不畅等关键问题，以上因素制约了特殊教育质量的提升。

四、站在时代前沿，继往开来，展望特殊教育办学新趋势

在建设社会主义现代化教育强国的新时期，广东省各级各类学校将攻坚克难、持续探索，谱写广东省特殊教育办学新篇章。在特殊教育体系方面，加快建立早期干预服务体系，进一步促进学前特殊教育、高中/职业教育的内涵式发展；在特殊教育支持保障体系方面，加快特殊教育信息化进程，促进特殊教育创新与变革，加快提升特殊教育学校教师支持重度、多重障碍儿童的能力及服务融合教育情境中特需儿童的能力，转变普通学校教师的教育观念、提升其融合教育素养，加快建设跨学科、跨领域团队协同工作机制，加快建立特殊教育质量标准和监测制度，切实保障特需儿童的受教育质量。加强推广典型教育实践经验，切实提高样板经验的辐射力、影响力，为我国特殊教育事业发展引入更多的"广东经验"。

后　记

　　为贯彻落实《中共中央国务院关于全面深化新时代教师队伍建设改革的意见》和教育部等部门发布的《教师教育振兴行动计划（2018—2022 年）》，广东出台《广东省"新师范"建设实施方案》。其中，明确提出要"创建国家教师教育创新实验区，打造师范院校与地方政府和中小学的发展共同体"。据此，华南师范大学联合广州、中山、东莞和汕尾四地市，共同创建国家教师教育创新实验区。在此背景下，我校创造性地推出"基础教育访问学者项目"，通过遴选首批"教师教育专家工作室主持人"并创建"教师教育专家工作室"的方式，招收上述四个地市的一批基础教育访问学者。

　　方彼之时也，这一创举由我校教师教育学部承办。我的老同事王红教授恰好执掌部务，她邀我申报"教师教育专家工作室主持人"项目。当时，照我"想当然"的理解，也许将来要招几个中小学校长之类的人物，安排我忝承指导之责，于是，我就愉快地应允下来。然而，等到工作室主持人首次集会，我才突然察觉到：学部已安排我招收和指导特殊教育领域的"基础教育访问学者"。事情到了这般田地，虽然有些出乎意料，但我也只有欣然受命。尤其是考虑学部如此安排，其实也算颇有根据：那就是，自从 2011 年 5

月学校筹办特殊教育学院、2012 年 7 月创设特殊教育专业以来，我就一直兼管特殊教育学院，并忝列该专业负责人之席，由此看来，我还算是个名义上的"特殊教育专家"吧。

可等工作室运转起来，我又发现：其实，这份主持人的"差事"并不轻松！除掉各种常规性任务，还必须完成一些"硬性指标"，如每个工作室皆需出版一本相关领域的专门著作。面对这一"指标"，考虑进入工作室的学员皆来自特殊教育学校或从事融合教育工作，于是，我遂萌发了发动全省标杆性特殊教育学校、荟萃南粤大地特殊教育办学智慧的念头。起初，我真没想到，这个创意很快就能获得省内各类特殊教育机构和学校的积极响应与鼎力支持。各单位领导高度重视，纷纷选派本校的精兵强将"参战"，甚至有亲力亲为者，很快就如期完成全书的撰稿任务。而在本书拟稿之前，经过反复沟通与协商，大家即已形成如下共识：一是各校应从实际出发，概括凝练本校的办学特色，然后，尽可能概括出一个核心概念或短句，作为本校特色发展模式的名称；二是各校均可聚焦于本校特色办学探索的某个方面，并作相对集中的论述，而不求面面俱到；三是各校除一般性介绍特色发展的具体做法外，还要对本校办学的顶层设计、制约因素、成效与不足以及未来发展方向，做出理论上的深度讨论与分析。目前，呈现出来的这部书稿，应已较好地体现了上述几方面的思考。我们希望通过这本小书，能够展示出新时代南粤特殊教育发展和融合教育探索中留下的独特轨迹。

作为本书主编，我负责全书统筹策划、组织实施和统稿工作；华南师范大学特殊教育系主任谌小猛副教授担任副主编，协助主编具体落实全书的策划、分工协调和统稿工作，并撰写本书"前言"；

华南师范大学特殊教育系前特聘副研究员姚小雪博士任副主编，协助主编开展组织和协调工作，并撰写本书"结语"。本书各章节撰稿人如下：广州市启明学校林洲主任，广州市启聪学校周妍主任，佛山市启聪学校郑俏华副校长，深圳元平特殊教育学校陆瑾副主任，中山市特殊教育学校丛子伟副主任，广州市越秀区启智学校梁淑韫校长助理，佛山市顺德区启智学校张明霞副校长和代珊副主任，广州市康纳学校黄丹部长，广州市新穗学校曾庆兵主任，广州市华侨外国语学校蔡练书记和林菁老师。

本书最终能够付梓面世，离不开多位领导与同人的倾情投入和无私襄助：华南师范大学教师教育学部部长王红教授，怀揣着对岭南特殊教育事业的博爱之情，充分发掘出我本人的"残余价值"；广州市启明学校黄河校长、广州市启聪学校马丽校长、佛山市启聪学校陈辉校长、深圳元平特殊教育学校曹艳书记、中山市特殊教育学校原校长汤剑文、广州市越秀区启智学校聂永平校长、佛山市顺德区启智学校申承林校长、广州市康纳学校钟卜金校长、广州市新穗学校张立伦校长，以及广州市华侨外国语学校蔡练书记，皆对本书选题给予充分肯定与热情回应，并选派造诣精深的专业人士参加撰稿工作；上述10校的12位撰稿人，更是在2020年暑期冒着酷暑天气收集、整理文献资料，然后，又在秋季开学后疫情防控空前紧张的氛围之下，充分利用业余时间圆满完成各自承担的撰稿任务；广东教育出版社靳淑敏主任，对本书的出版倾注了诸多心力。对于上述各位领导和老师们的关爱、支持和付出，在此谨致谢忱，恩泽永润吾心！

谌小猛博士，勤力克服系务繁忙、教学科研压力巨大、同期筹组专业学会以及家远子幼等多重困难，协助我跟各位作者不断沟通与协调，认真组织落实本书的撰修工作，后又承担起首轮统稿任务。姚小雪博士，2020 年 7 月一入职，即克服"新手上路"的"适应性障碍"，全力协助我处理诸多烦琐事务，为本书出版付出良多心血。我指导的研究生唐静和叶盎然同学，也为书稿后期的编排和校勘流下辛劳的汗水。如果没有这些年轻学友无与伦比的奉献精神，本书是根本无法完成的。能够遇见这些德才兼备的年轻学友，实乃吾生大幸，谨此聊表我的真诚谢意！

在广泛收集资料的基础上，系统总结、梳理和凝练一个省级行政区内的特殊教育与融合教育办学经验与智慧，应是一种新颖尝试。本书或有所创获，但不妥之处在所难免。"初生之物，其形也丑！"本书疏漏舛误在所难免，欢迎广大同人不吝赐正。若有批评，请发至邮箱：gexb@scnu.edu.cn。我们不胜感激之至哉！

葛新斌

于穗城华师旧寓

葛新斌系华南师范大学教育科学学院（特殊教育学院）副院长、教授